JN123674

改訂版

臨床心理検査バッテリーの実際

高橋依子・津川律子
編著

Edited by Takahashi Yoriko & Tsugawa Ritsuko

THE PRACTICE OF
CLINICAL PSYCHOLOGICAL
TEST BATTERIES,

REVISED EDITION

遠見書房

はじめに

　臨床心理検査は，対象者の心理支援において極めて有用であり，いくつかの心理検査を組み合わせて得た多角的・多層的な検査結果から，対象者が生きる世界が立体的に浮き彫りになり，それが心理支援に直接的につながっていく一連の過程は，臨床心理検査の真骨頂である。

　しかし，いろいろな臨床場面があるなかで，実際にどのような検査バッテリーが組まれ，活用されているのかに関する書籍はあまり見かけない。長く医療現場を中心に臨床心理アセスメントとサイコセラピーの実践と教育に携わってきた津川は，臨床現場で役に立つ，検査バッテリーの本を著したいと考えた。そして，多くの場面における心理検査活用の実際に広げたいと思い，かねてよりロールシャッハ関係の学会を通じて親しくしている高橋を誘った。高橋も臨床の現場は広く，また津川と同様に，大学院生と修了生の教育を行ってきている。二人はともに，医療場面や教育場面だけでなく，私設心理相談施設を開いて，アセスメントとそれに基づくサイコセラピーを実践してきたので，二人でカバーできる領域は広いが，それ以上に多岐にわたる臨床現場の最前線における最新の心理検査実施の実際に触れたいと思った。そこで多くの臨床家に協力を求めることにした。

　心理検査を中心に総合的なアセスメントがどのように行われ，それぞれの臨床場面でどのような臨床心理検査バッテリーが組まれ，実際にどのように活用されて支援につながっているのかを，幅広く，そして深く，具体的にまとめていくことで，実際の臨床実践に役立つものにしたいと考えて，本書を企画した。

　臨床心理検査の種類は多く，用いられている臨床現場も多様である。臨床の場面が医療場面であるか教育場面であるか，福祉の領域か産業か矯正かによって，バッテリーの組み方は異なるし，対象者が幼児か青年か，または高齢者かによっても，用いられる心理検査は全く違ってくる。そこで，これらの場面で，異なる対象者に対して，どのような心理テストがバッテリーとして組まれ実施されているのかを紹介したいと思った。そして単なる例示でなく，実際に実施された心理検査の結果を元に，どのようなことが明らかにな

り，心理支援にどのように繋がっていくかまでも明示したいと考えた。

　さまざまな臨床場面における幅広い対象者を想定したいので，それぞれの臨床領域で心理検査を活用している第一人者に依頼した。二人でお願いした著者の方々は，すべて臨床家であり，全員の方々に本書の趣旨をご理解いただき，執筆を快諾していただいた。

　読者対象としては，臨床現場に出て10年目ほどをイメージして編集したが，刊行直前のいまは，臨床経験が浅い読者でもベテランでも役立つのではないかと感じている。それぞれの章で，実際の心理テストが明示され，丁寧に解説がなされているので，若い読者にも理解しやすく，また，ベテランにとっても，ほかの臨床家がどのようなバッテリーを組んで，その結果をどのように活用し，フィードバックしているのかは興味のあるところであろう。

　本書が，多くの心理臨床家に読まれ，より密度が濃くきめ細やかな心理支援へと還元されることを切望している。

　本書の出版に際しては，遠見書房社長の山内俊介氏に大変お世話になった。心から謝意を表したい。

　2015年5月

高橋依子・津川律子

改訂にあたって

　本書が発刊されてから8年が経とうとしている。その間に本書は増刷され，多くの心理士に読んでいただけた。この8年の間に，わが国の心理臨床の世界では大きな出来事があった。心理臨床の専門家の資格として，公認心理師という国家資格が誕生したのである。これまでにも心理臨床の専門家の資格として臨床心理士があったが，国家資格ができたことで，専門家を標榜する人数は飛躍的に増え，2023年3月現在で約7万人となっている。心理臨床の現場では，心理アセスメントやサイコセラピーへの期待がさらに高まっている。

　そしてこの間に，新版や改訂版が発行されたり再標準化がなされたりした

臨床心理検査がいくつもみられる。心理検査が改訂されるにはそれぞれ理由がある。発達検査や知能検査は，人を取り巻く文化的環境の変化，教育状況，心身の発達の加速度現象等の影響を受ける。1984年のニュージーランドのフリンの研究では，同一検査であれば流動性知能の上昇がみられており，再標準化の必要性が述べられている。それ以前にもウェクスラーが知能検査は10年に一度は改訂したいと述べて実行した。パーソナリティ検査は，新たな研究により，パーソナリティ特性の捉え方の増加が見られている。

　改訂されたそれぞれの心理検査の目的や実施法を確認するだけでなく，実際にどのように実施され，サイコセラピーに活かされているかを知る必要がある。心理臨床の現場では，ただ一つの検査を実施することは少なく，複数の心理検査をテスト・バッテリーとして組み合わせて実施している。本書は臨床心理検査のバッテリーに焦点を当てたものである。テスト・バッテリーについての考え方を記すとともに，年代別，臨床領域別に，第一線の心理士が実際に行っている状況を紹介している。そして，心理検査の手引き書には挙げられることが少ない検査結果のフィードバックについては，各々の事例で触れるだけでなく，第3部でフィードバックについての考え方と事例を挙げている。

　今回の本書の改訂では，新たに作成された心理検査や改訂された心理検査を紹介している。そして，乳幼児期の発達検査や児童期の知能検査については，初版での事例ではなく，改訂された検査での事例を挙げている。また，それ以後の年代や領域においても，改訂された心理検査をどのようにして臨床心理検査バッテリーに組み込んでいくかについて述べている。さらに，近年，診断が重要となっている発達障害の心理検査や，症状の影に見られるトラウマの問題，矯正領域での地域援助などについては，大幅な補足を行った。

　それぞれの領域で年齢に応じた臨床心理検査バッテリーを組んで，対象者の支援につなげていただきたい。

　改訂版出版にあたっては，遠見書房編集部の原口進之介氏に大変お世話になった。心から謝意を表したい。

　2023年8月

高橋依子・津川律子

もくじ

第1部　臨床心理検査バッテリー論

第2部　発達に沿った検査バッテリー

第 3 部　臨床心理検査結果のフィードバック

第1部　臨床心理検査バッテリー論

第1章

臨床心理検査とは

高橋依子・津川律子

Ⅰ　"臨床"心理検査とは

（1）心理アセスメントと心理検査

　心理アセスメント（psychological assessment）とは「援助を求めてきた対象者（クライユント／来談者：client）がなぜ今ここに来たのか，実際にどのような援助を求めているのかを理解し，その問題に対してどのような援助がふさわしいのかを検討するために，面接・観察・検査などの臨床心理学的手法を用いて，その問題が生じた要因の仮説を立て，対象の持つ資質を明らかにしようとし，援助実践につなげていく専門的行為と定義できる」（篠竹，2014）。この定義に出てくる「検査」の代表が心理検査（psychological test）であり，図 1-1 にあるように，②「事例の情報収集」の際によく用いられる。ただし利用範囲は心理支援（心理療法・心理カウンセリングなど）の開始時だけに限定されない。例えば心理支援の開始時に心理検査を実施しておき，心理支援の過程の中で，クライエントとセラピストで立てた目標にどれだけ到達しているかを再検査（re-test）によって途中で確認することで，その後の心理支援のあり方を再検討する場合や，心理支援の終了前に状態像をお互いが確認する目的で実施する場合など，さまざまな場面で用いられている。

　言うまでもなく，心理検査とは「一定の刺激を提示し，それに対する反応や回答をもとに個人の心理特性や機能を測定しようとする方法」（篠竹，2014）のことである。本書でわざわざ心理検査に"臨床"をつけて「臨床心理検査」と表しているのは，本書で扱う内容がすべて心理臨床実践におい

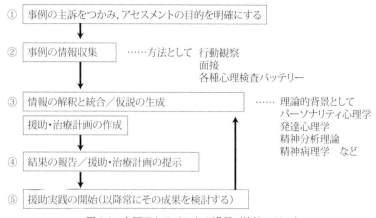

① 事例の主訴をつかみ，アセスメントの目的を明確にする

② 事例の情報収集　……方法として　行動観察
　　　　　　　　　　　　　　　　　面接
　　　　　　　　　　　　　　　　　各種心理検査バッテリー

③ 情報の解釈と統合／仮説の生成　……　理論的背景として
　 援助・治療計画の作成　　　　　　　　　パーソナリティ心理学
　　　　　　　　　　　　　　　　　　　　発達心理学
　　　　　　　　　　　　　　　　　　　　精神分析理論
④ 結果の報告／援助・治療計画の提示　　　精神病理学　　など

⑤ 援助実践の開始（以降常にその成果を検討する）

図 1-1　心理アセスメントの過程（篠竹，2014）

て実際に行う心理検査に関するものだからである。つまり，対人援助の一環としての心理検査を“臨床”という言葉に込めている。

（2）検査状況と関係性

　質問紙法（questionnaire method）を例にとって臨床心理検査の特徴を説明したい。過去 1 週間の気分状態を調べる質問紙で「不安だ」と質問項目に書いてあり，答える選択肢が，「まったくなかった」「少しあった」「まあまああった」「かなりあった」「非常に多くあった」という 5 件法であるとしよう。どれに答えるのも本人の自由である。しかし，もしも“いまここで”（here and now）の場面が，うつ病かどうかを診断される精神科クリニック場面で，対象者はうつ病と診断されて休職を命じられるのをひどく怖れているとすれば，本当は不安であるに違いないのに「まったくなかった」にマルをするかもしれない。逆に，進路選択に悩んでいて自分の状態を客観的に知りたいという目的で，自主的に学生相談室を訪れた大学生であった場合，素直に「かなりあった」にマルをする可能性が高い。このように，臨床心理検査は検査状況に影響される。だからこそ，心理検査の報告書において検査結果よりも前に「検査状況」を書くのである。

　また，状況だけでなく，検査者（テスター）と対象者（検査を受ける人，被検査者：テスティー）との関係性も影響する。そのために，臨床心理検査の検査者は，その検査場面を司り，二者関係を構築できる専門家が行わなけ

ればならない。例えば，ここが何をする場なのか，何をすることを期待されているのかがわからないままに設問に答えさせられれば，「不安だ」という設問に「非常に多くあった」と答える確率が高まるだろう。何をする場なのか，何をすることを期待されているのかに関して説明が十分になされていて，被検査者が理解していたとしても，検査者が権威的で威圧的であれば「不安だ」が高まるであろう。逆に，初対面なのに妙に馴れ馴れしく友だちのようなため口をきくような検査者であっても「不安だ」が高まるであろう。また逆に，被検査者の方が投げやりでいい加減な態度であると，そのような態度を示すこと自体に臨床心理学的な意味があるとしても，十分な情報を得られにくくなるため，協力関係・信頼関係（いわゆるラポール）を構築していくことが検査者として大切である。このように臨床心理検査の基盤には「関係性」が存在する。

　その他，実施する検査について検査者がどの程度習熟しているか，検査者自身の臨床キャリア年齢や性別なども関連してくる。だからこそ，学部で心理学を学び，大学院修士課程で臨床心理学を学び，さらに臨床現場に出てからもスーパーヴィジョンや研修を受け続けるなどの生涯学習を実践する対人援助専門職が，臨床心理検査を行う意味と必要性が生じるのである。

（3）心理検査の心理療法としての側面

　加えて，心理検査を実施することそのものが，一種の心理療法となることも肝要な点である。質問紙法のパーソナリティ検査を実施して，検査者が対象者に関心を寄せていることが自覚されるだけでも心理療法の要因としての関係性が働き，結果のフィードバックによって自己への洞察が深まる。まして投映法では，対象者が気づかない心の内容も表現されるので，心理療法としての機能も働きやすい。

　例えば描画テストでは，欲求・感情・葛藤などが非言語的に表現されるので，自分が気づかなかった無意識の心の状態を知ることは，自己理解（洞察）となり，心理テストが心理アセスメントの道具としてだけではなく，そのまま心理療法の手段となる。その上，描画テストでは，絵を創造して描くこと自体が心の安定・心の統合・心の成長につながることや，抑圧していた感情を非言語的に発散し浄化（カタルシス）できることなどの要因も働く。そして，人間関係（治療関係）が強化され，心の絆が深められる。何と言っても，心

理士に見守られて自由に心の内面を表現し，描画後に絵を一緒に味わい，自分を理解してもらえたと感じるクライエントは，ますます心理士への信頼を深めていく。

　このように臨床心理検査は，アセスメントの重要なツールであるとともに，クライエントの心に響く心理療法としての側面を持つことを意識する必要がある。

（4）法則定立的立場と個性記述的立場

　心理検査の解釈にあたっては，法則定立的立場（nomothetic）と個性記述的立場（idiographic）の両者を統合しなければならない。あえて言えば，知能検査や質問紙法が前者を強調するのに対し，いわゆる投映法は結果を明瞭には数量化できず，解釈にあたっては検査者の臨床経験が重視されるので，後者に属するところが多い。ここで言う投映法とは，フランク（Frank, 1939）がいうように，人が知覚した事象を認知する時，無意識の欲求や興味などの全体的な心理体制に影響されるという意味である。つまり，人は外界からの刺激を機械的・受動的に受け取るのではなく，欲求・感情・興味・経験・構えなどの心理的要因によって積極的に構成していく。投映法は曖昧で意味のない刺激を用いるので，反応の自由度が高く，対象者は個性的で独特の姿を現しやすい。

　したがって，臨床の場で心理アセスメントを実施する際には，面接などのほかに心理検査を用いるが，その心理検査としては，数量化されて妥当性や信頼性の高い知能検査や質問紙法と，クライエントの個性がより捉えやすい投映法の両方を検査バッテリーとすることが大切である。

　ここではまず，代表的な心理検査である知能検査，投映法の描画テスト，ロールシャッハ・テストの歴史を簡単に振り返ってみたい。

Ⅱ　心理検査の誕生（知能検査の発展）

　日常臨床で使用している各種の心理検査が生まれた経緯や，現在に至るまでの経緯を知っていることは，その心理検査の全体像を理解することにつながる。そもそも誰が最初に人の心理的特徴を測定しようとし，その結果が現在の臨床心理検査にまで結びついているのだろうか。

　デュボア（DuBois, 1970）によれば，現代の心理検査のルーツは3つあ

り，①公務員試験（civil service examination），②大学や学校における学業成績評価，③ヨーロッパやアメリカの科学者による個人差（individual difference）に関する研究である。①の最初の例として，グレゴリー（Gregory, 2013）は，紀元前2200年頃に中国で皇帝が役人たちの適性をみるために行った試験の存在を挙げているが，①と②は間接的なルーツであり，本書では③についてふれる。③は，心理学史上，ゴールトン（Francis Galton；1822-1911）から始まることが多く，これは心理検査の中でも知能検査の誕生史といえる。

（1）ゴールトン

　ゴールトン（Francis Galton；1822-1911）は1822年（日本は江戸時代で第11代徳川家斉の時代にあたる）2月16日，英国のバーミンガム（Birmingham）の郊外にあるラーチェス（Larches）に生まれた。母はフランセス・アン・バイオレッタ（Frances Anne Violetta）といい，エラスマス・ダーウィン（Erasmus Darwin）の娘である。エラスマス・ダーウィンの孫が“種の起源”で有名なチャールズ・ロバート・ダーウィン（Charles Robert Darwin）であり，ゴールトンとチャールズ・ダーウィンはいとこ同士にあたる。

　ゴールトンの研究は多岐にわたっているが，近代心理学に与えた最も大きな影響は「個人差」に関する研究といわれている。「ドイツの実験心理学では，個人差は重要な心理学の研究問題とはならず，むしろ無視される傾向さえもあった」（岡本，1987）のに対して，ゴールトンは個人差を測定することに熱中していた。例えば『人間の才能とその発達の研究』（*Inquiries into Human Faculty and its Development, second ed.*, 1907）では，感受性（sensitivity），性格（character），知的差異（intellectual differences）などさまざまなものが測定されている。例えば，筋肉感覚を重錘（分銅などのような錘のこと）を用いて測定しているが，これは「感覚の弁別は，判断の現れであり，従って知能を指示するものとのゴールトンの考え方」（岡本，1987）によるものであり，後にビネー知能検査に採用され，鈴木ビネーにおいて子どもに重さを判断させる設問が現在まで入っている（鈴木，1956；鈴木ビネー研究会，2007）。

　ゴールトンは個人差を測定するために，誰もが同じ刺激で検査を受けられ

るようにさまざまな種類の検査装置を開発し,多人数からデータを採取して,多人数の結果と自分の結果を比較して自分の特徴を把握できるようにした（Popplestone & McPherson, 1994）。このような彼の測定に関する方法論は現在まで脈々と続いており,ゴールトンが知能検査の「原型」を最初に作った人と言っても過言ではないであろう。

　ちなみに,ゴールトンの遺言により遺産がロンドン大学に寄贈され（岡本,1987）,カール・ピアソン（Karl Pearson；1857-1936）がフランシス・ゴールトン教室の初代教授に就任した。ゴールトンが "相関" を生み出し,ピアソンが "積率相関係数" を生み出し,ゴールトンの研究に強い影響を受けたスピアマン（Charles Edward Spearman；1863-1945）は "順位相関係数"を見出し,どれも現在も統計法として使われている。

（2）キャッテル

　キャッテル（James McKeen Cattel；1860-1944）は,ドイツのヴント（Wundt；1832-1920）のもとで博士号を取得した後,イギリスのケンブリッジ大学にいた頃に「ゴールトンと頻繁な個人的つきあいをもっていた」（Popplestone & McPherson, 1994）。そして,キャッテルは,ゴールトンの検査を含むいくつかの測定を指すのに「精神検査（mental test ／メンタルテスト）」という名称を考え出した（Popplestone & McPherson, 1994）。

　その後,キャッテルに学んだウィットマー（Lightner Witmer；1867-1956）が,1896 年にアメリカのペンシルヴァニア大学に「心理クリニック」を創設し,同年アメリカ心理学会の総会で初めて「臨床心理学」（clinical psychology）という語を用いた講演を行ったことは,臨床心理学の教科書に歴史としてよく書かれている。

（3）ビネー

　フランスのニースに生まれたビネー（Alfred Binet；1857-1911）は,最初,法律を学んだが,職業に悩み,国立図書館で心理学の本に出会った。そして,友人の紹介でシャルコー（Charcot, J. M.）がいたサルペトリエール病院に約 7 年間勤務した（Wolf, 1973）。その後,1891 年にソルボンヌ大学高等教育部に付設されていた生理学的心理学実験室の室長となった（中野・大沢,1982）。次第に個人差の問題へと関心を移し,精神病患者,優秀な能力をもっ

た人々，そして子どもを研究するようになっ
た（大井ほか，1977）。1899年，彼は友人
と共にパリに実験教育学研究室を作り，現場
教師と協力して研究を進めた。1904年，公
教育省は遅れた子どものための教育制度を審
議する委員会を設置し，そこにビネーも加
わった。以後，シモン（Simon, T.）と共に
子どもの知能に関する研究を続け，1905年，
ビネー・シモン式知能検査を発表した。世
界初の近代的知能検査の「誕生」であった。
1911年，脳溢血のためパリで死去した（大
井ほか，1977）。ビネーこそが知能検査を世

Alfred Binet；1857-1911

界で最初に創始した人物であり，今日でいう知的障害や発達障害などを伴う
子どもたちが不当に叱責されることのないよう，「一人ひとりの子どもの個
性に合わせた教育」を重視していた（杉原ほか，2003）。彼の方法は画期的
なものとして評価され，諸外国に広まった。

　ところが，アメリカではターマン（Lewis Madison Terman；1877-1956）
によって再標準化された「スタンフォード・ビネー法」が1916年に発表され，
ドイツのシュテルン（William Stern）が考え出した知能指数（IQ）が採用さ
れた。サトウ（2005）はビネーの仕事について次のように書いている。「…
（前略）…彼らは年齢の差による知的発達に注目しました。現在では驚くべ
きことですが，小さい子どもの知的発達はあまり注目されておらず，むしろ
性格の差のようにとらえられていたのです。…（中略）…ビネーの死後，知
能検査はとくにアメリカで大きな改変がなされます。結果を知能指数で表す
ようにしたり，あるいは，集団式で行う知能検査も開発されました。しかし，
これらのことはいずれもビネーの本意とは異なっているようです。ビネーは
検査をして数値を出すことをめざしたのではなく，検査を通じて子どもと接
することによって子どもの状態を直接把握することをめざしていたのです」。
ビネーの丁寧な仕事ぶりは，中野・大沢（1982）でもわかる。

（4）ウェクスラー
　ウェクスラー（David Wechsler；1896-1981）はルーマニアでユダヤ

David Wechsler；1896-1981

系家族の一員として生まれ，幼い頃にアメリカへ家族と共に移住した。第一次世界大戦（1914-1918）のなか，彼は 1917 年にコロンビア大学で修士号を得て（キャッテルにも習っている），1918 年に陸軍に入隊し，軍事心理学学校（School for Military Psychology）に入り，新しい兵員たちをスクリーニングするための心理検査開発の仕事に従事し，スタンフォード・ビネー知能検査などを兵士に施行した（Popplestone & McPherson, 1994）。そして，陸軍派遣の学生としてロンドン大学へ行き，スピアマンとピアソンの下で統計や知能理論を学んだ。1919 年に除隊後，パリ大学での 2 年間を経て 1922 年にはニューヨークに戻り，ニューヨーク市立大学とコロンビア大学で学び，ウッドワース（Robert S. Woodworth）のもとで 1925 年に博士号を得た。その後，彼は 1932 年にベルビュー病院（Bellevue Psychiatric Hospital）の主任心理士となり，1967 年まで在職した。その間に彼はまず，16 歳以上の大人に実施するウェクスラー・ベルビュー知能検査（Wechsler-Bellevue Intelligence Test）を 1939 年に開発した。子ども用の WISC（Wechsler Intelligence Scale for Children）は 1949 年に発表され，改訂を続けて全世界で使われている。1955 年には成人用の WAIS（Wechsler Adult Intelligence Scale）も発表され，これも現在まで改訂が重ねられている。

　WAIS の誕生と発展には背景がある。まず，ウェクスラーの著書には，成人の知的変化に関するゴールトンの研究が触れられているが，ビネー法など，当時あった知能検査のほとんどに彼は接し，とくに Army Beta（動作性の検査）に触れていた。戦争の影響で発展した US Army Test のなかで，オーティス（Arthur Otis, ターマンの教え子）が Army Alpha（言語性の検査でスタンフォード・ビネーと酷似していた）を開発したが，英語を十分に理解しない移民たちを検査するために Army Beta が作られていた。その中には，絵画完成（Picture Completion），符号（Digit Symbol-Coding）などがあり（Kaufman & Lichtenberger, 1999），WAIS は言語性検査と動作性検査という大きな特徴をもって誕生することになる。2 番目に，スピアマンやピアソン

といった当時としては最新の統計の専門家に習ったという背景がある。3つ目に，彼が病院臨床家だったことが WAIS の発展に大きく影響したものと思われる。ウェクスラーの著書には，今でいうプロフィール分析が書かれているが，例えば統合失調症のところで「類似は非常に低く」とか「組合せは積木模様よりはるかに低い」といったように，病院臨床の経験者なら頷けるような内容が開発当時から気づかれている。つまり，人の「個人差」を測定しようとしたゴールトン以来の集大成として，"臨床心理検査"である WAIS の存在を私たちは見ることができるのではなかろうか。

　さて，ウェクスラーは「知能」を次のように考えた。「Intelligence, operationally defined, is the aggregate or global capacity of the individual to act purposefully, to think rationally and to deal effectively with his environment.（Wechsler, 1958）」（津川訳：知能を操作的に定義すれば，目的をもって行動し，理性的に考え，自分の環境に効果的に対処する個人の集合的もしくは全体的な能力のことである）。WAIS の根本が感じられる。

Ⅲ　知能検査からパーソナリティ検査へ（描画テストの誕生）

　知能検査が発展し，その重要性が確立していく中で，言語面に問題のある子どもの知能が，知能検査では測定しにくいことも問題となっていった。そのような背景の中で，グッドイナフ（Goodenough, 1926）は児童に人物画を描かせて知的な水準を測ろうとした。

　子どもの描く人物画は，子どもの成長発達につれて変化し，描かれた人物画の身体部分の構成や比率なども異なってくる。子どもの絵の発達の資料をもとに，精神年齢を規定し，知能指数を測定したのである。グッドイナフはこの検査を子どもの知能測定以外に，感情や葛藤などパーソナリティの理解にも用いようとした。グッドイナフの方法は「男の人を1人描いてください（Draw A Man）」という教示を用いたので，DAM と呼ばれている。日本では桐原（1944）が DAM を紹介した後，小林（1977）がわが国の児童の人物画の結果をもとに標準化を行った。その後，小林・伊藤（2017）が再標準化を行った。

　このように，描画テストは知能検査として始まったが，マッコーバー（Machover, 1949）は，人物画によって，パーソナリティの全体を把握できると考え，1枚の人物（Draw A Person）を描かせた後に，反対の性の人物

を描かせる2枚法を考案した。彼女の人物画テストは DAP とも呼ばれている。さらに，グッドイナフの研究を充実し拡大したハリス（Harrts, 1963）は「男の人を描いてください（Make a picture of a man）」と教示して，描き終わると，次に「では今度は女の人を描いてください」と求め，最後に「あなた自身を描いてください」と3枚の人物画を描かせている。このように描画の課題として，何らかの人物を描かせる心理テストを人物画テストと呼び，DAP，DAM，あるいは DAF（Draw a Figure）と略していうこともある。

　人物画テストは知能テストを適用しにくい児童の知能を測定するテストとして使われ，さらに児童のパーソナリティを査定する方法としても用いられるようになっている。今日ではたとえばマックエルハニィ（McElhaney, 1969）のように，青年や成人のパーソナリティ理解の手段としても用いられている。人物画テストは，クライエントの自己概念や，他者の認知の仕方を知るとともに，クライエントの現実吟味力・不安・敵意・行動化傾向などのパーソナリティ特徴を明らかにし，人物画テストからはクライエントが気づいている側面だけでなく，本人が気づいていない無意識の情報も推察されるとして用いられるようになった。

　人物画テストとは別に，他の課題での描画テストも発展していった。コッホ（Koch, 1948, 1952）は樹木を描かせることにより，パーソナリティを理解しようとして，「実のなる木（果物の木）」を描かせるバウムテストを考案した。これはわが国でも翻訳され，児童相談所や病院などの多くの臨床現場で使われるようになった。その頃，バック（Buck, 1948, 1966）は別々の用紙に家・木・人を描く HTP テストによって，多面的にパーソナリティを理解しようとした。なおバックは，HTP テストによって青年や成人の知能水準も捉えられると述べた。しかしこれは絵の上手下手に影響を受ける側面があり（高橋・高橋，1991），成人の知能検査の代用にはならないと考えられる。また 1977 年には，ボーランダー（Bolander）が木を1本描かせる『樹木画によるパーソナリティの理解』を出版して，心の無意識の側面が描画に表れることを実例から解説した。さらに，バーンズ（Burns, 1987）は，バックの家・木・人の課題を1枚の用紙に描かせ，人については何かしているところを描くようにと教示する動的 HTP を考案した。わが国では，細木ら（1971）が多面的 HTP 法を，三上（1995）がやはり1枚に家・木・人を自由に描かせる S-HTP 法を発表した。また，中井（1970, 1996）は，芸術

療法の観点から風景構成法（Landscape Montage Technique; LMT）を考案したが，その卓越した弁別力から，描画テストとしても用いられるようになった。

一方では，家族を描かせることにより家族力動を理解しようとした家族画テスト（FDT：Family Drawing Test）があり，ハルス（Hulse, 1951）は「あなたの家族」を課題としたが，家族画にはさまざまな種類があり，DAF（Draw-A-Family）では「ある家族」を課題としている。バーンズとカウフマン（Burns & Kaufman, 1970, 1972）は，「あなたも含めたあなたの家族が何かをしているところ」を課題とした「動的家族画」（K-F-D：Kinetic Family Drawing）を発表した。その他に，家族画研究会（現日本描画テスト・描画療法学会）によって提唱された「『私の家族』という題で絵を描いてください」という教示で行う方法もある。これは，家族関係に問題を抱えていることの多い対象者に配慮し，「あなたの家族」よりは防衛が働きにくい課題として「『私の家族』という題」が考案されたのである（高橋, 2008）。

このように，さまざまな課題の描画から，心理士はクライエントの内面を理解し，援助の方法を検討している。心理臨床場面では，描画を心理テストとして用いることで，クライエントの臨床像を捉え，症状のもとにあるパーソナリティの特徴を理解して，援助していく。

Ⅳ　現代のロールシャッハ・テスト

ロールシャッハ・テストは，創始者のロールシャッハ（Hermann Rorschach；1884-1922）が『精神診断学』（1921）で公刊したインク・ブロットテストである。ロールシャッハ・テストはほぼ左右対称になった10枚のインク・ブロットを刺激として用い，「これは何に見えますか」という教示で，対象者に自由に答えさせる。そして，それぞれの反応について，何を見たかという反応内容と，どのように知覚したかという反応形式などを分析することにより，パーソナリティを全体的に捉えようとするテストである。このテストは，ロールシャッハが夭折したので，図版は同一であっても，実施法・記号化・整理法・解釈仮説などのすべてに渡って，さまざまな方式に発展していった。このテストは世界各国で用いられてきたが，アメリカで特に発展し，クロッパー（Klopfer, B.），ベック（Beck, S.），ピオトロフスキー（Piotrowski, Z.），ヘルツ（Herz, M.），ラパポートとシェーファー（Rapaport,

D. & Shaffer, R.）という5つの異なる学派に分かれていった。わが国では当初クロッパー法が主流であったが，片口安史（1974）がクロッパーの体系を参考にして作成した片口法や，阪大法，名大法などが用いられている。

このように，さまざまな学派に分かれたロールシャッハ・テストをエクスナー（Exner, J. E.）は統合したいと考えた。彼は，最も実証的で最も臨床に役立つロールシャッハ・テストの体系を意図して，アメリカの5つの体系を比較検討し，実証的根拠に基づいて統合・包括し，信頼性と妥当性のある方式として，包括システム（Comprehensive System; CS）を構築した。

包括システム（CS）は，1968年に設立されたロールシャッハ研究財団のエクスナーが計画し，現在もなお発展しつつあるロールシャッハ・テストの体系である。その後，包括システムは多くの臨床家や研究者の実証的研究によって発展し，現段階での包括システムの体系は，日本語訳もされた2003年の『ロールシャッハ・テスト（包括システムの基礎解釈の原理)』（第4版）に基づくことが多い。しかしこれもエクスナーがエルドバーグ（Erdberg, P.）と共に公刊した2005年の『ロールシャッハ（解釈の発展)』（第3版）では，解釈の基になる基準値が変化している。さらに，2006年のエクスナーの死後も，後継者たちの一部によって新たな改訂がなされ，メイヤー（Meyer, G., 2011）らによってR-PAS（ロールシャッハ・パフォーマンスアセスメントシステム）として新たな展開がなされている。また，この流れとは別に，CSそのものがCS-R（Revised）として発表されている（Exner, J. E., Andronikof, A., & Fontan, P., 2022）。

包括システム（CS）は，標準化された実施法，客観的で信頼性のある記号化（コード化：スコアリング）を行い，基準となるデータベースをもとにして，系統的に解釈を進め，パーソナリティの査定を行っていく。対象者の言語反応は，領域，発達水準，決定因子，形態水準，内容，平凡反応，組織化活動，特殊スコアに分類された多くの下位コードによってコード化される。各コードは解釈の妥当性を高めるために，実証的根拠に基づき設定されたものであり，コード化の基準が明瞭に示されている。包括システムによる解釈も，実証的根拠に基づく構造分析，系統的系列分析，主題内容分析，行動特徴の分析などを統合してなされる。

今日，包括システム（CS）はロールシャッハ・テストを用いる世界の臨床家や研究者の共通の言語となり，メイヤー，エルドバーグ，シェーファー

(Meyer, Erdberg, & Shaffer, 2007) は，17 カ国から収集したデータによって国際的基準の研究を発表している。かつてワイナー（Weiner, 2003）は，ロールシャッハ・テストの変数の中で，「形態水準，平凡反応，言語表現については，文化的背景の影響を受ける」と述べており，アメリカと文化を異にするわが国の対象者について，津川ら（2000）は平凡反応を発表し，わが国でも包括システムについて言語表現などのさまざまな研究や臨床データに基づく研究が進められている（西尾ら，2017）。

V　臨床心理検査を学ぶ基本

　新しい臨床心理検査が刊行されたら，まずは自分が受けてみることである。周囲の同僚や大学院時代の同級生などに頼んで，自分が被検査者として最初から最後まで通しで普通に受けてみることをお勧めしたい。

　次に，当たり前のこととしてマニュアルを熟読するのだが，この当たり前のことが実践されていないことが多い。例えば，日本版 WAIS- Ⅳのマニュアルであれば，「実施・採点マニュアル」だけを読んでいる，それも第1章・2章はつまみ食いのように読んだだけで第3章の「下位検査の実施と採点」だけを読んでいる場合もある。「理論・解釈マニュアル」を読んだが最初の1回きりとか，大切なところを読み飛ばしていることも稀ではない。「最後に，認知能力尺度による結果は，知能を構成する全体の一部を反映しているにすぎない。～（中略）～彼（Wechsler）が，知能を純粋に認知的な言葉として定義しなかったのは，これらの因子は知能の一部を構成しているにすぎないと考えたからである」（『理論・解釈マニュアル』，p. 4）といった大切なことが日本版 WAIS- Ⅳのマニュアルに書いてあることさえまったく記憶にない検査者になってはいけない。その臨床心理検査がどのような歴史や理論背景で開発されたのか，そもそも何を測定しようとしているのか，どのようなデータ処理がなされているのか，各指標はどのような統計方法によって算出されるのか，といった基本情報を理解しておくことは，検査バッテリーを組む上でも，心理検査報告書を書く上でも，大変に役立つ。

　マニュアルを熟読した後，3人でもいいので健常者に練習台となってもらい，自分が検査者として通しで検査を実施し，最後に感想をきく。検査者の態度を含めて鋭い指摘をしてくれるような対象者であれば，なおのこと得るものが多い。臨床実践で使うようになったら，必ずスーパーヴィジョン（SV）

を受ける。個別の SV も勉強になるが，クローズド・グループに入ってもまれることもよい経験となる。心理カウンセリングや心理療法は SV を受けるが，臨床心理検査で SV を受けるという発想がないと，独学の域を出なくなってしまうので，むしろ臨床心理検査こそ SV を受けるという発想を常にもっていたい。

追記：本章の挿画は，山口義枝氏（日本大学文理学部心理学科教授）による。

文　　献

Bolander, K.（1977）：*Assessing Personality through Tree Drawings*. New York; Basic Books.（高橋依子（訳）（1999）：樹木画によるパーソナリティの理解．ナカニシヤ出版．）

Buck, J. N.（1948）：The H-T-P Technique: A qualitative and quantitative scoring manual. *Journal of Clinical Psychology. Monograph Supplement*, 5; 318-396.（加藤孝正・荻野恒一（訳）（1982）：HTP 診断法．新曜社．）

Buck. J. N.（1966）：*The House-Tree-Person Technique (revised manual)*. CA: Western Psychological Services.

Burns, R.C.（1987）：*Kinetic-House-Tree-Person Drawing (K-H-T-P)*. Brunner/Mazel.（伊集院清一・黒田健次・塩見邦雄（訳）（1997）動的 H-T-P 描画診断法．星和書店．）

Burns, R. C. & Kaufuman, S. H.（1970）：*Kinetic Family Drawings (K-F-D): An Introduction to Understanding Children through Kinetic Drawings*. New York: Brunner/Mazel.

Burns, R. C. & Kaufman, S. H.（1972）：*Actions, Styles and Symbols in Kinetic Family Drawings (K-F-D)*. Brunner/Mazel.（加藤孝正・伊倉日出一・久保義和（訳）（1975）：子どもの家族画診断．黎明書房．）

DuBois, P. H.（1970）：*A history of psychological testing*. Allyn and Baco.

Exner, J. E.（2003）：*The Rorschach: A Comprehensive System Vol.1, Basic Foundstions and Principles of Interpretation, 4th Edition*. N. J.: John Wiley.（中村紀子・野田昌道（監訳）（2009）：ロールシャッハ・テスト―包括システムの基礎と解釈の原理．金剛出版．）

Exner. J. E., & Erdberg, P.（2005）：*The Rorschach:A comprehensive system: Vol.2 Advanced interpretation. 3rd ed*. N. J.: John Wiley.

Exner, J. E., Andronikof, A., & Fontan, P.(2022)：*The Rorschach: A Comprehensive System-Revised. Interpretation and Technical Manual*. Rorschach Workshops.

Frank, L. K.（1939）：Projective methods for the study of personality. *Jornal of Psychology*, 8; 389-413.

Galton, F.（1907）：*Inquiries into Human Faculty and Its Development, 2nd Edition*. Dent & Dutton. http://galton.org/books/human-faculty/

Goodenough, F. L.（1926）：*Measurement of Intelligence by Drawing*. New York: World Book.

Gregory, R. J.（2013）：*Psychological Testing: History, Principles and Applications, 7th ed*. Pearson Education, Inc.

Harris, D.（1963）：*Children's Drawings as Measures of Intellectual Maturity.* NY; Harcourt.

細木照敏・中井久夫・大森淑子・高橋直美（1971）：多面的 HTP の試み．芸術療法，3；61-67.

Hulse, W. C.（1951）：The emotinally disturbed child draws his family. *Quarterly Jurnal of Child Behavior,* 3; 152-174.

片口安史（1974）：新・心理診断法．金子書房.

Kaufman, A. S. & Lichtenberger, E. O.（1999）：*Essentials of WAIS-III Assessment.* John Wiley & Sons.

桐原葆見（1944）：精神測定．東京三省堂.

小林重雄（1977）：グッドイナフ人物画知能検査法．三京房.

小林重雄・伊藤健次（2017）：グッドイナフ人物画知能検査　新版ハンドブック．三京房.

Koch, K.（1948, 1957）：*Der Baumtest: Der Baumzeichenversuch als Psychodiagnostisches Hilfsmittel.* Bern: Hans Huber.（岸本寛史・中島ナオミ・宮崎忠男（訳）（2010）：バウムテスト第3版―心理的見立ての補助手段としてのバウム画研究．誠信書房.）

Koch, C.（1952）：*The Tree Test: The Tree-drawing Test as An Aid in Psychodiagnosis.* Bern: Hans Huber.（林勝造・国吉政一・一谷彊（訳）（1970）：バウム・テスト―樹木画による人格診断法．日本文化科学社.）

Machover, K.（1949）：*Personality Projection in the Drawing of the Human Figure. (A Method of Personality Investigation.)* Illinois：Charles C. Thomas.（深田尚彦（訳）（1974）：人物画への性格投影．黎明書房.）

McElhaney, M.（1969）：*Clinical Psychological Assessment of the Human Figure Drawing.* Illinois; Thomas.

Meyer, G. J., Erdberg, P., & Shaffer, T. W.（2007）：Towards international normative reference data for the Comprehensive System. *Journal of Personality Assessment,* 89; S201-S216.

Meyer, G. J., Viglione, D. J., Mihura, J. L., Erard, R. E., & Erdberg, P.（2011）：*Rorschach Performance Assessment System: Administration, Coding, Interpretation, and Technical Manual.* Rorschach Performance Assessment System.（高橋依子（監訳），高橋真理子（訳）（2014）：ロールシャッハ・アセスメントシステム．金剛出版.）

三上直子（1995）：S-HTP 法―統合的 HTP 法による臨床的・発達的アプローチ．誠信書房.

中井久夫（1970）：精神分裂病者の精神療法における描画の使用―とくに技法の開発によって得られた知見について．芸術療法，2; 78-89.

中井久夫（1996）：風景構成法．In：山中康裕編：風景構成法―その後の発展．岩崎学術出版社，pp.3-26.

中野善達・大沢正子（1982）：知能の発達と評価．福村出版.

西尾博行・高橋依子・高橋雅春（2017）：ロールシャッハ・テスト統計集．金剛出版.

大井清吉・山本良典・津田敬子（1977）：〔解説〕ビネ・シモンテストについて．In：Binet, A. & Simon, T.（1954）：*La mesure du devéloppement de I'intelligence chez les jeunes enfants.* Librairie Armand Colin, Paris.（大井清吉・山本良典・津田敬子（訳）：ビネ知能検査法の原典．日本文化科学社.）

岡本春一（1987）：フランシス・ゴールトンの研究．ナカニシヤ出版.

Popplestone, J. A. & McPherson, M. W.（1994）：*An Illustrated History of American Psychology.* The University of Akron Press.（大山正（監訳）（2001）：写真で読むアメリカ心理学のあゆみ．新曜社.）

Rorschach, H.（1921, 1972）：*Psychodiagnostik — Methodik und Ergebnisse eines wahrne hmungsdiagnostischen Experiments [Deutenlassen von Zufallsformen], 9th Ed.* Hans Huber.（鈴木睦夫（訳）（1998）：新・完訳精神診断学—付　形態解釈実験の活用．金子書房.）

サトウタツヤ（2005）：知能検査 100 年—ビネ．心理学ワールド，28; 33.

篠竹利和(2014)：心理アセスメント．In：厳島行雄・横田正夫編：心理学概説—心理学のエッセンスを学ぶ．啓明出版，pp.203-208.

杉原一昭・杉原隆（監修）（2003）：田中ビネー知能検査V　理論マニュアル．田研出版.

鈴木ビネー研究会（2007）：改定版鈴木ビネー知能検査法．岡田総合心理センター.

鈴木治太郎（1956）：実際的・個別的智能測定法．東洋図書.

高橋雅春・高橋依子（1991）：人物画テスト．文教書院.

高橋依子（2008）：描画法．In：小川俊樹（編）：投影法の現在（現代のエスプリ別冊）．至文堂，pp.164-174.

津川律子・渕上康幸・中村紀子・西尾博行・高橋依子・高橋雅春（2000）：包括システムによるロールシャッハ・テストの平凡反応．心理臨床学研究，18; 445-453.

Wechsler, D.（1958）：*The Measurement and Appraisal of Adult Intelligence, Fourth Edition.* The Williams & Wilkins Company, p.7.

Weiner, I.B.（2003）：*Principles of Rorschach Interpretation.2nd ed.* NJ: Lawrence Erlbaum Associates.（秋谷たつ子・秋本倫子（訳）（2005）：ロールシャッハ解釈の諸原則（1998年版）．みすず書房.）

Wolf, T. H.（1973）：Alfred Binet. University of Chicago Press.（宇津木保（訳）（1979）：ビネの生涯—知能検査のはじまり．誠信書房.）

第2章

臨床心理検査バッテリーに関する考え方

高橋依子

I　臨床心理検査バッテリーの基本

　臨床心理アセスメントは，第1章で述べたように，面接や行動観察などとともに心理検査も含めて，さまざまな情報を統合して行い，心理検査だけを行うことはない。丁寧に生育歴を聴くことなしに WISC 1つだけを実施して，発達障害かどうか分かるはずはなく，周囲の対人援助職から心理検査を依頼された時には，その目的を明らかにして，アセスメントの方針を相談することが大切である。その折に，他職種の専門家からの情報も大切であり，それを得て，面接はどのように進めるか，心理検査を実施するのならどのようなものを選ぶのかを検討する。

　心理検査は，アセスメントの重要な柱であり，短時間で客観的な情報が得られることと，何といっても心理臨床の専門家だけがトレーニングを受けて実施可能な専門的業務である。アセスメントのために心理検査を選択するには，まず，得たい情報が何であるかを明確にしておく必要がある。対象者の現状の把握，すなわち，主訴，症状や問題行動などとともに，生育歴や病歴を把握し，パーソナリティのどの側面を中心に捉えていくかが重要である。さらに，本人からの訴えだけでなく，保護者や周囲の人々の状態を把握することは，アセスメントの結果を援助にどのようにつなげていくかのポイントとなる。援助の目標となるのは，症状や問題行動の解消のみでなく，対象者のパーソナリティの成長を図り，自己実現を可能にすることも考えていかね

ばならないこともある。

　それぞれの心理検査は，その心理検査から得られる情報によって整備されている。したがって，個々の心理検査で明らかになるパーソナリティの側面は限られている。そのために，心理臨床の現場では，1つだけの心理検査を実施するほうが異例であり，何種類かの心理検査を検査バッテリーとして組み合わせて実施している。心理検査には多くの種類があるので，測定の目的に合わせて組み合わせて実施することで，1人の対象者のパーソナリティを多角的に捉えていける。

　したがって，検査者は，臨床心理検査バッテリーの重要性を理解し，臨床心理アセスメントについての見識を持ち，心理検査の専門家として，多くの心理検査を使いこなせるようになることが望ましい。各種の心理検査の実施法に習熟するとともに，客観的な解釈ができることが大切である。さらに，心理支援につなげるために，周囲の対人援助職の人たちへ，心理検査を通してのアドバイスを行い，連携を図ることも重要である。

　しかし一方で，多くの心理検査を実施することは，対象者の負荷が高くなるだけでなく，心理検査実施に時間がかかるために，臨床現場によっては，次の対象者を待たせることになってしまう可能性もある。そのために，何を知りたいか，そしてどのような状況で実施するかによって，心理検査の種類を選択していかねばならない。検査目的を明確にし，多くの心理検査の中で適切なものを選択して実施していくことが大切である。目的に応じて，質問紙法と投映法を組み合わせたり，投映法の中でも，捉えていきたい側面や測定する水準の異なるものを組み合わせることがなされる。正確さを期すあまりに，同じような検査を重ねてしまうと，対象者に負荷がかかり過ぎて，かえって妥当な結果が出ないこともあり，対象者を多面的に理解するために，工夫してバッテリーを組んでいくことが重要である。そして，最終的には他の情報とも統合していくことが肝要である。

Ⅱ　臨床心理検査バッテリーの組み方

（1）臨床心理検査の種類

　それではどのような時にどのような心理検査を選択して組み合わせていくのか。個々の事例に即して第 2 部で解説していくが，ここでは原則について述べたい。

　心理検査の種類は多く，バッテリーとして組み合わせていくためには，まず，心理検査にはどのようなものがあるのかを知らねばならない。第1章で心理検査の歴史として述べたように，心理検査には大きく分けて知能検査とパーソナリティ検査があり，パーソナリティ検査の中には，質問紙法と投映法がある。この他に，作業検査，神経心理検査など，目的，実施の方法，対象者など，種々の基準で分類整備がなされている。

　知能検査は，第1章で詳しく述べたようにビネー・シモンの検査から始まる。ビネー式の検査で，わが国で標準化されたのは，鈴木ビネー検査（鈴木，1956；鈴木ビネー研究会，2007），辰見ビネー検査（辰見，1981），田中ビネー検査（田中，1947；田中教育研究所，2003）があり，一時は鈴木ビネーが良く用いられたが，現在では標準化が繰り返された田中ビネー式の方がより用いられている。

　ウェクスラー式の検査では，ウェクスラー成人知能診断検査：WAIS が改訂された WAIS- IVがあり，わが国では，ウェクスラー成人知能検査第4版：WAIS IV（日本版 WAIS- IV刊行委員会，2018）が標準化されている。子ども用にはウェクスラー児童知能検査第5版：WISC- V（日本版 WISC- V刊行委員会，2021）が用いられている。幼児には，ウェクスラー幼児知能検査第4版：WPPSI- IVがあるが，わが国では，第3版（日本版 WPPSI- III刊行委員会，2017）が標準化されている。幼児の知能水準の測定には，全般的な発達を知ることが重要であり，幼児向けに開発された発達検査の方の使用頻度が高い。

　発達検査としては，関西では乳幼児健康診査の折に頻繁に用いられる，新版 K 式発達検査 2020：K 式（新版 K 式発達検査研究会，2020）がある。京都で開発され，改訂されてきたこの検査は，乳幼児を対象にした数少ない検査として，全国的にも用いられるようになってきている。その他，MCC- ベビーテスト（古賀，1967）も一時使われていたが，使用頻度が減っている。

　その他，知的能力を認知処理過程と知識・技能の習得度から測定する KABC- II（藤田，2013）や，言語処理能力を測定する ITPA 言語学習能力検査（上野ほか訳，1993）などもある。

　子どもに対しては，検査実施場面で直接，回答を求めたり，行動観察を行うだけでなく，養育者に検査場面以外の日常生活における行動を質問するものがある。子どもは検査状況によって検査結果が左右されやすいのと，心理検査の項目以外の情報も重要だからである。以前からある検査としては，津

守式乳幼児発達質問紙（津守・稲毛，1961；津守・磯部，1965）や牛島式
乳幼児発達質問紙（牛島ほか，1959），遠城寺式乳幼児分析的発達検査：
遠城寺式（遠城寺，2009）があり，それよりはやや新しい乳幼児発達スケール：
KIDS（三宅，1991）や新版 S-M 社会生活能力検査：S-M 式（三木，1980）
がある。最近では，発達障害の子どもの特性を理解して，教育の場の支援に
つなげるために，知的な発達だけでなく，行動の特性を総合的に理解する
ために，子どもの行動チェックリスト：CBCL（井潤，2001）や親面接式自
閉スペクトラム症評定尺度：PARS-TR（発達障害支援のための評価研究会，
2013）などが用いられてきている。

　パーソナリティ検査には，質問紙法と投映法がある。質問紙法の種類は多
く，アセスメントの目的によって，捉えたい領域ごとに検査があると言っ
ても過言ではない。主なものだけでも，全般的に性格の特性を明らかにす
るために，矢田部ギルフォード性格検査：YG 検査（辻岡，1982），5 因
子モデルによる性格検査：Big5（辻，1998；下仲ほか，1999；村上・村
上，2008），病理的なものも捉えようとする，ミネソタ多面的人格目録：
MMPI-3（MMPI-3 日本版研究会，2022），身体的・精神的な自覚症状が
捉えられる，健康調査表：CMI（金久ほか，2001），自己評定により気分
や感情の状態を測定する，気分状態のプロフィール尺度：POMS-2（横山，
2015），自覚された不安を測定する，顕在性不安尺度：MAS（阿部・高石，
1985），うつ病や抑うつ状態の程度を評価する，抑うつ性自己評価尺度：
SDS（福田・小林，1983）などがある。

　質問紙法は妥当性と信頼性が高く，対象者の状態を客観的に捉えることが
可能であり，実施法が容易なので，使用にあたって長い期間のトレーニング
の必要がない。しかし，解釈のためにはマニュアルを読み返し，多くの事例
の検討を積み重ねていくことが必要である。また，質問紙法は，対象者が知
的な障害などがあって文章を理解できない場合や，自分自身を内省できない
状態であったり，結果を歪めようとする作為があった場合などには，結果の
妥当性が低くなる。これらの問題がない場合は，自己認知が明らかになるが，
自分では気づいていない側面は捉えることができない。

　対象者自身が気づかない内面を理解して，有効な援助のアプローチを選択
するために，投映法がある。投映法は第 1 章で述べたように，曖昧な刺激を
構造化する際に，人は自分の気づかない感情や欲求や興味を表すという，フラ

ンクの投映の概念に基づく臨床心理検査であり，代表的な投映法として，描画
テストとロールシャッハ・テストを歴史的な側面から紹介した。描画テストに
は，既述の人物画テストや樹木画テスト・バウムテスト，家族画テスト以外に
も異なる課題を描くものがあり，さらに，アートセラピーの一環とされている
風景構成法（皆藤，1994）もアセスメントに用いられる。また，自由画からも，
対象者のパーソナリティを理解することが可能である。しかし，妥当性のある
臨床心理テストとして用いるためには，過去の資料の蓄積がある一般的な課題
画の方が，役に立つ。それぞれの課題により，捉えやすいパーソナリティの側
面があるが，課題にかかわらず表出される特徴もあり，描画テストによってパー
ソナリティの全般を捉えることも可能である（高橋，2011）。

　ロールシャッハ・テスト（Exner, 2003；片口，1974；高橋ほか，2007）
も，パーソナリティを多面的，全般的に捉えようとするものであり，その意
味では描画テストと同様であるが，対象者の言語反応を記号化して分類でき
るので，より客観的な解釈が可能と考えられている。それに対して描画テス
トは，やや直観的に対象者を理解していこうとする面がある。さらに，描画
テストの課題は身近にある明白な対象であり，その描画から，対象者を取り
巻く人間関係，特に家族や異性への認知や感情などの具体的な場面での心の
動きや行動が明らかになりやすい。また，投映法とはいえ，ロールシャッハ・
テストは言語によって反応を構成するが，描画テストは描画後の対話（PDI;
Post Drawing Interrogation, PDD; Post Drawing Dialogue）を行いはするも
のの，本質的には言葉を媒介にせず，絵によるコミュニケーションにより自
己を表出するので，言語で表現される以前の感情などが捉えやすい。このよ
うに，ロールシャッハ・テストと描画テストは，ともにパーソナリティの多
くの側面を捉えることが可能であるが，異なる側面を捉えており，心理検査
バッテリーとして組み合わせると，対象者のパーソナリティを多層的に捉え
やすいと考えられる。

　その他にも，本書で頻繁に紹介されるものとして文章完成法：SCT（槇田，
1999）がある。SCTは投映法の中でも質問紙法に近く，対象者が半ば気づ
いている自己の状態や対人関係の認知などが明らかになる。第2部で述べる
ように，SCTからも対象者のさまざまな状態が理解できるが，この検査の結
果を用いて対話を進めることで，面接が実り多いものになるので，半構造面
接の手段としても用いられる。

　また，絵を見て物語を作る主題統覚テスト・絵画統覚テスト：TAT（鈴木，1997），子ども用に動物の絵を用いた児童統覚検査：CAT（戸川，1956）があり，欲求と圧力を捉える目的で開発されたこのテストは，両親や異性との対人関係や思考の仕方なども捉えるために用いられている。

　さらに，人が日常生活で経験する欲求不満場面の線画を見て欲求不満の状態にある人がどのように話すかの回答の分析から，攻撃の方向と反応の型を捉え，欲求不満への反応を知る絵画欲求不満テスト：P-F スタディ（秦，2022）は，本書では児童期の対象者に用いる事例が挙げられているが，成人用もあり，医療だけでなく，矯正や司法の領域などでもよく用いられている。

　他にも多くの臨床心理検査があり，これらの臨床心理検査をテスト・バッテリーとして組み合わせて実施し，心理検査の結果をまとめるとともに，他の情報も合わせてアセスメントを行い，対象者の援助の方針を立てていくのである。

（2）発達段階や領域によるバッテリーの組み方

　次の第2部では，実際の心理臨床場面での臨床心理検査バッテリーの実際を解説していく。ここでは発達段階に沿った分類をまず行っている。これは，一人ひとりの検査目的によって検査の選択が異なるとはいえ，対象者が子どもか青年か成人かによって大枠が決まるからである。つまり，対象者の年齢・年代によって，重要な視点が異なるからである。

　対象者が子どもの場合，行動面の問題の原因として人間関係が推測できる状況であったとしても，知能面を無視してパーソナリティ検査だけを実施することはない。子どもの精神的な問題は，心の不安として行動の問題だけに表れるのでなく，子どもが心身の発達途上にあるため，精神的な問題が情緒の問題だけでなく，知的な発達にも影響を与えるし，時には身体的な発達に影響を与える場合すらある。したがって，精神的な成熟度を考慮して，発達検査，または知能検査を実施することが大切である。現在の発達状況を踏まえ，知的な構造を理解することは，子どもの心の問題を理解する出発点である。その後に，描画テストなどの投映法を選択することになる。

　発達検査は，対象児の知的な発達段階を知るために，知能検査の乳幼児用として発展してきた。その根底にはビネー（Binet & Simon, 1908）の知能

の理論があり，発達段階に応じた実際の項目設定はゲゼルの成熟説に基づいている（Gesell & Amatruda, 1941）。どの発達検査も，対象児が低年齢であり，言語理解が十分ではないことと，検査場面の影響を受けやすいことから，単に言語的な問いかけへの回答や言語の指示による作業だけではなく，検査場面での行動観察も検査結果に反映するように考案されている。さらに，対象者が子どもの場合，何よりも発達を総合的に捉える観点が重要であり，子どもの発達は，単に例えば言語の発達だけが進んでいくのではなく，身体発達が進んで動きまわる距離が大きくなると，体験する世界が広がり，認知面が発達して言語発達も促されるなど，発達連関の理念に基づいて考えねばならない。したがって狭い意味での知能の発達のみを捉えるのではなく，まさに総合的に子どもの精神発達とそれに関連する運動機能の発達も捉えようとする。その結果，単に子どもの発達段階がどの辺りであるというだけでなく，領域による発達のばらつきなども把握でき，子どもの認知の構造的な理解が可能となっている。それとともに，測定時の発達段階を知るだけではなく，その段階に達したばかりなのか，すでに，次の段階に発達していく直前であるのかなども，通過項目間の関連で把握することができる。

　このように対象児の精神発達段階を総合的に理解できるのが発達検査であるが，発達検査だけでは捉えられないものがある。それが情緒面の問題である。もちろん発達検査によっては，情緒の発達段階が捉えられるような項目も含まれているが，一部に過ぎず，子どもの年齢に応じた情緒の発達を捉えることは，心理臨床の主眼ともいえる。そのために，臨床現場で，子どもの総合的な発達を捉え，発達上の問題がある場合に，それがどのようなことによって生じたかを知るために，検査バッテリーとして，情緒面を捉える検査が加えられる。子どもの場合は，描画テストが選ばれることが多い。その他，検査場面では捉えきれないものを把握するために，保護者の観察に基づく質問紙法もバッテリーに加えられる。

　児童期に入ると，検査目的も多様になる。幼児期のように，発達段階に応じた指導や情緒的な安定のためだけではなく，学校という集団生活の場で，対象児が楽しく有意義に過ごせるという集団での適応についても視野に入れなければならない。それとともに，児童期での対象児の援助のためには，幼児期には，まだ曖昧にしか捉えられなかった，対象児の診断も重要となってくる。診断が可能となることで症状の解消が図りやすくなっていく。心理臨

床の場が，医療場面であるか，教育場面であるかによって，アセスメントの目的の基本は変わらないとしても，どのような援助を行っていくかについては，細かな点では違いがあり，診断名とそれに基づく配慮についての検討もアセスメントの目的となっていく。ただ，どの場面であっても，問題点とその対策だけではなく，個々の対象児の長所や予後にも目を向けたパーソナリティ全般の総合的なアセスメントが必要であることには違いない。それと同時に，幼児期と同様，発達の途上にある対象児のために，迅速なアセスメントにより，援助につなげていくことが大切である。

　児童期は小学校という集団生活の場で教育を受け，同年齢の子どもと触れ合って社会性を育んでいく場であり，幼児期と同様に精神発達段階を知ることがまず出発点になる。その折には，発達検査ではなく，この年齢の対象児のために作られた，ビネー式の知能検査や，WISC が選ばれる。発達検査によっては，児童期の年齢段階用の項目や，種類によっては成人の問題も用意されているものもあるが，これらは，幼児期からの経過を特に知りたい場合や，知的障害のある対象者の場合に用いられることが意図されている。

　このように，児童期ではまず知能検査が選ばれる。ただし，教育場面では，アセスメントの対象となる問題が重大なものではなく，学校での学力においてもさほど問題がない場合には，省かれることもある。しかし，情緒面の問題をもっている子どもでも，それが知的な発達に影響を与えることもあるし，認知面の特性を明らかにすることは児童期の問題を捉えることの主眼となると思われるので，知能検査はどの場面でも必要であると思われる。そのために，特に医療現場では，対象児の年齢と状態に応じた知能検査が，まず，バッテリーに取り上げられる。

　次には対象児の状態に応じて，描画テストやロールシャッハ・テスト，TAT・CAT，P-F スタディ，文章完成法（SCT）などの投映法の中からいくつかの心理検査がバッテリーに加えられ，これらによって対象児の情緒の状態，対人関係，認知の特性などを明らかにしていく。また，保護者からの情報としての質問紙法や，教師などによる観察に基づく，LD 児診断のためのスクリーニング検査：PRS（森永・隠岐，1992），LDI-R（宇野，2017）も実施される。

　青年期は，精神的に非常に不安定になりやすい時期であり，自分が他者からどのように見られているかに敏感な時期である。この時期も発達の様相を

知ることは大切であるが，神経症で受診した青年に知能検査を実施すると，心理的緊張が高まり，防衛的になったりして，他の心理検査でありのままの状態が表出されない可能性もある。したがって，心理検査バッテリーとしてどのようなものを選ぶかを慎重に吟味しなければならない。ところが逆に，青年期は自分自身を知りたいと考える時期でもあり，私設の心理相談機関などには，パーソナリティ検査を希望して来談する対象者もいる。その場合には，多くの心理テストが実施可能ではあるが，まず，自分の何が知りたいかをよく話し合って，本人の意思を尊重してバッテリーを組む必要がある。いずれにしても，各種の投映法とともに自己認知を知るための質問紙法も欠かせない。

　成人では知的な問題が推測できる対象者には，知能検査の実施で知的な側面の構造を理解して援助していく必要があるが，そうではない場合には，質問紙法で，自己理解・自己認知の程度を確認し，投映法を主体にバッテリーを組む方が，より良い支援につなげられる。投映法を実施する場合，時間があれば多くの心理テストを実施すればよいと考えられ，いくつかの心理テストで同様の結果が出れば，その解釈の妥当性が高まるが，前述のように，対象者に負荷がかかり過ぎると，個々の心理テストで，対象者の内面が十分に表出されないこともある。したがって，目的に応じてSCTとロールシャッハ・テストを組むなど，意識された側面を表す質問紙法に近い検査と，無意識水準を明らかにしやすいとされる検査のように，測定する水準の違うものを組み合わせることが大切である。

　高齢者の場合は，認知症のスクリーニングと，パーソナリティの自己理解とでは，実施する検査がまったく違ってくるだけでなく，他の年代より以上に，疲労のことも考えてバッテリーを組む必要がある。

　多くの心理検査を用いる方が，より多角的に対象者を理解できるのは事実であるが，かといって，ほぼ同じような情報が得られる心理検査を何種類も実施しても意味はない。どれぐらいの時間がかけられるかを考え，有効な選択をすることが必要である。例えば児童相談所では，子どものアセスメントをして，早く支援につなぐことが重要である。子どもは日々発達しており，何日も呼ぶよりも，今の状態をより早く把握して，援助の形態を選択し，家族へのアドバイスも早く適切に行うことが必要である。さらに全国の児童相談所では多くの相談が寄せられて，ウェイティング・リストに多くの子ども

が載って待機しているという状態である。青年や成人の場合でも，医療か教育か福祉かなど臨床場面によってバッテリーの組み方が異なってくる。

　司法臨床で例えば精神鑑定などでは，心理検査実施にも日を変えて時間をかけられるし，結果をまとめるにも他の臨床の場よりも十分な時間がある。そのために，知能検査（成人であれば WAIS，知的に低い場合には，時にはビネー式の知能検査），質問紙法（YG か Big5，MMPI），投映法（描画テスト，ロールシャッハ・テスト，TAT，SCT）など，多くの心理テストを実施することが可能である。ベンダーゲシュタルト検査や，内田クレペリン検査などの作業検査法もバッテリーに含めることもある。

Ⅲ　心理検査の実施順序と結果をまとめるときの留意点

　実施する心理検査を選択すると，次には実施順序を決定しなければならない。一般には，

> ①不安や緊張をあまり生じない心理テストを，まず行う。実施の目的がはっきりしている方が，目的が明確でないテストよりも不安を生じないので，先に実施する。
> ②刺激が明確に構成され，反応が容易なテストを，あいまいなテストより先に行う。
> ③あらかじめある検査の結果があると，その後の検査が実施しやすいものから行う。

　対象者にとって，何のテストであるかが明確にわかる方が不安が生じないので，例えばロールシャッハ・テストよりも知能検査を先に行うのが好ましいが，評価を気にする対象者であれば，知能検査は緊張を与える検査となってしまう。同様に，②については，質問紙法を投映法より先に実施したり，投映法の中でも，SCT や描画テストをロールシャッハ・テストよりも先に実施したりする。③については，知能検査の結果があると，描画テストやロールシャッハ・テストが実施しやすく，解釈しやすくなると考えられる。

　しかし，これらはあくまでも原則であって固定したものでなく，疲労なども考えて，一番知りたい情報を得られるものを，先に実施することもあるし，対象者の状態に応じて，適切な順序を考慮すべきである。

　このようにして，心理検査を実施する。その折には，前述のように，テストの実施法に習熟し，マニュアル通りに行うことが大切であるが，実施中の対象者の状態に応じて，臨機応変に対応できることも考えておかねばならない。また，当然のことであるが，心理検査は，検査者の目の前で実施する。

検査者が暖かく見守り，対象者にとって保護され守られた空間であってこそ，対象者は自分自身を理解してほしいと思って，ありのままの自分を表出しようとする。検査者と対象者の関係性が大切なのである。しかし，一部の医療機関では時間の関係もあって，例えばSCTを持ち帰らせて実施している所もあるが，これは自宅でゆっくり考えてもらうためではなくて，あくまでも時間の制約があるからであり，対象者とのラポールを形成した後に，検査実施の目的と方法をよく説明して，持ち帰らせることに留意しなければならない。

心理検査を実施した後，それぞれのテストのマニュアルに従って反応を整理し，解釈を行い，それらをまとめていくことになる。心理検査バッテリーとして複数の検査を実施した場合，どの検査からも得られた情報が同じような内容という結果になると，得られた情報は解釈の妥当性や信頼性が高いことを示している。しかし，各検査から得られた情報は，必ずしも一致するとは限らない。これは，対象者のさまざまな側面の情報が多層的に表れた結果であり，検査者はバッテリー内の各テストが捉える側面を配慮するとともに，これに面接や行動観察などからの情報を統合したりして，総合的に解釈していかねばならない。第2部では各領域の臨床家によって，これらについて詳細にかつ具体的に記述されているので，参考にしてほしい。

また，第3部では，アセスメントの結果を対象者にフィードバックする際の留意点と，その実施例を挙げている。心理検査の結果をまとめ，他の情報とも統合して報告書を書き，フィードバックすることにより，心理支援につなげていくのである。

なお，第2部と第3部では臨床事例を挙げることで心理検査のバッテリーの組み方と具体的な用い方を解説している。解説されている事例は，個々の著者が注釈をしている場合もそうでない場合も，特定の対象者を取り上げて，事例としたものではない。それぞれの著者の臨床経験の中で出会った複数のクライエントに共通したものに注目したり，典型的であろうと思われる臨床例を創造したりした架空の事例である。臨床心理検査も具体的に述べてあり，その中の一部は，実際のクライエントの検査結果の場合もあるが，クライエントの了承を得るだけでなく，クライエントの背景情報などを変えることで，個人が特定されないようにしている。

また，掲載している心理検査用紙や検査結果の処理用紙は，すべて当該の

出版社の許可を得ている。各章で用いる臨床心理検査の名称は，その章の最初では正式名称とし，途中からは略称を用いることにしている。しかし，各章を通じて頻繁に用いられている検査は，その章の最初から略称としていることもある。索引を参照していただきたい。

文献（心理検査別；引用順）
《知能検査》
Binet, A. & Simon, T.（1908）：Le developpment de l'intellgence chez les enfants. *L'Annee Psychologique,* 14; 1-94.（中野善達・大沢正子（訳）（1982）：知能の発達と評価―知能検査の誕生. 福村出版.）
鈴木治太郎（1956）：実際的・個別的智能測定法. 東洋図書.
鈴木ビネー研究会（2007）：改訂版 鈴木ビネー知能検査法. 岡田総合心理センター.
田中寛一（1947）：田中びねー智能検査法. 世界社.
田中教育研究所（2003）：田中ビネー知能検査Vマニュアル（理論・実施・採点）. 田研出版.
杉原一昭・杉原隆（監修）（2003）：田中ビネー知能検査V理論マニュアル. 田研出版.
辰見敏夫（1989）：幼少研式辰見ビネー知能検査法. 日本文化科学社.
日本版 WAIS- IV刊行委員会（2018）：日本版 WAIS- IV成人知能検査. 日本文化科学社.
藤田和弘・前川久男・大六一志・山中克夫編（2011）：日本版 WAIS- IIIの解釈事例と臨床研究. 日本文化科学社.
日本版 WISC- V刊行委員会（2021）：WISC- V知能検査実施マニュアル. 日本文化科学社.
日本版 WPPSI- III刊行委員会（2017）：WPPSI- III知能検査. 日本文化科学社.
松原達也・藤田和弘・前川久男・石隈利紀（1993）：K-ABC 心理・教育アセスメント・バッテリー：実施・採点マニュアル. 丸善メイツ.
藤田和弘ほか（監修）（2013）：KABC- IIによる心理アセスメントの要点. 丸善出版.
Kirk, S. A. & Kirk, W. D.（1968）：*Psycholinguistic Leaning Diagnosis and Remediation.*（三木安正・上野一彦・越智啓子（訳）（1973）：ITPA による学習能力障害の診断と治療. 日本文化科学社.）
上野和彦・越智啓子・服部美佳子（1993）：ITPA 言語学習能力診断検査手引（1993 年改訂版）. 日本文化科学社.

《発達検査や行動評定尺度など》
Gesell, A. & Amatruda, C.S.（1941）：*Developmental Diagnosis：Normal and Abnormal Child Development. Clinical methods and pediatric applications.* Paul B Hoeber.（佐野保・新井清三郎（訳）（1958）：発達診断学―小児の正常発達と異常発達. 日本小児医事出版社.）
新版 K 式発達検査研究会（編）（2020）：新版 K 式発達検査法 2020 解説書. 京都国際社会福祉センター.
古賀行義（1967）：MCC- ベビーテスト. 同文書院.
津守真・稲毛教子（1961）：乳幼児精神発達診断検査法　0才〜3才まで. 大日本図書.
津守真・磯部景子（1965）：乳幼児精神発達診断検査法　3才〜7才まで. 大日本図書.

牛島義友・木田市治・森脇要・入澤寿夫（1959）：乳幼児精神発達検査．金子書房.

遠城寺宗徳（2009）：遠城寺式・乳幼児分析的発達検査法―九州大学小児科改訂新装版．慶應義塾大学出版会.

三宅和夫監修,大村政男・高嶋正士・山内茂・橋元泰子（編）（1991）：KIDS乳幼児発達スケール．発達科学研究教育センター.

三木安正（監修），旭出学園教育研究所・日本心理適性研究所（1980）：新版S-M社会生活能力検査．日本文化科学社.

井潤知美ほか（2001）：Child Behavior Checklist/4-18　日本語版の開発．小児の精神と神経，**41(4)**; 243-252.

伊藤大幸・浜田恵（2017）：保育・指導要録のための評価シートTASP．スペクトラム出版社.

発達障害支援のための評価研究会（2013）：PARS-TR　親面接式自閉スペクトラム症評定尺度．金子書房.

宇野彰（2017）：限局性学習障害（症）のアセスメント．児童青年精神医学とその近接領域，**58(3)**; 351-358.

森永良子・隠岐忠彦（1992）：PRS手引き　LD児診断のためのスクリーニングテスト．文教資料協会.

《質問紙法》

辻岡美延（1982）：新性格検査法―YG性格検査実施・応用・研究手引．日本・心理テスト研究所.

辻平治郎（編）（1998）：5因子性格検査の理論と実際．北大路書房.

下仲順子・中里克治・権藤恭之・高山緑（1999）：NEO-FFI/NEO-PI-R　共通マニュアル改訂増補版．東京心理.

村上宣寛・村上千恵子（2008）：主要5因子性格検査ハンドブック．筑摩書房.

Graham, J.（1977）：*The MMPI: A Practical Guide.* Oxford University Press.（田中富士夫（訳）（1985）：MMPI臨床解釈の実際．三京房.）

MMPI-3日本版研究会（編）（2022）：MMPI-3日本版マニュアル．三京房.

金久卓也・深町建・野添新一（2001）：CMIコーネルメディカル・インデックスその解説と資料　改訂増補版．三京房.

横山和仁・下光輝一・野村忍（編）（2002）：診断・指導に活かすPOMS事例集．金子書房.

横山和仁（2015）：POMS 2日本版．金子書房.

阿部満州・高石昇（1985）：MAS顕在性不安尺度実施の手引き．三京房.

福田一彦・小林重雄（1983）：SDS－自己評価式抑うつ性尺度．三京房.

《投映法》

皆藤章（1994）：風景構成法―その基礎と実践．誠信書房.

高橋依子（2011）：描画テスト．北大路書房.

Exner, J. E.（2003）：*The Rorschach: A Comprehensive System Vol.1, Basic Foundstions and Principles of Interpretation, 4th Edition.* N. J.: John Wiley.（中村紀子・野田昌道（監訳）（2009）：ロールシャッハ・テスト―包括システムの基礎と解釈の原理．金剛出版.）

Exner. J. E. & Erdberg, P.（2005）：*The Rorschach:A comprehensive system: Vol.2 Advanced interpretation. 3rd ed.* N. J.: John Wiley.

片口安史（1974）：新心理診断法．金子書房．

高橋雅春・高橋依子・西尾博行（2007）：ロールシャッハ・テスト解釈法．金剛出版．

槇田仁（編）（1999）：精研式文章完成法テスト（SCT）新・事例集．金子書房．

鈴木睦夫（1997）：TATの世界—物語分析の実際．誠信書房．

戸川行男（1956）：幼児・児童絵画統覚検査解説：CAT日本版．金子書房．

秦一士（2007）：P-Fスタディの理論と実際．北大路書房．

秦一士（2020）：P-Fスタディ　解説（2020年版）．三京房．

《作業検査》

高橋和己（1968）：ベンダー・ゲシュタルト・テストハンドブック増補改訂版．三京房．

横田象一郎（1965）：クレペリン精神作業検査解説新訂増補．金子書房．

第2部 発達に沿った検査バッテリー

第3章

乳幼児期

大島　剛

I　はじめに

　平均的な日本人の子どもは，体重3,000gで出生したのち，3カ月後には体重が約2倍になり，1年後には歩き出し，言葉も使用するようになる。去年と同じ服はサイズが合わなくなるだけでなく，認知能力，運動能力など心身すべての能力は枚挙にいとまがないほど大きく変化する。人間の一生のなかでも，乳幼児期の子どもたちの成長発達はすさまじく変化する時期である。この時期の子どもたちを臨床心理的にアセスメントする場合には，大人の臨床で使われる健康体が何らかの要因によって阻害・障害を受けているという，いわば引き算の発想で考えることよりも，子どもが日々の生活の中で学習を積み上げていくという足し算の発想（発達モデル；大島ら，2013）が必要である。つまり時間経過によってアセスメントした段階からも容易に変化することが大いにあるのである。それは子どもの持つ潜在的な発達能力と人間関係を含めた生活環境との相互作用で規定されており，無茶苦茶な変化こそはないものの，それぞれの子どもにある程度の幅を持った発達の道筋の個人差が存在する。このような視点を常に持ちつつ，その子ども固有の発達の道筋のなかで，今の状態を把握し，理解し，今後を予測し，より適応的な環境要因を模索していくことが重要である。

　あまり声高には言われないのであるが，わが国には1歳6カ月児健診，3歳児健診などの乳幼児健診を背景にした「発達相談」という領域が存在する（田中，2008）。このシステムの存在は世界に冠たるものと筆者は自負している。つまり，90％以上の受診率を誇る乳幼児健診で，スクリーニング

された子どもたちについて心理相談員が心理的な立場で相談にのり，場合によって心理検査を行う。その後，発達障害[注1]などが疑われるケースでは，各市町村の健診のフォローアップの場や児童相談所，発達障害者支援センター・療育センターなどで精密検査が行われ，発達の問題が明確になった場合にその対応が検討されていく。特に3歳までの発達相談はこのように行政が主体的に関係していく場合が多く，3歳以降になると病院や教育も含めた相談機関での関与も増えてくる。乳幼児期のアセスメントでは，3〜4歳以前と以降では若干内容が異なることもある。

　このように，臨床心理的な検査バッテリーを使用して乳幼児のアセスメントをする場合は，それ以上の年齢の子どもや大人のアセスメントと様相が異なってくる。次節からはそれぞれの検査の解説を行っていく。

II　乳幼児のアセスメント

（1）2つの視点と2つの方法

　乳幼児のアセスメントで筆者が重要と考えているキーワードは「発達障害」と「子ども虐待」である。これら2つはそれぞれが程度の差を持ちながらも，互いに重なり合って影響を及ぼしており，それらの原因となる要因を背負ったうえで，子どもたちは日々成長発達を遂げている。つまりその子どもの生まれながらに持つ潜在能力が，与えられた環境のなかでどのような学習を積み重ねていくかを考える際，極端なものが「発達障害」と「子ども虐待」と呼ばれるものである。大人で知能やパーソナリティといったもの，乳幼児で気質と言われるようなものを含んだすべての子どもが持つ認知・行動様式・能力を「子ども側の要因」として，不適切な保護者の対応や健康的な生活が営めない生活環境などを「環境の要因」として，この2者の相互作用の積み重ねの結果として今があるというアセスメント図式を採用している。

　その子どものパーソナリティのあらゆる側面を理解するのがアセスメントの目的だが，そのための方法が2つある。それは検査者が直接子どもから情報を得る方法と保護者（保育者）側から見た情報を聴取する方法であり，この2つを遂行することで，アセスメントに深まりが出てくる。乳幼児の検査

注1）筆者は本論では「平均的ではない発達の道筋の個性」として考えている。また「害」の字を「がい」と表記する精神は賛同であるが，表記の混乱を避けるためにあえて漢字を使用している。

バッテリーの特色はこの2つの方法を用いて，心身未熟で言語による自己表現が不十分な子どもを理解していくことである。そして保護者との直接面談をとおして，子ども側の要因情報の補完および環境の要因の特殊性や偏りなど，重要な情報を得ることもアセスメントのポイントとなる。ここで得られた情報から，発達障害や子ども虐待のリスクを検討していく。

　筆者は，直接子どもから情報を得る方法として，新版K式発達検査2020（以下K式）と人物画を使用している。保護者からの情報収集として，以前は乳幼児精神発達診断法（以下津守式）を，今は乳幼児発達スケール（以下KIDS）を使用することが多い。

（2）知能・発達検査の特徴

　検査バッテリーを用いる場合には，中核となる検査を決めて，そこに補完的に他の検査を組み合わせるのが通例であるが，子どもの場合は知能・発達検査を中核に置くことが適切であると考えられる。

　さて，この知能検査であるが，ここにも大きく2つのグループにわかれる。検査によって精神年齢（MA：mental age）を測定し，この精神年齢に基づいて知能指数（IQ：intelligence quotient）を算出する方法（IQ＝MA／生活年齢［CA：chronological age］×100）を採用しているもので，この方法で算出されるIQを比IQと呼んでいる。各年齢の子どもたちから得られたデータをもとに考えられた年齢尺度や発達の順序尺度を利用している。わが国で，この流れをくむものは田中ビネー，鈴木ビネー，辰見ビネーなどの知能検査があり，現在は田中ビネーVがよく使用されている。一方，ウェクスラー式知能検査に代表されるように，アメリカでは，MAや比IQを廃止し，下位検査ごとに点数化し，同年齢集団の中での偏差値を求めて算出する，偏差知能指数（偏差IQ）が採用されるようになった。乳幼児を対象とするものに，WPPSI知能診断検査がある。

　この2つのグループを比較してみると，最新版のWPPSI-III知能検査は適用年齢が2歳6カ月〜7歳3カ月と下限年齢が高く，言語を扱えない年齢には不適格なことが多いだけでなく，臨床的に子どもの状態を把握するのに偏差値という考え方がなじみにくいため，乳幼児のアセスメントには年齢尺度，発達の順序尺度を採用した前者のほうが使いやすい。また，WISC-V知能検査（適用年齢：5歳0カ月〜16歳11カ月）も下限域はもっと高い。そして，

　現実的には田中ビネー知能検査Ⅴが全国的によく使用されている。比較的，簡便で施行しやすい検査である。ただし，適用年齢が2歳からであることから，1歳6カ月児健診の対象児や発達に大きな遅れや偏りがある子どもたちには十分な適用ができない。また，IQを算出することだけが目的ではなく，知的能力のアンバランスなどの特徴をアセスメントすることが急務となってきている昨今，課題内容から分析・解釈する試み（山田，2011）もあるが，検査から得られる情報量は十分とは言えない状態であろう。このように乳幼児と言っても，上記の検査の場合はその年齢によって使い分けをしなくてはならない。特に障害などの影響で課題が難しすぎることで検査の下限域を下回り，十分な回答が得られない場合は，子どもが検査にかけてくれた労力に報いられないこともある。

　一方，知能検査の歴史的流れとは異なって，学童期よりも前の心身の発達が未分化な乳幼児に対しても知能検査を行おうという研究が進み，発達検査が進化していった（生澤，2004）。乳幼児は，大人のように適切な言葉で応答することは困難であり，読み，書き，計算など机上で行う能力を駆使して検査を行うのも無理がある。そして，歩くなどの運動，手を使った操作や遊びの能力が知的能力と密接に結びつくため，知能検査で測られるような特定の知的能力を分離して取り出すことは不可能である。このため身体運動，認知，言語，社会的行動などの各領域の能力を分析し，子どもの生活能力全般を把握するための検査が発達検査としてたくさん考案され，遠城寺式乳幼児分析的発達検査法[注2]や津守式のように間接的に保護者に聴取する質問紙中心のものと，知能検査同様に総合的，診断的に子どもに実際に施行するタイプのものが作られた。全般的には知能検査に比べて，IQのような明確な数値が算出できないものも多く，年齢尺度や発達の順序尺度を採用していても，数値を示すことで個人間の客観的な比較や，クリアに保護者に状態を示す場合に使いにくいところがあった。

　京都で生まれたK式はこれらの不備を補う特徴を持ち，全国的に使用するところが増えてきている発達検査である。しかし，検査としては検査項目数が多くかつ熟練が必要な職人技が映えるものでもあり，この点では簡便な田中ビネーⅤに引けを取るところがある。

注2）遠城寺式は実際に子どもに検査する部分もあるが，保護者からの聴取も多いのでこの場所の例に挙げた。

（3）新版K式発達検査の魅力

　K式はIQに類似するものとして，DQ（Developmental Quotient：発達指数）を算出する。比IQの考え方を踏襲しており，各年齢の子どもたちから得られたデータをもとに考えられた年齢尺度や発達の順序尺度を利用する方法が採用されている。時間軸に沿って発達していく子どもを対象とするという発想が根底に流れており，知能検査のルーツをそのままに守ってきたとも言えよう。いずれにしても，日々成長・発達が著しい子どもたちの発達の道筋を吟味し，そのつまずきを軽減して，少しでも「生きやすい」環境を整えようとする「発達モデル」に依拠している検査である。2020年に新版K式発達検査2001の改訂版である新版K式発達検査2020が発刊され，切り替えが行われつつある。再標準化や複数の修正が行われているが，その考え方や使用法はおおむね同様[注3]である。

　適用年齢は，生後約100日〜成人までであり，年齢領域によっては精度の違い（姿勢・運動領域の上限が4歳，学齢期以降は検査項目数が少ないなど）があるものの，どの年齢でもどのような発達の遅れや偏りがあっても対応できる，守備範囲の広い検査である。つまりは検査に応じてもらえさえすれば，DQなどの数値を得ることも可能となる。これを支えるのが，それぞれの領域の能力を年齢（月齢）尺度上に位置づけていくプロフィールというラインである。これはウェクスラー式知能検査上のプロフィールとは違い，検査用紙上の検査項目（検査の課題）が「＋」（通過：基準をクリアする）から「−」（不通過）に移り変わる境目をはっきり示すために引かれたラインである。原則的にラインの左は「＋」，右は「−」という，検査用紙の左（年齢が小さいほう）から右（年齢が大きいほう）へ押し上げられていく「発達の最前線ライン」とでもいうべきものである。検査用紙上に散りばめられた全329個ある検査項目をその子どもが通過できそうであるかどうかという「発達的常識」を働かせて，明らかなものは省いて，実施する検査項目にあたりをつけて施行し，これ以上右は「−」というラインを探っていく。あとは飛び地のように出現する例外がないかを確認して，ラインが途切れずに検査用紙上に引けることができれば検査終了となる。これを，春に南から北上する「桜前線」に例えて，年齢尺度上を左（年齢が小さい）から右（年齢が大きい）方

注3）14歳以上に関しては偏差IQの考え方が導入され，偏差DQが算出できるようになっている。

向へ移動するプロフィールと考えると理解しやすい。検査者に子どもの発達に関する常識があれば，スムーズに検査を進めることができ，検査時間の短縮につながる（大島ら，2013）。

　K式においてこのプロフィールは，DQなどの数値の何十倍もの価値がある。つまり，検査用紙上の「＋」と「－」の行間を読み，絶対に間違えない磐石な「＋」なのか，基準ぎりぎりの「＋」なのか，基準に満たなくて惜しい「－」なのか（筆者はこの状況を「÷」と表現），やっぱりまだまだ「－」なのかを考えていくことが，「発達の最近接領域」を探すことにつながり，解釈の厚みを増していく。また，検査項目どうしの「斜めの関連」（同じ年齢領域の各課題のできを追う「縦の関連」や，各課題がどの年齢領域までできているかを追う「横の関連」以外の関連）の理解も解釈に大いに役立つ。「この検査項目ができているのに，この項目が難しいのはどうしてか？」「この項目ができないのにこの項目ができるのは通常はありえない。だから考えられる可能性は？」などと，複数の検査項目が通過できるために必要な共通する認知能力と異なった認知能力の存在を推理していくわけである。このように考えていくことで，表面的には見えにくい発達を支える新たな能力に気づくことができる（大島，2011）。

　そして，K式の最大の特徴は，他の知能検査のように検査項目の実施順序が一部を除いて決まっていないことである。実は実施順序が決まっていないからこそ，さまざまな個性の子どもたちに臨機応変に「遊び＝検査」とすることができる。そして，遊びが仕事である幼児期までの時期は，遊びを通してその子どもは最大の能力を示してくれる。これにより，モティベーションの低下を防ぎながら，発達像の仮説検証を検査者のペースで進めていくことができるわけである。まさに「検査に子どもが合わせるのではなく，子どもに検査を合わせる」ことのできる検査である（K式に関する詳細は，生澤ら（2002），川畑ら（2005），新版K式発達検査研究会（2008），片岡（2012），松下ら（2012），大島ら（2013），新版K式発達検査研究会（2020）等を参照）。

（4）人物画を使うこと

　描画テストは，情緒的な部分と発達の部分をアセスメントできる都合のいいものである。アセスメントの中核である知能・発達検査では測定しきれない情報を与えてくれることが多い。たくさん種類のある描画テストの中で，

筆者は人物画をよく使い，就学前であれば単独で人物画を，就学以降であれば HTP 法（ないしその応用バージョン）を用いる。筆者の印象では幼児期は大人と違って掛け値なしに素直に人物画を描いてくれる気がしている。「お母さんの絵を描いてくれない？」というお願いに対して，素直に従ってくれる子どもたちが多いと感じている。そしてそこで描いてくれた人物像には子どもたちの内にあるさまざまな情報が詰まっている。

　発達の部分を見るのにはグッドイナフ人物画知能検査法（以下 DAM：適用年齢 3 歳〜 10 歳）がある。精度や個人差の問題はあるが，少なくとも○歳レベルの絵であるということで年齢尺度上に位置づけられる点で有用である。幼稚園・保育園などで定型発達の子どもたちの人物画をたくさん見るという経験を積めば，わざわざ DAM をしなくとも自分の持つ年齢尺度に位置づけることができ，K 式にある検査項目「人物完成」にもリンクさせて考えることができる。ただし，人物が描けるのは早くても 2 〜 3 歳近くになってからであり，それより小さい年齢の場合は，なぐり書きや円錯画になってしまう。しかし，K 式の検査項目と共通するので，それだけでも有用な情報は得られる。

　一方，人物画は情緒的な視点から考える時にも有益な情報を与えてくれる。絶対的，相対的比較や数量化ができる形式分析（大きさ，位置など），筆圧，コントロール力，バランス，修正，テーマ，描く順序，強調，欠落，構成……など，何か特徴的なものに注目すると，子どもが意識的，無意識的に何を考え，何を感じ，何を訴えかけようとしているのかを想像することができ，アセスメントにつながる新たな仮説が見えてくる。特に自閉症スペクトラム（ASD）の子どもの絵は，ロボットのように無機質であったり，顔と身体のバランスが極端に悪かったり，棒人間が描かれたりすることも多い。彼らの人間（母親）のイメージや身体イメージの問題が反映されている可能性もある。「お母さんを描いて」とお願いしたら，素直に一生懸命に，優しそうで輝いている母親を描いてくれる子にはほっとする。また，人物画の各パーツに関する象徴的な意味を検討する場合は，コントロールや表現力・表現様式が大人とは違うために，その点を加味しないと過剰解釈になる危険性はある。5 歳以降になればある程度まとまった人物像が期待されるので，解釈は深められるかもしれない。

　描画テストの代表格にバウムテストがあるが，筆者は小学校中学年以降で

ないと単独では使用しない。経験的に幼児の場合は人物画のほうが情報量が多いと考えられ，バウムテストは幼形の種類が多すぎることや年齢尺度に位置づけにくいため，特に発達の部分をアセスメントしにくい。もちろん人物画に対する抵抗を減らすためにバウムテストを使うことはあるが，低年齢児の場合はむしろ絵自体を描くことの抵抗や描いた経験の少ない木の絵よりも人物画のほうが親和性が高いと感じている。

　描画テスト全体にいえることであるが，あるサインが出たからこういう意味であると，一対一対応で解釈することには注意しなくてはならない。あくまでも補助手段と位置づけて，何かの問題と結びつける必要条件ではあっても，十分条件にはならないことを常に念頭に置くことが重要である。

（5）保護者への質問

　乳幼児の世界は，家庭中心の生活に幼稚園・保育園生活が加わっていく。しかし，いずれにしても家庭の情報が，子どもたちのアセスメントに重要であることに変わりはない。家庭の情報をK式と並行して保護者から聴取することで，K式だけでは得られにくい生活場面の様子や，保護者が感じているその子どもの発達の力がわかり，検査者がK式を通して感じた発達の能力とのすり合わせができるようになる。また，保護者のその子どもへの関心や認識の度合いがうかがわれるので，生きた環境情報の宝庫でもある。筆者は以前はよく津守式（津守・稲毛式：適用年齢0歳～3歳，津守・磯部式：適用年齢3歳～7歳）を使っており，K式では評価しにくい対人・社会性の発達や生活習慣の情報を年齢尺度上に位置づけ，K式の検査場面での反応と比較していた。これによって，目の前の子どもの日常生活までもが見えるようになり，より厚みのある発達のアセスメントが可能となった。津守式は残念ながら標準化が古く，一部現代の生活にそぐわないところがあり，またトータルのDQも算出しなくなっているために，KIDS（TypeT：適用年齢0歳1カ月～6歳11カ月）を用いることが多くなっている。いずれにしても，運動面・認知面・言語面・生活習慣面などのそれぞれの行動が何歳何カ月に相当するかという年齢尺度上の位置づけをすることで，生活場面での子どもの人格および発達の様相があぶりだされてくる。特に社会生活能力に関して焦点づける場合は，新版S-M社会生活能力検査（適用年齢1歳～13歳）を使用することもある。これらは，保護者が自己記述をする場合もあるが，保護者

による文章解釈の違いや評価の偏りを避けるために，検査者が保護者との面接によって評定する方が望ましい。その際，検査者はその子どもの日常生活全般とトータルな発達の状態を想像しながら，そこに何が起きているのかを常に考えておく必要がある。この面接を通して，虐待やネグレクト，保護者の養育能力の問題等を発見することができ，家庭でできて検査場面ではできなかったことの情報が得られる。また，保護者が持っている幼稚園・保育園での子どもの様子も聞くことができれば，もっと支援につなげやすくなる。

（6）その他の特定能力の検査

　最近はいわゆる発達障害のアセスメントの観点から，これらの検査以外のさまざまな検査が実施されるようになってきた。特に子どもの認知能力を測るものとして，最近改訂された KABC-Ⅱ（適用年齢 2 歳 6 カ月〜 18 歳 11 カ月），DN-CAS 認知評価システム（適用年齢 5 歳〜 17 歳 11 カ月），視知覚の発達に関するものとしてフロスティッグ視知覚発達検査（適用年齢 4 歳〜 7 歳 11 カ月），ベンダー・ゲシュタルトテスト児童用（適用年齢 5 歳〜10 歳），言語能力に関するものとして絵画語彙発達検査（適用年齢 3 歳〜 12 歳 3 カ月），ことばのテストえほん（幼児〜小学校低学年），ITPA 言語学習能力診断検査（3 歳〜 9 歳 11 カ月），その他自閉症スペクトラムのアセスメントに用いられる検査，精研式 CLAC（適用年齢：幼児〜 13 歳），日本版 PEP-3（適用年齢 2 歳〜 12 歳），その他質問紙形式の PARS（適用年齢 3 歳以上）などがある（小野，2012）。

　いずれにしても，これらは何らかの発達障害や発達の偏りの事前情報がある場合以外は，二次的に用いられる検査であり，一次的な検査バッテリーには含めないことが多い。

Ⅲ　臨床心理検査バッテリー

　乳幼児のアセスメントについてさまざまな検査を取り上げて説明を加えてきた。これらを使って検査バッテリーを組む場合，知能・発達検査を中核に置き，その他の検査で情報を補完することがいいと考えられる。知能・発達検査以外では，日常の社会生活を測ることのできる保護者への質問紙，描画テストなどの自由度の高い投映法が妥当だと考えられる。そして，対象となる乳幼児の年齢および発達段階とそれぞれの検査の適用年齢を合わせていか

なくてはならない。先にも述べたが，適用年齢の下限域ギリギリでは，検査が十分遂行できなくなるために，少し幅を持たせたものが望ましい。

　筆者は中核の発達検査として適用年齢が広く，比較的子どもが楽しんで受けられることのできるK式を推奨する。ただし，就学年齢に近く，比較的バランスのとれた安定した能力を示すことが期待される場合は，知能検査でも可能であろう。ただし，K式は他に比べて初心者にはハードルの高い検査であり，使い手になるまでにしばらく経験の蓄積が必要である。このため，他の検査で代替する場合もやむを得ないが，K式が使用できるようになるとアセスメントの厚みは増すと考えられる。そしてK式を実施する場合，その中に「人物完成」という検査項目があり，その流れで違和感なく人物画を描いてもらいやすいので，バウムテストではなく人物画を推奨したい。日常の社会生活能力を把握するためには，検査者が面接する方法にしてKIDSなどが適当だと考えられる。子どもの年齢が比較的大きい場合は新版S-M社会生活能力検査でもいいかもしれない。

　よく，初心者から「検査バッテリーを組んで検査を増やせば増やすほど結果の解釈がまちまちになって，結局わからなくなる」という話を聞く。これは解釈をマニュアルに頼りすぎていること，さまざまな情報があったとしても1人の人間から導き出された情報であるので，矛盾なく解釈できる着地点をうまく探せないことが理由として考えられる。1人の人間をその生活から目の前の行動に至るまでじっくりと観察して，理解することができるようになると，本当の意味で「検査バッテリーに使われるのではなく，検査バッテリーを使う」立場となれる。そのためにはたくさんの子どもたちを「お師匠さん」として，経験の蓄積をしていくことが重要である。

Ⅳ　架空事例

　※以下の事例は筆者の経験を通して創造されたもので，特定の事例を基にしたものではない。

（1）検査状況

　ある専門相談機関に発達面，行動面で心配であると4歳男児の相談があり，以下の子どもと母親に出会って，新版K式発達検査2020，人物画，KIDSを実施した。

A，男子，4歳2カ月

家族：父，45歳，会社員。母，43歳，パート勤務。

不妊治療の末に妊娠，父母ともに高齢であったが，特に大きなリスクなく正常産で出産。1歳6カ月児健診，3歳児健診では，若干言葉の少なさが指摘されたが，認定こども園に入園していることもあり，様子を見るように言われた。その後言葉は次第に増加したが，園で気になるところがあると指摘されて相談に至る。現在年少クラスに在籍しているが，先生の指示には従うものの，ほとんど話すことはなく，友人のそばにくっついたり，ついてまわったりすることが多い。昨年のプレクラスではよく教室から飛び出していたのだが，おとなしくて元気がない印象が気になるとのことである。家に帰ってくるとこども園のことはほとんど話さず，好きなYouTubeを見ていることが多いが，日によって急にかんしゃくを起こして荒れることがあるとのことであった。

①新版K式発達検査2020実施（表3-1，図3-1参照）

【検査場面の行動的特徴】

母子分離はスムーズ，緊張しているのかおとなしく，問いかけに対して終始小さな声で答える。わからない場合は押し黙る。うつむいていることが多く，表情は乏しい。ただ，課題に対してはしっかりと取り組もうとしており，真面目さ，ひたむきさを感じる。教示が聞き取れないのか，理解できないのか時折とんちんかんな行動や応答をすることがあり，例示すると突然できるようになることもあった。約40分の検査の間，離席することなく，「お行儀」

表3-1　新版K式発達検査2020の結果

領域	DA	DQ	上限	下限
				生活年齢（CA）　4：2（4歳2カ月）
姿勢・運動	3：9	90	ケンケン（3：0超〜3：6）	―
認知・適応	4：3	102	模様構成I 2/5（5：0超〜5：6）	重さの比較（例後）（3：0超〜3：6）
言語・社会	3：6	84	4数復唱　数選び4（4：0超〜4：6）	年齢（2：6超〜2：9）
全領域	3：10	92	―	―

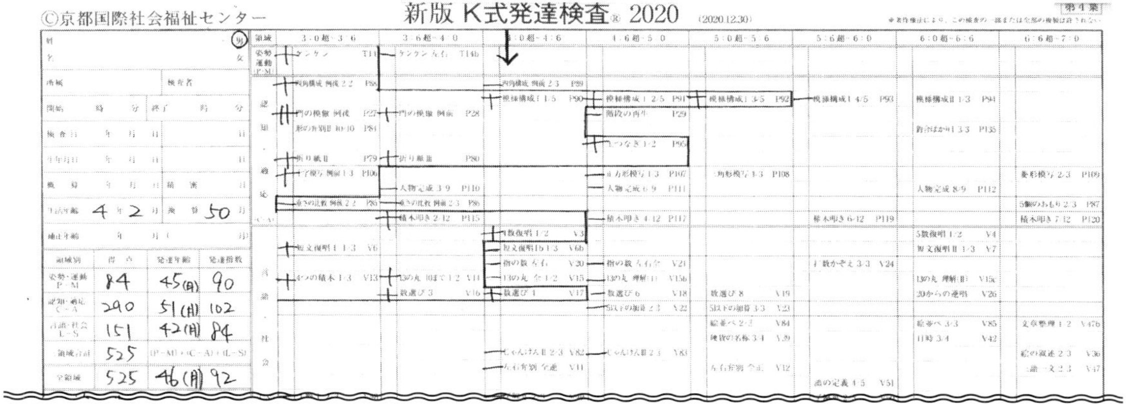

第3葉の検査項目
年齢(−):3才
表情理解Ⅱ(−):適当に指さす。
表情理解Ⅰ, 大小比較, 長短比較:5/6(+)最初の設問を全てまちがえる。
これ以外の検査項目はすべて通過(+)とみなす。

図 3-1　新版Ｋ式発達検査 2020 検査用紙（第４葉）におけるローデータ（一部）

編集部注：右図は著作権者 京都国際社会福祉センターの許可を得て掲載したものであり、検査用紙の複製、無断転載は禁止されています。

が良かったが，子どもらしい覇気が感じられなかった。

【検査結果の特徴および解釈】

　全領域は DQ 92，姿勢・運動 DQ 90，認知・適応 DQ 102，言語・社会 DQ 84 であり，3歳後半の DA である。認知・適応領域がほぼ正常域であるのに対して言語・社会領域は正常域の下限レベルになっている。しかし，下限域・上限域のデータから読み取れるように，認知・適応領域，言語・社会領域両方において，約1年半〜2年程度の開きが出ており，能力のアンバランスが部分的に顕著となっている。少なくとも数値上から非言語の認知能力が年齢相応ないしは年齢以上あることが推測されるが，言語の認知能力のばらつきがあり，年齢相応の能力が認められないことが考えられる。姿勢・運動領域では，ケンケンが利き足でかろうじてできる程度で少々粗大運動は苦手なところがある可能性がある。

　認知・適応領域では，階段の再生や積木叩きなど，記憶による再生は年齢相応であるものの，特にモデルを見ながら抽象的な図形を作成する模様構成の課題の成績が突出している。この側面の能力の高さが認められる。また門の模倣や玉つなぎなども通過しており，目の前のモデルの通りに作成する課題への才能がある。描画能力では正方形が基準には至らないが近いものが描けるなど年齢相応の水準である一方，人物完成がモデルの絵をなぞるだけで，教示の意味が分からないのか，ボディイメージが弱いのかの特徴がある。

　言語・社会領域では，13の丸を10まで数える，数選び4まで通過など，数に関する能力はほぼ年齢相応と考えられる。また視覚的記憶と同様，4数復唱などの聴覚的直接短期記憶の能力も年齢相応である。しかし，2020版で導入された「じゃんけん」の検査項目では，グーを出すことはできてもじゃんけんの意味が分からない，左右弁別ができない，年齢を間違えるなど生活面での経験の蓄積が乏しいことが推測される。そして，了解問題での「お腹すいたらどうしたらいいか」などの問いに対して「すいてない」「わからない」を連発して，言葉で問いかけられることが嫌いであり，言葉でのコミュニケーションが苦手ではないかと推察される。重さの比較が全くできず，大小，長短も間違いが出るなど対概念の認識に弱さがある。また表情理解などで感情を表す言葉の認識にも気になるところがある。認知・適応領域を含めて，教示のみだと最初は適切な行動ができず，最初の問題を間違えた後にやっと正答する傾向が見られた。

図 3-2 　人物画

　これらの特徴から，特に視覚的な認知能力は高く，直接短期記憶も年齢相応であるが，数値が表す以上に言語全般の能力の弱さが認められる。彼にとったら，相手の話している言葉の内容が理解できず，必死で所与の状況から何が求められているかを推測しながら生活しているのではないかと考えられる。名詞や数などの単純でわかりやすいものなら対応ができるが，それ以上のレベルになると対応が難しくなるのではないかと思われる。ただ本来子どもが持つ真面目さやひたむきさで，理解しにくい場面を何とかやり抜こうとしている健気さがある。自閉症スペクトラム障害（自閉スペクトラム症：ASD）などの神経発達症に結びつくかは不明であるが，少なくとも特に言語理解の弱さが残っていけば，就学後の学習にも大きな支障が出るくらい重要な問題として取り扱ったほうがいいと考えられる。

　②人物画実施（図 3-2 参照）

　「人を描いてみてね」と彼に紙と鉛筆を渡すとおもむろに図 3-2 のような丸を描き始めた。誰を描いたのかには答えず，「お母さん？」と聞くとうなずく。紙の下半分に頭足人が描かれている。作画能力としては年齢相応だと思われるが，顔から手足が出ている表現はいささか幼く感じる。紙の下半分しか使わないのもやや自信のなさが表されているかもしれない。この年齢の子どもの絵に情緒的な解釈をするのは適切ではないかもしれないが，足の踏ん張り，短い手を一生懸命広げて，必死で頑張っている彼を連想する絵でもあった。

表 3-2　KIDS の結果

領域	運動	操作	理解言語	表出言語	概念	対子ども社会性	対成人社会性	しつけ	食事
DA	3：3	3：3	3：2	2：3	1：10	1：8	2：3	3：7	2：3

③ KIDS 聴取

　K式，人物画実施後に母親と面接し，KIDS を聴取する。結果は表 3-2 の通りであった。

　KIDS は定型発達の子どもたちを想定して作られているので，適切な数値で反映されにくい場合がある。K式の DQ・DA 値とはかなり異なってしまう場合もあり，数値よりも領域の DA のばらつきに注目する必要もある。しかし，母親から見た生活の実態が反映されているので，その意味で貴重な情報である。

　まず年齢相応の数値を示す領域がなく，全般的に少しゆっくり目の発達が示されている。これは彼が生活の中で積極的な意欲を示しにくいことが反映されていると思われる。K式で指摘されていた言語理解の弱さはかえって目立っていないが，表出言語や概念の低さから少なくとも言語能力の問題は大きいと推測できる。また対子どもの社会性が特に低いことで，友人関係がスムーズにいっておらず，子どもだけでなく大人に対しても自信を持ってコミュニケーションをとることができないことが示されている。もともとの真面目さがあるために，しつけに関してはそれなりに体得できている。

④総合所見および今後の方針

　K式の数値的には一応正常域の発達と示されているが，プロフィールや反応パターンから全般的な言語能力の弱さが顕著であり，この問題が特に大きいと考えられる。乳幼児期から言語の遅れが指摘されていたことを考えても，この言語の問題は何らかの対応を必要とするレベルであると考えられる。こども園では，プレ保育の段階では周囲が見えずに自由にやってこれたのであるが，年少児クラスに入ってからは，集団が意識される一方で先生や友人の話す言葉が理解できないことが多く，一気に自信を喪失して委縮している状況かと思われる。特定の友人について回り，何とか集団生活をこなしている可能性がある。園でもこの状況に介入して，彼の得意分野を利用して自信を持って意欲的に参加ができる機会を模索する必要がある。

　一方で家庭生活においても，園でのストレスが原因と考えられるパニックはあるものの，一人で過ごすことも多い。人間関係性の不調を母親との関係で満たせばいいのであるが，母親に甘えるなど母子関係にあまり活発な交流がみられない。彼のアタッチメントの形成についてのアセスメントも必要だが，少なくとも活発な母子間の交流を図るべきかと考えられる。この点が神経発達症の可能性も考えられるが，まずは家庭生活の中での彼とのバーバル，ノンバーバルコミュニケーションの活性化が必要であろう。ただし，母親の不安を取り扱いながら，母親へのねぎらいとエンパワーメントを忘れないことも重要である。

（2）解説

　基本的にK式から得られた情報をベースに仮説を作り上げ，描画など投映法的なアプローチによってそれを補うことが重要だと考えられる。K式の数値では彼を十分に表現できるほどではなく，プロフィールの形とその裏にある検査項目の「斜めの関連」を考慮していくことで，より発達像の理解が深まっていったと考えられる。通過・不通過だけにとらわれずに，課題のでき方，できなさ方から，背景にある能力を推測していくことも重要である。人物画では，発達的特性と情緒的特性が入り混じるものが出現するために，そこでの解釈に幅を持たせることが必要であろう。そしてKIDSを通して生活環境情報を収集して，母親の考え方，関わり方を理解することで，子どもの発達障害の特徴を浮き彫りにするだけでなく，母子ユニットの歴史や現在のあり方を考えていくことが今後の支援につながる。子どもの姿に関して検査場面と家庭での情報のずれがある場合は，どちらかが正しいのではなく，どちらも真の姿であると考えて矛盾のない解釈仮説を立てていくことで，より厚みのあるアセスメントにつながる。その際に母親に対しての不信や不満を考えるのではなく，今までの苦労や育児への努力に対するねぎらいを忘れてはならない。

V　まとめ

　乳幼児の検査バッテリーは，目の前にいる子どもの実際の発達の吟味とそれを取り巻く環境要因との相互作用をグローバルに考えていくことが必要となる。その際に現在の子どもの能力や環境との相互作用をみる横断的視点と，

その子どもが生まれてから今までに至る家庭環境の歴史（家庭の生育歴）を考えていく縦断的視点の両方が重要である（大島, 2012）。乳幼児の検査バッテリーを組んでアセスメントをしていく場合には，このように大人のそれとは異なった視点が必要である。そして常に乳幼児と保護者のユニットを念頭に置き，その相互交流の中でのアセスメントであることを忘れてはならない。常に流動的ではあるが，虐待やネグレクト，大きな障害の影響などを想定しておけば，それほどかけ離れたユニットは存在しないので，支援につなげる有用なアセスメントは経験とともに着実に増えていく。

　もう一点，特に乳幼児期のアセスメントに言えるのであるが，その子どもの最大の専門家はその保護者であり，検査者は検査というツールを使用して短時間でその専門性に近づく。その子どもを目の前にしてアセスメントのフィードバックを進めていく時点で，それぞれの立場の専門家同士が子どもについて語り合うという位置関係ができると，いらぬ対立や緊張・不信が生じにくくなるのではないかと筆者は考えている。

　人をアセスメントすることは大それたことであるので，それなりに慎重になりながら，決して検査に支配されることなく，検査の効用と限界を理解したうえで，検査を使いこなす臨床家になりたいと筆者は常々思っているが，まだまだ道半ばである。

文　献

生澤雅夫（2004）：発達検査. In：氏原寛・成田善弘・東山紘久・亀口憲治・山中康裕（編）：心理臨床大事典，改訂版. 培風館, pp.453-457.

生澤雅夫・松下裕・中瀬惇（編）（2002）：新版K式発達検査2001実施手引書. 京都国際社会福祉センター.

片岡基明（2012）：新版K式発達検査の特徴とその検査項目が示すもの. 発達, 33(131); 34-39.

川畑隆・菅野道英・大島剛・宮井研治・笹川宏樹・梁川恵・伏見真里子・衣斐哲臣（2005）：発達相談と援助―新版K式発達検査2001を用いた心理臨床. ミネルヴァ書房.

松下裕・郷間英世（編）（2012）：新版K式発達検査法2001年版発達のアセスメントと支援. ナカニシヤ出版.

小野純平（2012）：心理教育的アセスメントに検査をどう活用するか. 発達, 33(131); 8-13.

大島剛（2011）：K式発達検査を通して子どもの何が見えてくるのか？―K式発達検査の使い手の対場から. 発達, 126; 65-73.

大島剛（2012）：物語を紡ぐ面接. In：宮井研治（編）：子ども・家庭支援に役立つ面接

の技とコツ. 明石書店.

大島剛・川畑隆・伏見真里子・笹川宏樹・梁川惠・衣斐哲臣・菅野道英・宮井研治・大谷
　多加志・井口絹世・長嶋宏美 (2013)：発達相談と新版K式発達検査—子ども・家族支
　援に役立つ知恵と工夫. 明石書店.

新版K式発達検査研究会(編)(2008)：新版K式発達検査法2001年版標準化資料と実施法.
　ナカニシヤ出版.

新版K式発達検査研究会 (編) (2020)：新版K式発達検査2020解説書. 京都国際社会
　福祉センター.

田中浩司 (2008)：乳幼児健診. In：下山晴彦・松澤広和 (編)：実践 心理アセスメント.
　日本評論社, pp.30-37.

山田幸代 (2011)：田中ビネー知能検査法. In：高石浩一・大島剛・川畑隆 (編)：心理
　学実習応用編1知能・発達検査実習—新版K式を中心に. 培風館, pp.63-76.

Wechsler, D., 日本版 WISC-Ⅳ刊行委員会 (訳編著) (2010)：日本版 WISC-Ⅳ—理論・
　解釈マニュアル. 日本文化科学社.

第4章

児童期（教育場面）

明翫光宜

I　はじめに

　現在，児童期の心理アセスメントは大きく変わろうとしている。それは，子どもの不安や抑うつ症状，発達障害特性を客観的に捉えるアセスメントツールが次々に開発されているためである（石川，2013；辻井監修，2014）。これらのアセスメントツールの活用によって，子どもの内的世界だけではなく，日常生活においてどのようなつまづきがみられるのかという現実的な側面に光を当てることになる。

　従来の子どもの心理アセスメントは，能力検査（知能検査・発達検査・認知面の心理検査）とパーソナリティ検査（質問紙法・投映法）の2本柱で検査バッテリーが考えられていた。発達障害領域であれば知能検査・発達検査を用いて能力や情報処理特性を，情緒障害であれば投映法（特に描画テスト）を用いて子どもの内的世界をいかに深く理解するかに焦点を置くモデルであったと思われる。心理臨床家は，心理アセスメントの各技法に関してエキスパートとなるよう訓練を積み重ねていくべきであるが，これからは子どものメンタルヘルスや発達障害に関する新しい研究知見やアセスメントツールも積極的に取り入れて，より多角的に子どもの状態像を理解していくことが求められる時代になっている。本論では児童臨床の中でも教育相談の場で必要な心理アセスメントの視点と検査バッテリーの組み方について取り上げてみたい。

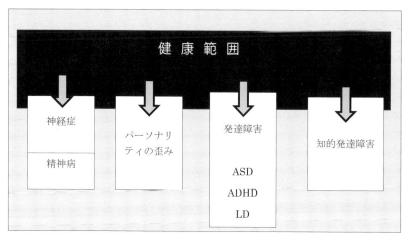

図4-1　精神疾患における発達障害の位置（笠原（1998），杉山（2008）より引用改変）

II　子どもの状態像の把握に必要な視点

　子どもの状態像を多角的な視点でとらえる試みは，すでに不登校研究にお
いて行われている。齋藤（2007）は，子どもの特性や事情に適合したオーダー
メイドな支援を組み立てるためには治療に役立つさまざまな評価軸に従って
多軸的に行われることが望ましいと指摘し，以下の5種類の不登校の多軸評
価を提案している。第1軸：背景疾患の診断，第2軸：発達障害の診断，第
3軸：不登校出現過程による下位分類の評価，第4軸：不登校の経過に関す
る評価，第5軸：環境の評価である。この多軸評価の大きな特徴は，発達障
害特性が評価軸に含まれていることである。

　さらに図4-1をご覧いただきたい。これは杉山（2008）が笠原（1998）
の心の病気のシェーマに発達障害の視点を加えた図である。笠原（1998）は，
心の不調には「精神疾患（神経症－精神病）」と「パーソナリティの歪み（パー
ソナリティ障害）」の2系列があると説明した。図の矢印は症状が形成され
ることを示している。さらに杉山（2008）はこの心のシェーマに発達障害
という現代の視点を加えたのである。

　これらの流れから，児童期の心理アセスメントに発達障害特性の把握とい
う視点が不可欠であることがわかる。発達障害を抱える子どもは成長過程の
中で高い確率で感情障害，強迫性障害，不安障害，パニック障害を合併する

ことがすでに知られている。それは逆に感情障害や強迫性障害の背景に発達障害がみられることでもあるため（辻井，2014），心理アセスメントを計画する際に発達障害という視点を常に持つことが重要である。

　なぜ子どもの臨床において発達障害特性を把握することが最優先されるのだろうか？

　それは発達障害特性を抱える子どもたちが実際には非常に多いことと，発達障害を抱える子どもたちに合った介入方針があるためである。仮に発達障害特性が背景にあって情緒的問題を示しているケースを考えてみよう。このケースの場合，自然に物事を学んでいくことが子どもの認知的特性のため難しく，家庭内や学校内での対人関係の失敗の積み重ねによって情緒的問題が生じている。臨床心理学的支援も支持的な心理療法的関係性も有効ではあるが，その関係性だけで自然に問題が消失してくことは難しい。発達障害の子どもたちに求められる支援は，その関係性に加えて，「子ども自身が，今どのようなことにつまづいていて，今の問題を乗り越えるにはどうしたらいいか」を心理アセスメント情報から理解し，「どうすればいいかという方向性」と「今できるささやかな一歩」を子どもにスキルとしてわかりやすく教えることである。また心理アセスメントを行い，支援の方針を伝えたら終わりではなく，次に子どもが行うその対処プロセスも支えていくことが支援をより有効にする。

　ここで心理アセスメントに2つのモデルがあることが理解できる。1つ目は従来から活用されているアセスメントであり，主に心理療法などに有用であることから筆者は心理療法モデルと位置付けている。一方，発達障害の支援は認知の特異性とその特性に合った対応を理解し，現在の生活と結びつく適応行動をサポートしていくことを目指している。そのために必要なアセスメント・モデルを筆者は発達支援モデルと位置付けている（図4-2）。検査バッテリーも図4-2でのステップを想定しつつ，子どものどんな側面をアセスメントするのかを明確にしながらメニューを組むことになる。

　図4-2のステップ1は，来談時の初回面接における心理アセスメントである。発達障害特性の有無の判断が問われるため，明翫（2014）で紹介した発達障害のアセスメント面接や必要に応じて PARS-TR や ADHD-RS などのアセスメントツールの活用が望まれる。

　そこで子どもの困っていることの背景に障害特性があることが明らかに

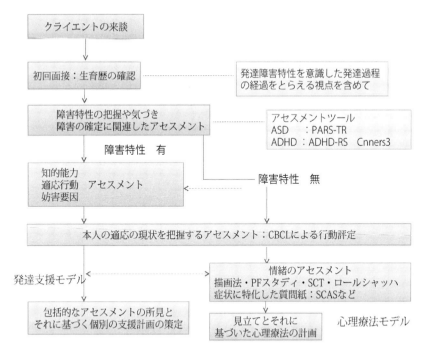

図4-2 児童臨床における心理アセスメントのステップ

　なったとき，その後の支援計画にもよるが，個別の支援計画を想定した支援を行う場合は，知的能力・適応行動・妨害要因（感覚過敏性）などの心理アセスメントを計画することになる。もちろん障害特性がなくとも適応行動のアセスメントなどニーズがあれば有効であり，図4-2では点線で表現した。

　その後，子どもの現在の適応状況を包括的に把握することも有効であるが，これには子どもの行動チェックリスト（CBCL）が活用しやすい。CBCLの下位尺度で例えば不安・抑うつに臨床所見があれば，その症状に特化したアセスメントツールを使用することが考えられる。情緒的問題のアセスメントツールについては，表面的妥当性に優れ，かつ短時間で済み，ターゲットとなる症状や問題に焦点化された尺度が数多く開発されてきている（石川，2013）。これらの尺度の多くは，認知行動療法の分野から数多く開発されてきており，各研究論文の資料から入手することができる。筆者の場合は，児童の不安のアセスメントをすることが多く，Spence Children's Anxiety Scale（スペンス児童不安尺度）の日本語版（石川・佐藤・坂野，2005；石川，

2015）を活用している。

　その他に社会不安や抑うつに関する尺度の情報は石川（2013）に詳しいので参照していただきたい。児童臨床でニーズの高い心理尺度は，不安，怒り（攻撃性），抑うつに関する尺度であり，これらは再検査を行うことで支援効果を把握することも容易である。

　このように発達障害分野に限らず，症状に特化した児童用のアセスメントツールが数多く開発されてきており，検査バッテリーの組み方も大きく変わってきている。従来は，これらのアセスメントツールがなかったため，描画テストやロールシャッハ・テスト，P-F スタディなどのバッテリーのみで，いかにしてクライエントの病理と内的世界を読み取るかということであったが，現代は初回面接やその準備段階でどの検査バッテリーを組み，心理アセスメント計画を立てていくかがポイントになる。

　投映法については，検査構造がゆるい中でクライエントが主体性をもってどのような反応を示すかという独自の視点が他のアセスメントツールにはなく，日常生活での行動様式を推測する場合に優れている。発達障害においても不安障害においても投映法は実施してはいけないのではなく，優先順位の高いアセスメントがなされ，かつ非構造化状況での反応様式や情緒的側面の理解が必要とされたときに有効性を発揮する。

Ⅲ　発達障害のアセスメントツールの活用

　発達障害支援に必要なアセスメントツールについて簡単に説明する。

　（A）障害特性の心理アセスメントについて，発達障害特性は合併がしばしばあるので1つの障害特性が該当しても，他にも合併の可能性があるかどうか検討することが求められる。特に DSM-5 からは自閉症スペクトラム障害（自閉スペクトラム症：ASD）と注意欠如・多動性障害（注意・欠如多動症：ADHD）の併記が認められたこともあり，この2つのアセスメントは特に重要である。

　自閉スペクトラム症特性を客観的に把握することが必要な場合，ADI-Rや ADOS-2 が世界的なゴールドスタンダードではあるが，より簡便であるPARS®-TR（金子書房）は信頼性・妥当性も保証され，多くの心理臨床家が使いやすいアセスメントツールとなっている。児童期での ASD 傾向のスクリーニングツールとしては，AQ（Autism-Spectrum Quotient）（三京房）が

ある。AQ は知的発達症を伴わない ASD を持つ方を対象とした質問紙で 50 項目からなり，ASD の主症状（社会的スキル・注意の切り替え・細部への関心・コミュニケーション・想像力）の程度を測定できる。日本語版である AQ-J には成人版と児童版があり，成人版（16 歳以上）は本人に，児童版（4 ～ 11 歳）は保護者に回答をしてもらう。なお，AQ-J には短縮版があり 21 項目版と 10 項目版がある。その他によく使われる質問紙に，SRS-2 対人応答性尺度（SRS：Social Responsiveness Scale）（日本文化科学社）がある。この尺度は，ASD の対人交流に関連する行動（対人的気づき・対人認知・対人コミュニケーション・対人的動機づけ・自閉的常同症）65 項目を，他者評価により定量的に行うことができる（松島・加藤・新井，2012；内山，2018）。この尺度の特徴は，対人コミュニケーションに特に焦点を当てている点と，社会的コミュニケーションを定量的に測定するため臨床閾下ケースを把握する点にあるといえる（黒田，2014）。さらに簡易に実施できるスクリーニングツールとして，自閉症スペクトラムスクーリニング検査（ASSQ：Autism Spectrum Screening Questionnaire）がある。特に ASSQ 日本語版（独自の興味・社会性・友人関係・癖／こだわり）は，他の質問紙に比較して項目数が 27 項目と大幅に少なく，無償使用が可能である。さらに伊藤ら（2014）の研究で 3 下位尺度（独自の興味・社会性・友人関係）11 項目からなる ASSQ 短縮版も開発されている。

　注意欠如多動症特性を把握するには，児童であれば ADHD-RS（明石書店），Conners3（金子書房）がある。両者ともに DSM-IV-TR に準拠した質問紙であるが，簡便さを求めるならば ADHD-RS であり，反抗挑戦症や素行症などの二次的障害のリスクなども視野にいれたアセスメントを計画するならば Conners3 を選択することになる。なお，Conners3 は DSM-5 対応版も販売されている。

　限局性学習症（限局性学習障害：LD）のアセスメントは，LDI-R（Learning Disabilities Inventory-Revised）がある。簡便さが大きな利点であるが記入者の観察に結果が依存する点，認知能力を測定していないため環境要因により学習が遅れている児童も SLD と過剰に判断してしまう点が課題になっている（宇野，2017）。

　全般的な発達障害特性については，就学前であれば各年の指導の過程や発達に関する記録として「保育・指導要録のための発達評価シート（TASP：

Transition Assessment Sheet for Preschoolers）」（伊藤・浜田，2017），就学以降は MSPA（Multi-dimensional Scale for PDD and ADHD）（京都国際社会福祉センター）（船曳ら，2013）が利用できる。MSPA は，発達障害特性の評価が診断のみで終わらず，効果的に支援の現場につながることを目的に開発された。特性別要支援度をレーダーチャートで視覚的に示されるのが特徴である。

（B）全体的な知的発達水準は，現在どのくらいの水準の理解度があるのか，物事の理解の仕方に何か特徴はないか（苦手な情報処理だけではなく，得意な情報処理も理解できる）を知能検査によって推測できる。これによって取り組むべき支援の課題やコミュニケーションのレベルもクライエントに合わせていくことができる。知能検査の解釈で注意を要するのは，単に IQ の数値やプロフィールのパターンからのみ所見を組み立てるのではなく，質的分析を行い，その数値や回答が生み出されたプロセスなどを検討する必要がある。そのプロセスでわかってきたことが次に検討する適応行動のアセスメントにつながっていく。なお，ここで述べた知能検査の解釈方略は糸井（2013）や木谷（2013）に詳しい。

（C）日常生活の適応状態において，実際に日常生活においてどんな適応行動が達成しているのかを把握する。適応行動については長らく日本では適切なアセスメントツールが存在しなかったが，2014 年に日本語版 Vineland-Ⅱ適応行動尺度（日本文化科学社）が販売された。この尺度は，日常生活の個々の生活スキルに対してどのスキルがサポートなしで達成できているか，あるいはサポートがあれば達成できるか，未達成か，について最新の標準データをもとに理解することができる。このように日本語版 Vineland-Ⅱ適応行動尺度を用いて丹念に子どもの適応行動の達成状況をたどっていけば，実は個別の支援（指導）計画の目標設定と連動するという利点がある。なお，二次的障害のリスクの全般的な状況把握を行う場合は，CBCL（京都国際社会福祉センター）が有用である。

（D）適応行動の妨害要因では，本人と実際に関わったり，支援計画を立てていくうえで，スキルの学習に困難をきたしてしまうような要因（例：感覚過敏など）について知っておく必要がある。感覚過敏などの感覚処理の困難さは，2015 年に SP 感覚プロファイル（日本文化科学社）が販売され，乳幼児から青年・成人期までの過敏性の程度を容易に，そして客観的に把握できるようになった。本人の不調の要因として感覚処理の特徴にあることも

多く，筆者はよく活用している。

　以上4つの視点（A~D）でアセスメント情報がそろってきたとき，本人と接するときにどんなことに留意すれば良いか（例：過敏性・コミュニケーションや理解度のレベル），課題の設定やレベルの調整がしやすくなる。実はこのアセスメント過程で収集した情報は，まさに個別の支援（指導）計画の実態把握で必要とされている基本情報（竹林，2008）とほぼ対応する。個別の支援（指導）計画は，特別支援教育や障害児者福祉でも必要とされているが，主な作成者である保育士や教師，指導員はこれらの心理アセスメントに関するトレーニングを受けているわけではないため，心理士と保育士・教師・指導員と協同で個別の支援（指導）計画が作成できることが望まれる。特別支援教育や学校教育の現場にいないと個別の支援計画書を見る機会は少ないかもしれないが，教育相談機関で働く心理士はその場のコミュニティで行われている個別の支援（指導）計画のフォーマットを把握しておく必要がある。

Ⅳ　養育者のアセスメント

　親のメンタルヘルスは，子どものメンタルヘルスや発達に大きく影響を及ぼしている。また親のメンタルヘルスも子どもの精神状態や問題行動などから影響を受けている，いわば相互作用の関係が常にあるといえる。子どもの状態像をアセスメントする場合に，同時に養育者のアセスメントを考えておく必要がある。養育者のメンタルヘルスを育児ストレスや障害受容だけではなく，精神医学的視点からも検討する必要がある。以下，重要なポイントについて取り上げる。

（1）気分障害

　野邑ら（2010）の研究データによれば，BDI（ベック抑うつ質問票）の結果において ASD の親の約40％が抑うつ域，重症では約10％と，一般の母親に比較して抑うつを呈する者が有意に多かったという知見から，ASD 児を持つ母親に抑うつ状態が起こりやすいことを認識して支援を行うことが必要となる。養育者の抑うつが，児童臨床で重要なのは，抑うつ状態がもたらす養育上の影響である。野邑ら（2010）は，意欲や活動性の低下は母親が日常的な世話はできても，子どもの気持ちを理解・受容しながら子どもの行

動に根気よく付き合うことが難しいと指摘している。また抑うつ状態は認知の問題をもたらし，養育を含めてさまざまなことがうまくいかないと感じて不安を高める。この状態に感情統制の問題や焦燥感からのイライラも加わるとますます否定的な言葉を子どもに浴びせてしまうといったことにつながり（辻井・杉山・望月，2010），また子ども虐待のリスクファクターにもなりうるので常にアセスメントのターゲットと考えた方がよい。養育者の抑うつは，高頻度で起きながらも意外に周囲や支援者に気づかれにくいという側面を持つ。なぜならば，子どもの適応状態が悪ければ母親自身の精神状態が良くなくても当然のこととして了解されて，正常な心理的反応として客観的評価がなされず，気分障害が見落とされがちだからである（野邑ら，2010）。

　そのためにも心理士は，BDI-Ⅱ（日本文化科学社）といったアセスメントツールを常に用意し，活用することが重要である。子どもの適応状態が大変なときほど，母親の精神状態は良くないのであるが，実はそういうときほど自身の精神的不調を自覚するだけのこころのゆとりや，自分自身のSOSを発信して心理士に打ち明けることは少ない。しかし，BDIのように「母親のための心理アセスメント」という場が提供されると，母親は自分の精神状態を振り返り，自分の精神状態の不調を整えることについて考えていく時間やゆとりを持つことができると考えられる。

（2）発達障害

　ASDの母子例では，浅井ら（2005）の研究で実際のデータが明らかにされた。そこでは1,296名の母子例のうち36名（2.8％）が母親にASDの診断がなされている。ASDの養育者の場合は以下の点を留意するためにも把握が必要である。養育者自身にも障害特性があるために子どもの療育の指導内容を日常生活に般化することが難しいこと，学校や保育園で対人トラブルなどの問題もあり，環境調整のための交渉が難しく具体的な提案を必要とする（浅井ら，2005）。特にASDの母親に気分障害の併存が生じた場合，虐待のリスクが非常に高まる（浅井ら，2005）。

　杉山（2009）によれば，成人ADHDは特に子育て不全の問題が加わるとにわかに適応が悪くなると指摘している。ASDと同様に，気分障害の併存が生じると子どもに対する否定的な関わりが慢性的に持続するため注意を要する。

　本論では，母親のメンタルヘルスや発達障害特性についての心理アセスメントについては事例では取り上げないが，このように母親自身に発達障害がある場合は支援が難しくなり，支援の戦略も大きく変わるので，場合によっては母親のメンタルヘルスや発達障害特性についての心理アセスメントの準備をしておく必要がある。

（3）養育態度

　子どもの心身の発達に大きく影響を及ぼす要因として親の養育行動があり，親子の臨床では当然ながら養育態度のアセスメントが重要になる。親の養育行動については，近年まで臨床的応用を視野に入れ，かつ心理測定学的精度を備えた心理尺度が存在しなかった（PNPS 開発チーム，2018）。しかしペアレント・プログラムなどの家族支援プログラムが開発され，子どもを個体の発達だけではなく，養育環境も含めて評価するようになっている。その代表例として肯定的・否定的養育行動尺度（Positive and Negative Parenting Scale :PNPS）がある。PNPS は，「関与」，「肯定的応答尺性」，「見守り」，「意思の尊重」を説明する肯定的養育，「過干渉」，「非一貫性」，「厳しい叱責・体罰」などを説明する否定的養育態度の 2 因子からなる。24 項目からなる質問紙であり，テストバッテリーとして活用していきたい質問紙である。

V　事例の心理アセスメント

　事例を題材に教育場面での児童期の心理アセスメントについて説明していきたい。なおここで取り上げる事例は，筆者の臨床経験を基に複数の事例を組み合わせて作成した架空事例である。

事例：不登校の背景要因をアセスメントする

　小学校 5 年生の男児 B と母親が，不登校を主訴に筆者のもとに訪れた。母親によれば，学校での勉学がうまくこなせていないと本人が感じており，次第に学校に行き渋るようになったとのことであった。行かせようとすると大きな不安を示すとのことである。そこで筆者は，不安の高さと背景要因として自閉スペクトラム症特性の有無の把握を想定した。そこで，母親には「B 君の学校の行き渋りには，本人が感じている学校でのつまずきの他に心配や

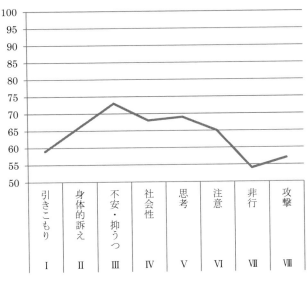

図 4-3　事例 B の CBCL の結果

不安も強そうですね。他にも見落としている部分がないか確認するために次回までにお子さんの行動のチェックリスト（CBCL）のご記入をお願いできますでしょうか。また他につまずきを起こさせたり，学校に行きにくくなっている要因がないか理解したいので次回お子さんの発達や育ちについて詳しくお聞きしたいと思います」と伝え，PARS-TR を計画した。

　PARS-TR を実施したところ，カットオフ得点を超えており，また感覚過敏性に関する項目も該当していた。ここから不登校状態の背景に，自閉スペクトラム症特性と感覚過敏性があることが示唆された。CBCL を実施したところ，以下のような結果が得られた（図 4-3）。不安・抑うつの T 得点が70 点を超えており，臨床的所見となっている。また社会性や思考も T 得点が 70 点に近く，気になる数値である。一方，攻撃性はそれほど高くないことがうかがえる。

　以上の結果から，自閉スペクトラム症特性，感覚過敏，不安の高さの３つが不登校の背景要因であることが想定された。しかし，不安が高いといっても不安そのものは多次元的であるために介入にあたってさらに詳しい情報が必要である。そこで，男児に「ちょっと心配とか不安をたくさん抱えていてつらいようだね。どんな心配や不安で困っているのか教えてほしい」と

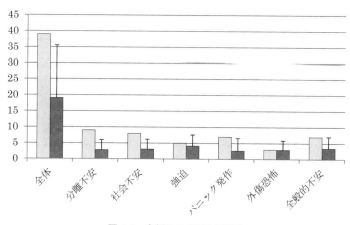

図4-4　事例BのSCASの結果

SCASを一緒に読み上げながら評価した。その結果が図4-4になる。

　不安のアセスメントについて，スペンス不安尺度（SCAS）の結果の分析に入る（図4-4）。参考に石川（2013）の日本の男子児童のSCASの平均得点と標準偏差を算出した。標準偏差を超えている「全体」「分離不安」「社会不安」がこの事例での臨床所見になる。

　上記の3～4回のアセスメント面接を経て，この事例に対して以下の支援計画を立てた。本児の持つ自閉スペクトラム症特性と感覚過敏が学校を通いにくくしている要因であると想定して，実際にこれらの要因が学校生活では本人にとってどのような体験につながっているかを確認の上，感覚過敏への対応としての耳栓や担任教師へのコンサルテーションや情報共有を行った。また子どもが抱えている不安については，感情のコントロールのワークブック（明翫，2010）を使用して不安のコントロールの心理教育を行い，心拍変動バイオフィードバックを使ってリラクセーション・スキルの習得を行った（詳しくは明翫，2013）。登校復帰については，学校側と打ち合わせの上，最初はクラスメイトがほとんどいない時間帯に登校し担任教師に挨拶して帰ることから始めた。母親には，彼の取り組みなど頑張っていることに目を向けるように促した。男児は一つひとつのステップをこなして登校が可能となった。

・解説

　筆者の臨床では，CBCL，SCAS，PARS-TR を頻繁に利用する。主訴による保護者の困り感の程度と主訴以外に見落とした問題がないかを発見する役割が CBCL にあるし，発達障害特性の有無によって支援のアプローチが変わってくるためである。本事例では発達障害特性を抱えていることを示唆されたため，これからどうすればいいかを，一つひとつを本人にわかりやすく説明し，取り組んでいくアプローチをとった。また CBCL から不安・抑うつの高さが示唆されたので，不安のコントロールに関する介入計画を立てた。その際に不安のアセスメントとして SCAS が介入計画を具体化するのに大きく役立ったと考えられる。

　本人が心理アセスメントに参加可能であると考えられたならば，SCAS などの簡便な質問紙を実施し，不安などを客観的な数値などにして「B 君を困らせているイライラ君やソワソワ君を小さくして，学校に行こうとする B 君にいたずらしないにしようね」「このソワソワがこのグラフなんだけどこれが下がるようにやっていこうね」など治療目標を伝えることもできる。

　本事例では，臨床現場で多く出会うと思われる発達障害特性と不安障害の合併例を考察したが，定型発達児で不安症状を示す事例にも出会うこともある。アセスメント面接の過程で，クライエントに感情の言語化や自己表現に治療的意味を感じられたら遊戯療法的な関わりを計画するし，母親に対して子どもの適応行動に着目しつつ，支持的心理療法を行うこともある。それらの方針を決め，支援の過程を確認していくことが心理アセスメントの過程に含まれる。

VI　おわりに

　本論では，教育相談機関での臨床を想定して，子どもの状態像と今後の対応を把握する視点について取り上げた。現代の児童臨床の心理アセスメントでは，習得すべきアセスメントツールが次々に開発されている。筆者は，そのアセスメントツールの動向を追いつつ，実際の臨床の場で使用してみた印象として，子どもの状態像（何で困っていて，どうしていけばいいのか）が良く把握できるというのが実感である。従来の心理アセスメント技法（投映法）に加えて，本文で示した多くの新しいアセスメントツールを検査バッテリーのメニューを積極的に加えて活用していただきたい。

文　献

浅井朋子・杉山登志郎・小石誠二・東誠・遠藤太郎・大河内修・海野千畝子・並木典子・河邉真千子・服部麻子（2005）：高機能広汎性発達障害の母子例への対応．小児の精神と神経，45(4); 353-362.

Conners, C. K.（著），田中康雄（監訳）（2011）：Conners 3：日本語版マニュアル．金子書房.

DuPaul, G. J., Power, T. J., Anastopoulos, A. D., & Reid,R.（1998）：*ADHD Rating Scale–IV: Checklists, Norms, Andclinical Interpretation.* New York, The Guilford Press.（市川宏伸・田中康雄（監修），坂本律（訳）（2008）：診断・対応のための ADHD 評価スケール ADHD–RS（DSM 準拠）チェックリスト，標準値とその臨床的解釈．明石書店.）

船曳康子（2013）：CBCL 6 歳〜 18 歳．京都国際社会福祉センター発達研究所.

船曳康子・廣瀬公人・川岸久也・大下顕・田村綾菜・福島美和・小川詩乃・伊藤祐康・吉川左紀子・村井俊哉（2013）：発達障害の特性理解用レーダーチャート（MSPA）の作成，及び信頼性の検討．児童青年精神医学とその近接領域，54(1); 14-26.

発達障害支援のための評価研究会（2013）：PARS-TR（PARS テキスト改訂版）．金子書房.

石川信一（2013）：子どもの不安と抑うつに対する認知行動療法．金子書房.

石川信一・佐藤寛・坂野雄二（2005）：確認的因子分析による児童期の不安障害モデルの検討．児童青年精神医学とその近接領域，46 (1); 1-12.

石川信一（2015）：SCAS スペンス児童用不安尺度．三京房.

糸井岳史（2013）：発達障害特性を持つ事例の WAIS- Ⅲ解釈方略．ロールシャッハ研究，17; 17-20.

伊藤大幸・浜田恵（2017）：保育・指導要録のための評価シート TASP．スペクトラム出版社.

伊藤大幸・松本かおり・高柳伸哉・原田新・大嶽さと子・望月直人・中島俊思・野田航・田中善大・辻井正次（2014）：ASSQ 日本語版の心理測定学的特性の検証と短縮版の開発．心理学研究，85(3); 304-312.

笠原嘉（1998）：精神病．岩波出版.

木谷秀勝（2013）：子どもの発達支援と心理アセスメント―自閉症スペクトラムの「心の世界」を理解する．金子書房.

黒田美保（2014）：ASD のアセスメント（総括）．In：辻井正次（監修）：発達障害児者支援とアセスメントのガイドライン．金子書房．pp214-221.

松島佳苗・加藤寿宏・新井紀子（2012）：対人応答性尺度（Social Responsiveness Scale: SRS）日本語版に関する日米の定型発達児データの比較研究．小児科臨床，65; 303-309.

明翫光宜（2010）：気分は変えられる．NPO 法人アスペ・エルデの会.

明翫光宜（2013）：自閉症スペクトラム障害の感情のコントロールトレーニング．In：八尋華那雄監修，高瀬由嗣・明翫光宜（編著）：臨床心理学の実践―アセスメント・支援・研究．金子書房，pp.225-238.

明翫光宜（2014）：発達障害理解のための心理アセスメント．In：市川宏伸（編）：発達障害の「本当の理解」とは―医学，心理，教育，当事者，それぞれの視点．金子書房.

野邑健二・金子一史・本城秀次・吉川徹・石川美都里・松岡弥玲・辻井正次（2010）：高機能広汎性発達障害児の母親の抑うつについて．小児の精神と神経，50 (4); 429-438.

PNPS 開発チーム（編）（2018）：Positive and Negative Parenting Scale: PNPS（肯定的・

　否定的養育行動尺度）マニュアル．金子書房.

齋藤万比古（編）（2007）：不登校対応ガイドブック．中山書店.

Sparrow, S.S., Cicchetti, D.V., Balla, D.A.（2005）：*The Vineland Adaptive Behavior Scales, 2nd edition (VABS-II).* NCS Pearson.（辻井正次・村上隆（監修），黒田美保・伊藤大幸・萩原拓・染木史緒（訳）（2014）：Vineland-II 適応行動尺度．日本文化科学社.）

杉山登志郎（2008）：発達障害の診断．In：齋藤万比古（編）子どもの心の診療シリーズ2　発達障害とその周辺の問題．中山書店，pp.144-155.

杉山登志郎（2009）：そだちの臨床―発達精神病理学の新地平．日本評論社.

竹林地毅（2008）：作って元気になる「個別の指導計画」をめざして．特別支援教育研究，609; 6-11.

辻井正次（2014）：現実の子どもの臨床問題の中での発達障害の位置づけの再検討．子どもの心と学校臨床，10; 3-12.

辻井正次・杉山登志郎・望月葉子（2010）：アスペルガー症候群：大人の生活完全ガイド．保健同人社.

辻井正次（監修），明翫光宜・松本かおり・染木史緒・伊藤大幸（編）（2014）：発達障害児者支援とアセスメントのガイドライン．金子書房.

宇野彰（2017）：限局性学習障害（症）のアセスメント．児童青年精神医学とその近接領域，58(3); 351-358.

第5章

児童期（医療場面）

石田喜子・久野節子・田中千代・前田志壽代

I　はじめに

　この章では，児童精神科医療現場での臨床心理検査バッテリーについて述べていく。対象が児童であるため，発達的側面も重要であり，内容には以下のような特徴がある。

　1．主として学童期の子どもたちを対象として取り上げたが，対象者が発達途上のため病態・症状の変化が大きいことがあり，診断やアセスメントに慎重さが求められる（小笠原，2003）。まず臨床心理検査バッテリー中に発達・知的レベルの測定を含むことが望ましいことが挙げられる。

　児童精神科受診時には保護者などの同伴者があることが一般的で，情報は本人以外にも家族を中心に所属集団（幼稚園，保育所，小学校など）から得られ，多様なものとなる。そしてアプローチに関しては可能な限りの方法を用いて，できるだけ教育や発達が阻害されないように保障しながら進めることが求められる。したがって患者である対象児童（以下対象者，事例）の家族はもちろん，所属集団や関連機関施設との連携が基本要件とされることが多い。

　2．児童精神科医療臨床では，精神医学的な主訴（疾病・障害・悩み事など）をもって受診するが，児童精神科医・看護師・臨床心理士・公認心理師・精神保健福祉士・作業療法士・理学療法士・言語聴覚士・医療ソーシャルワーカー・各種検査技師・薬剤師・栄養士・調理師・保育士・院内学級教員・事

務職員その他の職種，職員が関わり，連携しながらチーム医療を実施するのが一般的である。2002年以降国や自治体の施策上の対応もあって，以前に比べて少しは良い方向に進んでいる印象はあるが，まだ問題や課題が山積している状況である（前田，2013）。

　児童精神科医療臨床現場におけるさまざまな業務のうち，心理アセスメントならびに心理検査は主として臨床心理士・公認心理師が担当することが多い。この業務は診断と治療のための情報提供の役割を担っている。その目標については第1章でも述べられた通りであるが，病態水準・治療的アプローチ法・予後および行動の予測・治療効果の評価・話し合いの合理的資料・書類作成用などが挙げられる（齋藤，2011）。教育や発達を阻害しないように，できるだけ迅速な実施と結果提示が望まれる。また対象者の病態や症状，発達や知的レベルを考慮して，必要最小限の臨床心理検査バッテリーであること（依田・杉若，1993）や実施時間についての配慮を必要とする。

　以上の特徴を前提として，4つの事例を取り上げて提示し，診断・治療の方向づけのために検査者が実施した臨床心理検査バッテリーの実際を取り上げて検討する。その臨床心理検査バッテリーを組んだ意図やねらいとともに，検査結果の活かされ方について考察し，また可能であればその後の経過からその妥当性について触れることができれば幸いである。

II　事　例

　著者のさまざまな事例の体験から，以下のような臨床心理検査バッテリーに工夫が必要であった4つの事例提示を行う。事例1〜3は主治医の指示のもとに心理検査が実施され，診察と共に臨床心理学的アプローチが開始され，著者が担当した。事例4については入院治療適用となり，各職種によるチーム医療が実施された。なお診断名はDSM-5（2013）によった。

（1）事例1：C，小学2年生男子，知的能力障害を伴う自閉症スペクトラム障害／自閉スペクトラム症
①事例概要
　学校で対人的なコミュニケーションがうまくとれず，クラスメートに対して通りがかりに叩いたりノートを破ったりする迷惑行為や，自分の思い通りにならないと泣き叫ぶ，自分の手をかむなどの自傷行為も見られる。療育手

表5-1　Cの心理検査バッテリー

検査名	目的	結果
新版K式発達検査2001（K式）	知的発達の水準と特徴を把握し支援方法の参考にする	全領域　DA 5：7　DQ 70 認知・適応　DA 6：0　DQ 75 上限7：0〜8：0「積木叩き 7/12」 下限4：6〜5：0「玉つなぎ」 言語・社会　DA 5：3　DQ 66 上限6：0〜6：6「5数復唱」 下限4：0〜4：6「了解Ⅱ」 他
S-M 社会生活能力検査（S-M）	母親からみた社会生活能力の発達水準と特徴を知る	SA 7：5　SQ 93
グッドイナフ人物画知能検査（DAM）	対人認知，自己意識の発達水準および特徴をみる	人間を描けず

帳B2を取得しており特別支援学級に籍を置いているが，ほとんどの授業を通常学級で受けている。学習面では全くついていけないわけではないが，新たなことに対しては理解に手間取る。また，日常の行動をとる際，何かに不安を感じると，頑としてやろうとしない時がある。担任教師から，医学的な診断を受けることを勧められて受診した。

　初診時，主治医の問いかけに対してCはあまり答えず，かみ合った会話になりにくかった。主治医から，現在の全般的な発達水準と特徴を知り，学校での対応についてアドバイスする際の参考にしたいとのことで，心理検査の依頼があった。

②心理検査への適応状況と結果

　Cの心理検査バッテリーの検査名・目的・結果は表5-1の通りである。

　被検時の様子：検査時は体の動きが多く，机の引き出しを開け閉めするなど落ち着きに欠ける様子であった。自発的な発言は少なく表情は不安そうで硬いが，指示には応じる姿勢は見られ，大きく逸脱することはなかった。ただし，教示や課題の意図を了解することが不確実な時が多く，応答がずれたものとなったり，求めと違う作業をしたりする時があった。また，難しいと感じることは回避しようとする傾向が見られる一方で，自分なりにきちんとやろうとして細部にこだわり，時間がかかる時もあった。

　結果の解析：K式の結果からは，視覚的な認知・処理の力に比べると言語

的な力が弱く，個人内の能力格差が認められた。特に「了解」問題での失敗
は特徴的である。文章の内容理解の弱さに加えて，現実的な場面での適応行
動についての理解が不足しており，本人の現実認知の偏りを窺わせた。視覚
的な認知・処理は一部分では年齢相応の力を持っているが，本人の弱い部分
はかなり未熟であるため，そのバランスの悪さに目を向けて支援し，指導し
ていく必要があると思われた。

　グッドイナフ人物画知能検査（以下 DAM）では C は人を描くことに抵抗
を示し，結局描けなかった。対人認知や自己知覚の面で困難さを持つととも
にその領域での不適応感があると考えられた。

　母親の評定による S-M 社会生活能力検査（以下 S-M）では知的な面に比
べて社会生活能力がかなり高い結果となっている。C の適応意欲の高さもあ
るかもしれないが，過剰適応傾向や母親の C に対する期待の高さが暗に現れ
ている側面もあると推測された。

③治療方針とその後の経過

　母親は C の発達障害について否認傾向があると考えられたので，検査の結
果から得られた C の発達の現状と特徴を具体的に母親に伝えたうえで，C へ
の今後の関わり方について母親へのアドバイスと心理的な支援がまずは必要
と考えられた。主治医から母親に対して，C は知的能力障害に加えて発達の
偏りがあり，自閉症スペクトラム障害（以下 ASD）の特徴も有している
ことが伝えられた。母親は驚きながらも，今まで本人とのコミュニケーション
が円滑にいかなかったことや本人のこだわりに関して，自分の育て方や本人
のわがままのためでなく，C の発達の偏りが主に関連していることがわかり，
C への理解が進んだようである。母親が C の発達障害を受け入れることは道
半ばではあるが，C の強い面と弱い面を客観的に捉えた発言が聞かれるよう
になってきた。

　また，学校に対しては，C には能力的なばらつきがあるため，学習の内容
によっては特別支援学級を今以上に適切に利用するなどして個別の指導を増
やす必要があると考えられること，さらには，C が失敗体験を積み重ねて自
尊感情が損なわれないようにする配慮も大切であることが伝えられた。それ
らのアドバイスを受け，特別支援学級での個別の指導時間を増やすことや，
他の児童との相互的な交流を教師が介在しつつ促進していく方針が新たに確
認され，その後 C は徐々に落ち着いていった。

④臨床心理検査バッテリーの考察

　本事例では，知的な能力の評価について，WISC-Ⅳではなく新版K式発達検査2001（以下K式）を選択し実施した。Cはすでに軽度の知的発達障害を指摘されており，WISC-Ⅳでは評価点1の下位検査が複数生じる可能性が考えられた。K式であれば確実に結果が出せて，実施に際して本人への負担も少ない。また，K式は具体的な知的諸能力がどのくらいの年齢級にあるのか見積もりやすく，Cへの援助方法を考えるうえで具体的な情報が得られやすいと考えた。K式の結果から本人の能力的なばらつきが認められ，診察時の様子と合わせて，ASDの特徴を持つと診断された。その障害の程度や個人的な特徴をより詳細に調べて，より専門的な支援が望める状況であれば，ASDに特化された診断検査を行うこともあり得るだろう。

　Cの場合は知的な障害に対する支援が十分になされていない状況に加えて，社会的な事柄への理解やコミュニケーションの面で困難を抱えていることが周囲の大人に十分には了解されていなかった。過剰適応が暗に求められている中で，二次的な情緒的不適応を生じていたと考えられるが，その状態が今回の心理検査によって明らかになった。また，今回の心理検査バッテリーに加えて，親子の関係性の客観的な資料を得るために親子関係診断テストを実施することもあり得るだろう。

　病院臨床の場の限られた時間では一度に数多くの検査を実施することは困難であり，心理検査を受ける本人および家族の物理的・心理的な負担を考慮して今回の心理検査バッテリーを選択した。何らかの主訴を持って受診したその時点で，まず何をアセスメントすべきか判断しつつバッテリーを考えることが，適切な評価と支援につながるものと考えられる。

（2）事例2：D，小学3年生男子，ASD傾向
①事例概要
　学校で大きな癇癪を起こすことがあり，専門機関への受診を勧められた。母親は「この際，専門家の見立てと助言を知りたい」とのことで受診に至った。
　1歳半，3歳児健診共に指摘なし。保育所では癇癪持ちだったが特に目立つほどではなかった。母親は保育所の先生に，Dに発達障害の傾向があるかを尋ねたが，特にそのような傾向はないとの返答だった。就学後，Dは学習意欲が高く，真面目で宿題をきちんとやり，授業中に答えがわかると先に答

えを言ってしまうことが時折あった。小2時，級友から強く言われた際，言い返せずイライラしている，と担任からの報告はあったが，Dは学校が大好きで，登校を渋ることはなかった。

　小3になり，頻度は少ないものの，Dは突発的に大きな癇癪を起こすようになり，別室で個別対応する必要が出て来た。ある日，クールダウンのため別室へ移動したDは，クラスの授業に戻りたがって別室を飛び出し，制止されたことでパニックを起こし，先生を叩く蹴る，机や椅子をなぎ倒すの大騒ぎとなった。それからしばらく経った全国統一テストの日，普段と異なる形式のテストに不安と緊張が高まる中，担任不在のため，普段関わりのない教員が対応したことでパニックとなり，Dのクラスはテスト開始時刻が遅れ，急遽，Dは別室受験をすることになった。この2つの突発的な癇癪の後，学校は母親へ専門機関への受診を勧めた。

　初診時，学校で癇癪を起した出来事について医師から尋ねられると，Dは涙しながら「イライラしてしまうことがある」と答えた。医師が，Dのことを理解するために，と検査を提案すると，Dは同意した。

②心理検査への適応状況と結果

　Dの心理検査バッテリーの検査名・目的・結果は表5-2の通りである。

　被検時の様子：協力的で，検査者とのやりとりを楽しむ様子も見られた。粘り強く課題に取り組み，納得いくまで考えたい様子だった。ある課題の開始問題が「7番」であることを気にする等，細部へのこだわりが見られた。問題を一旦パスして次の問題へ進んだ後に，前の問題の答えを言うことが数回あった。答えられなかった問題，自信がない問題は，次の問題へ進んでからもなお考え続けている様子だった。

　結果の解析：母親評定のS-Mでは，社会生活能力は年齢相応であり，自己統制は年齢より2歳高い評価となった。また，母親からの聴き取りによるPARS-TRではASD非該当の判定だったが，該当した項目内容を見ると，幼児期から一方的な人との関わりの傾向や，変化への対応の苦手さ／混乱しやすさがあり，自傷的行動も見られていた。また，P-Fスタディからは，自己主張が強く，自分の非を謝ったり他者の非を許容することが少なく，いわゆる社会的成熟度は年齢より幼いことが窺えた。以上より，年齢以上に安定した統制力を発揮するものの，欲求不満場面への適応の在り方は幼いといえ，平素と癇癪時との落差が浮き彫りとなった。

表 5-2　Dの心理検査バッテリー

検査名	目的	結果
PARS-TR（初診時に医師が実施）	ASD のスクリーニング評価	幼児期ピーク得点6，児童期得点4と共にカットオフ以下
WISC-IV	知的発達の水準と得手不得手のばらつきの有無をみる	FSIQ = 120，言語理解 123，知覚推理 134，ワーキングメモリ 91，処理速度 88（類似 16，単語 14，理解 12，知識 13，積木模様 14，絵の概念 16，行列推理 15，数唱 7，語彙音整列 10，符号 4，記号探し 12）
S-M 社会生活能力検査	母親から見た社会生活能力の発達水準を知る	SA = 10歳3カ月，SQ = 108（身辺自立 11 歳 6 カ月，自己統制 12 歳 3 カ月）
グッドイナフ人物画知能検査	対人認知，自己意識の発達水準と特徴をみる	DAM-IQ の上限を超えたため，数値算出不能
P-F スタディ	場面認知の力，欲求不満場面への適応傾向をみる	GCR = 33%，E-A = 85%
ADOS-Ⅱ（後日実施）	（上記検査の結果を踏まえ，医師と協議の結果）コミュニケーション能力や自己／他者認知など，広く対人面のアセスメントを行う	得点 4 →カットオフ以下で非ASD

　WISC-IV では，語彙や習得的知識は豊かに身についており，抽象的思考力に長けていた。視覚的な情報処理では安定して高い力を発揮し，絵の概念ではどんな共通概念を読み取ったかを自発的に申し出た。一方，数唱では，教示途中から聞き取った内容を小声で復唱するため，聞き漏らしが生じた。語音整列では，忘れまいと繰り返し復唱するうちに覚え間違いを生じ（「こ」を「5」と誤記憶），本人なりの工夫が，かえって結果に繋がらない様子が見受けられた。また，処理速度の下位検査間には有意差があり，符号では制限時間に頓着せず，丁寧に取り組んだことで作業量が伸びなかった。DAMでも同様に，「（出来栄えを）僕は気にする」と，自分の体を見ながら時間を掛けて描き上げた。また，細部は詳しく強調的に描かれているが，人物としての全体像は明らかにアンバランスな仕上がりとなった。個々の能力は高いものの，細部へのこだわりや要求水準の高さからうまく結果に繋がらず，全

体としてのまとまりを欠き，状況への適応はアンバランスさを呈しやすい傾向が見て取れた。

後日実施したADOS-Ⅱでは，会話を楽しみ，饒舌に話しながらも相手の話を共感的に聞くことができ，友好的な対人スキルを生き生きと発揮した。一方，不安や怒りなどのネガティブな感情についての質問では表情が強張り，対人トラブルについての質問では口数は顕著に減り，「覚えてない」と回答は回避的だった。否定的感情が喚起される場面では，途端に感情統制が利きづらくなり，客観的な状況把握や自身の状態を捉えることが難しくなる可能性が高いことが窺え，実際の癇癪場面でも見られる本人の課題と一致する傾向が見出された。

③治療方針とその後の経過

検査の結果，知的な興味関心や他者とやりとりを楽しむ力は高く，自分で考えて工夫を凝らす力もある。一方，要求水準の高さやこだわりの強さもあり，集団場面では状況に応じた自己統制ができる時とできない時があり得る。また，ネガティブな感情を刺激されると自己統制は容易に破綻しやすく，本人の平素のパフォーマンスを発揮できない状態に陥ることが推察された。

そういったDの特性に対する母親の理解は良好で，医師からは，一旦診断は保留とし，学年が変わった後の適応状況を見ながら経過観察を行うこととSSTが提案された。その後，Dは地域の放課後等デイサービスのSSTへ通い始めた。

④臨床心理検査バッテリーの考察

初診時実施のPARS-TRでは非ASDの判定だったが，該当内容を検討することで，現在の癇癪に繋がる特性が幼児期から垣間見られていたことが判った。母親評定のS-Mからは，安定した状態での良好な適応が窺い知れたが，WISC-IV・DAMからはDのこだわりや要求水準の高さが状況次第では集団不適応の要因となり得ることが示唆された。P-Fスタディでは社会的成熟度の未熟さが示唆され，さらに，後日に実施したADOS-Ⅱでは，より実際の対人場面に近い検査状況の中で，課題によって，高い適応を示す時と，拒否的／回避的態度を示す時の両方を観察でき，Dの適応力は状況依存的な脆弱さを示すことが把握された。

Dの場合，診断には至らなかったが，検査を実施したことで本人の特性／特徴を把握することができ，本人へのアプローチや保護者の理解に役立てる

ことができたといえる。

（３）事例３：E，小学１年生男子，反応性アタッチメント障害／反応性愛着障害

①事例概要

　家の中や社会的な場面で逸脱行動が多く，注意されても繰り返すことや落ち着きのなさを主訴として受診した。家では，弟に暴力をふるう，トイレを意図的に汚すなど，怒られるような行動を度々とって，母親に注意されても繰り返す。反面，母親に身体的な接触を求めるなど甘えを示し母親が応じないと大泣きする。また，家の外では，近所の家の自転車を倒す，道路に急に飛び出して危うく車にぶつかりそうになるなど，衝動的で危険な行為がある。

　学校では授業中に歩き回ったり，何かのきっかけで教室から飛び出したりするなどの多動さや衝動的な行動が目立つ。遊ぶ友達はいるが，ルールを守れずに暴言を吐いたり他児の邪魔をしたりするので喧嘩になり，E本人が仲間外れにされる時もあるなど，トラブルが多い。学習面では今のところ大きな問題はなく，Eも学習への意欲は持っているが，気持ちの浮き沈みが大きいので，調子が悪いと普段はできていることでもしようとしない時がある。

　家族構成は両親と同胞が２人で本人は第一子。父親は家事・育児に協力的でない。母親は下の子に手がかかり，Eにあまり関われない状態が続いていた。母親はEを可愛いと思う気持ちはあるものの，逸脱行動が繰り返されその対応に苦慮してEに厳しくなり，母子の関係は悪循環に陥っていた。

　児童精神科を受診し，主治医はEの現状から考えて愛着の問題が中心であると見立てた。そして，E本人の全体的な知的発達の水準と物事の善悪を判断する力はどの程度あるのか，現実認知に偏りはないか，また情緒面の特徴はどのようであるか等を知りたいと心理検査の依頼があった。

②心理検査への適応状況と結果

　Eの心理検査バッテリーの検査名・目的・結果は表 5-3 の通りである。

　被検時の様子：検査場面では緊張の強さや検査者の様子を窺うなど不安や警戒心の強さが見られたが，逸脱行動はなく真面目かつ素直に課題に取り組んでいた。本人の多動さや逸脱行動はかなりその場の状況性や本人の情緒的な状態に影響されて生じるものではないかと推測された。

　結果の解析：知的には普通範囲のやや下方にある。言語面では抽象的な思

表 5-3　Eの心理検査バッテリー

検査名	目的	結果
WISC-Ⅳ	知的発達の水準と特徴をみる	IQ 83（言語理解 90，知覚推理 87，ワーキングメモリー 88，処理速度 78）類似 7，理解 10，積木模様 9，行列推理 7，数唱 9，語音整列 7，符号・記号探し 6
S-M 社会生活能力検査	母親から見た社会生活能力の発達水準を知る	SA 7：0　SQ 88 集団参加 6：8　自己統制 6：10
グッドイナフ人物画知能検査	対人認知，自己意識の発達水準と特徴をみる	MA 4：4　IQ 55
P-F スタディ	場面認知の力，欲求不満場面への対応傾向をみる	GCR = 28 %　E － E = 61%
ロールシャッハ・テスト（阪大法による実施，分析）	現実検討力，自我の発達水準や構造の特徴をみる	R = 14　T/R = 11″　W% ＝ 71　D% = 21　dr% = / F+% = 64　F-% = 36　F% = 93　A% = 57

考がやや弱いものの，一般的な事柄についての理解は年齢相応にできている。視覚的な刺激の認知や処理能力自体に大きな力不足はないが，論理的な思考・処理が必要な場合は多少弱さが見られた。また，「処理速度」の課題では得点が標準範囲よりも低くなっており，視覚と手の協応作業の効率が悪く，単純な作業で手間取ることが予想される。

　ロールシャッハ・テストでは，初発反応時間，平均反応時間ともにかなり短く，外的な刺激に影響されて即座に反応してしまう様子が顕著であった。つまり，自分自身が課題とじっくり向き合って，主体的に判断・決定する能動的な自我機能が未熟であると考えられた。ただし外的な事物や状況の特徴は大雑把には把握できていることから，わかりやすく安定した刺激状況ならば，一般妥当な判断も可能であると思われた。本人の手に余る複雑な状況になると合理的な認知・対応ができなくなり，葛藤を抱えられず，不適切な現実対応が生じうると推測された。

　P-F スタディでは一般的な応答が少なく，欲求不満への妥当な対応を十分

理解していないことが窺われ，直接的で未熟な他罰的応答を出しやすい傾向が認められた。背後には自尊感情の傷つきから，他者の言動を被害的に受け取りやすく，攻撃的な反応に繋がりやすい傾向があることも考えられた。

DAMの結果からは，対人的な認知や自己イメージの面で非常に幼い状態が認められた。

S-Mでは，社会生活能力はやや低く，特に「集団参加」「自己統制」の領域で未熟さが目立ち，Eの現状が反映されていた。

③治療的方針とその後の経過

検査の結果から，Eは現実の物事の良し悪しを理解する力は基本的には持っているが，主体的に判断決定すべき場面では，外的な刺激に即座に反応してしまう傾向が強いために不適切な行動につながりやすい特徴を持っていると考えられた。その背後には，不安や葛藤を内的に抱える力の未熟さ，および，情緒的に刺激された時に現実の状況に対して妥当な処理・対応をする方法が身についていないことが影響していることが窺われた。

治療としては，まず母子関係の調整と改善を図るとともに，安定した支持的な関係性の中で本人の傷ついた自尊感情を回復させることが重要と判断され，心理療法を導入した。母親はEの理解力が年齢相応と聞いて安心するとともに，情緒的な問題がEの主たる問題と認識し，担当心理士とともに自分とEとの関係を見直していった。Eの逸脱行動の背後には充たされない愛情欲求があることに気づいていき，可能な範囲でEの甘えを受け入れ，妥当な行動に対してはよくほめるよう心掛けた。また，学校に検査の結果を伝え，本人の学校での逸脱行動についても根気よく対応してもらうように頼んだ。

Eはプレイセラピーの中でも，当初は母親と離れることへの抵抗を示すとともに，衝動的な行動が目立ち，周囲の状況や遊びのルールに注意を向けることの苦手さが見られた。次第に担当心理士や場面に慣れ，簡単なルールのある遊びを楽しめるようになり，創造的な遊びを考え出して担当心理士とともに遊ぶようになってきた。母親との関係にも安定性が出て来て，家での逸脱行動は減っていった。学校では時として衝動的な行動は出るものの，後で落ち着いてから担任とともにその時の気持ちを振り返ることができるようになった。

④臨床心理検査バッテリーの考察

Eの逸脱行動が激しかったため，初診時は本人の知的な面の遅れや現実の

事物への理解力の弱さが疑われたが，心理検査の結果，その面での力不足は本人の中心的な問題ではないことがわかり，母親はEの状態についての理解を深めた。また，知的な力と比較して自我の主体的な機能の面でかなり未熟な状態であることが，心理検査バッテリーを組むことによって明らかにできた。

　この事例では，親子関係診断テストを加えるという案もあるかもしれない。しかし，母親のEに対する否定的な態度と親子関係の悪循環は表面上明らかで，母親自身の行動が評価される検査に対して母親が被害的に受け取る可能性もあると考え，今回は実施しなかった。もし，実施するならば，母親が感じている養育の苦労・困難さに理解と共感を伝え，今後の支援が保証された状況の下で実施されるべきであろう。

（4）事例4：F，小学6年生女子，解離性障害
①事例の概要
　継父，実母，姉（中1），弟（幼年少）の5人家族。Fは幼少期から喘息発作があり，近医で投薬治療を受けていた。小5の冬休み明けから不登校気味となる。ある夜，嘔吐の後，全身痙攣発作で倒れ，入院した小児科で，自律神経発作が疑われた。脳波，CTといった検査結果には異常はなく，入院中は元気にしていることから退院するが，数日後，頭痛，腹痛，「男の人が座って，こっちを見てる」「男の人が悪口を言ってくる」といった幻視，幻聴を泣きながら訴え，再度，入院になる。内科的には異常は見られず，児童精神科に紹介される。初診後，幻視，幻聴といった精神症状の精査のため，心理検査を依頼される。

　母親はDVが原因でFの実父とFが幼稚園の年少の時に離婚している。Fが小1の頃，7歳年下の継父と母親は再婚。継父は最初，兄のように優しい存在であったが，弟ができたころから，子どもたちのしつけに厳しくなり，怒鳴って叱るようになった。母親は，実父との離婚調停中，パニック障害と診断され，現在も治療中である。本人が精神症状を訴えると，母子ともに情緒不安定になることから，初診後，まもなく児童精神科に入院となり，心理検査は入院中に実施された。
②心理検査への適応状況と結果
　Fの心理検査バッテリーの検査名・目的・結果は表5-4の通りである。

表 5-4　Ｆの心理検査バッテリー

検査名	目的	結果
WISC-Ⅳ	知的発達の水準と特徴を知る	IQ 90（言語理解 86，知覚推理 100，ワーキングメモリー 91，処理速度 94）
ロールシャッハ・テスト（阪大法による実施，分析）	自我機能の水準の見積もり	R ＝ 17　W% ＝ 100　F% ＝ 76　C/F% ＝11.8　BFL.F+% ＝ 53　F-% ＝ 41
バウムテスト	自我機能，臨床像全体の把握	右端への定位，アーケード型の小さな冠部に細長い幹。切れ切れに枝分かれした小さな基部
グッドイナフ人物画知能検査	心理社会的発達年齢と臨床像の把握	MA 8：5　IQ 77　四肢のバランスの悪さ
ベンダー・ゲシュタルトテスト	器質的要因の影響	2 点（Ⅲ，Ⅷカード歪み）

　検査時の様子：心理検査については，「やってみたい」と，にこやかな笑顔を浮かべ，興味津々に取り組む。検査者から課題が教示されると，課題に触発され生じた印象や感想が生き生きと語られ，逸脱することが多く，検査者からの介入が度々必要であった。

　結果の解析：WISC-Ⅳでは，大きなばらつきもなく，知的な能力は平均よりやや低めの能力が見込まれた。言語的な質疑の際，思いついた内容が羅列的に表現され，文章としてのまとまりに欠けるといった特徴が認められた。

　ロールシャッハ・テストでは，W% ＝ 100 で，図版の大まかな構造や特徴的な部分を捉え，状況全体に関わる態度を見せた。着想としては，妥当性のある反応ではあるが，状況のあるがままに意味づけを行い，部分と全体の関係を吟味するといった姿勢は，全くなかった。また，最初の着想が，認知過程の中で変わるという強い継時性を示し，反応概念と図版との関係が解離していくといったことが見られた。このような傾向は色彩カードの時に顕著であった。感情が直接刺激されるような状況になると，感情体験として味わうことができず，内面で強い動感覚が生じ，現実的な関与が図れなくなっていることが窺えた。しかし，その反応は不合理とまではいえず，精神病水準の問題はないと思われた。

　バウムテストと DAM に示された内容は葛藤を感じさせない表面的なもの

となっており，各々の部分がばらばらで一貫していないといった点は，Ｆの見かけ上の態度と描画の印象が一致していた。

　ベンダー・ゲシュタルトテストでは，形の歪みは見られても，標準の範囲内で器質的な異常があるとは言えなかった。図形が場当たり的に配置され，計画性がなかった。

　以上の結果から，感情が刺激されるような外界に直面したときに，自我機能の問題を抱えるＦが，その時々に思い浮かんだままに表出した内容がＦの幻視や幻聴とも取れるものとなっていたのではないかと考えられた。

③治療方針とその後の経過

　診察や心理検査の結果から，Ｆの自我機能は，精神病水準が疑われるものではなく，幻視，幻聴と思われる精神症状は解離性障害から来るものであると診断された。入院中は院内学級に通い，一定の学校生活への適応は見せていたが，病院スタッフのいない所で器物の破壊や他患への暴言といった問題行動は認められた。その背景に，母親に直接，欲求を伝えられないでいるＦと，Ｆの思いに無頓着で一方的な母親という母子の円滑でない意思疎通の問題があることがわかった。そこで，面会や外出といった機会を捉え，母子の関係改善を図った。その結果，退院後，Ｆは学校生活の適応に行き詰まることはあるが，それに気づいてくれる母親の存在を頼りにしながら，症状化することなく生活している。母子の関わりを見て，継父からの叱責は減り，以前のような関係を取り戻しつつある。

④臨床心理検査バッテリーの考察

　Ｆの精神症状を見立てる上で，ロールシャッハ・テストは有効な示唆を与えてくれた。ロールシャッハ・テストへの反応過程で見られた特徴には，Ｆの外界認知と対応様式が投影されており，Ｆの精神症状の解明にはロールシャッハ・テストは不可欠であったと思われる。自我の外界への適応を見ていく際に，学童期では発達の状態をとらえることが必須で，知的発達の水準や特徴を知るために WISC-Ⅳ を実施した。

　バウムテストや DAM といった描画テストは，検査者に臨床像を直接的にイメージとして訴えてくるものがあり，自我機能の全体の様相を把握するのに役立った。また，臨床症状から見て，脳の器質的な問題の有無をチェックしておく必要性から，ベンダー・ゲシュタルトテストを実施したが，課題にとりくむ際の問題が示唆された。

　検査が入院中，母親の面会が制限されていた時期に実施されたため，S-M は実施しなかった。母子関係への介入の　助とするために機会を見て，S-M 実施が有用であったとも考えられる。

Ⅲ　まとめ

　児童精神科医療臨床において，臨床心理検査バッテリーの問題は対象者への治療的アプローチや支援過程の一部にすぎないともいえるかもしれない。しかし連携する各職種間での情報共有には重要なツールとなり，単なる担当者の情熱や思い込みではなく，できるだけ客観的な情報を提供することが可能となる。まとめにかえ対象者とその家族が児童精神科を初めて訪れ，治療的アプローチや支援が開始され，終了するまでを時系列に従って考えてみることにする。

（1）臨床心理検査バッテリーの吟味と選択決定

　医療臨床現場においては，主治医の指示により心理検査が実施される。心理検査バッテリーについても主治医からの指定がなされることもあるが，検査者に一任されることもある。いずれの場合でも，対象者とその家族に関する主治医との情報共有は重要であり，その過程で心理検査バッテリーが定まることも多い（稲田・安藤，2004）。事例2：Dのように，初診時の医師による PARS-TR 実施と心理検査実施後の情報共有後に，さらに必要な検査追加実施といった柔軟な検査実施も可能であろう。

　いずれにしても検査者が多方面にわたって各種の検査の特徴と適用を知り，実施法と整理法に習熟し，解釈技術と心理検査結果所見作成に関する高い能力が求められる（田中，1994）。

　また他機関において直近に被検した同じ心理テストを再実施することは，対象者の心身の負担や経済性から避けなければならない。心理検査被検経過についても十分な情報を得て，心理検査バッテリーを決定する必要がある。

　そして本書内にみられるように，各種心理検査には『改訂版』『新版』『バージョンアップ』などの課題が存在する。心理検査の改訂については，標準化データの刷新・検査内容の修正・検査内容の充実などの課題があり，必然のことといえよう。本書でとりあげた新版 K 式発達検査 2001 は 2020 版に，WISC-Ⅳ は 2022 年に WISC-Ⅴ に，P-F スタディは 2020 版に，DAM

は 2017 年に改訂／再標準化されている。直ちに更新するべきとの強制力をもつものではないが，検査実施者は常に新しい情報と内容理解には敏感であることが望まれる（大谷，2019）。

（2）臨床心理検査実施後の心理検査結果所見の作成と情報共有

まず心理検査結果所見の作成については，心理検査バッテリーに従って実施された諸検査結果の羅列ではなく，統合的解釈がなされる必要がある（依田・杉若，1993）。多職種スタッフが多忙を極める医療臨床現場では，わかりやすい表現で簡潔であることが大切である。対象者や家族に関する問題や否定的な特徴を挙げることばかりが「専門家」ではなく，今後のアプローチのために現存する可能性や肯定的な特徴がより必要とされる（大渕，1983；新里，1990）。以上のことは，他職種間で情報共有する際にも重要な要素と言える。

また最近では事例2：Dの PARS-TR や ADOS-Ⅱの実施のように，より多角的に客観的な評価を可能にするために半構造化面接による検査が増えており，所要時間の増加傾向も窺える。さらに Conners3 や MSPA のように，半構造化面接＋本人をよく知る第三者（教員や祖父母など）を回答者とする検査も増えてきている傾向があり，従って援助のための連携者が増える可能性もあるだろう（日本公認心理師協会，2022）。

（3）治療アプローチ法決定時と治療終了時の心理検査バッテリーの妥当性の検討

4事例について全体としてはその妥当性はおおむね満たされていると考えられるが，事例1：Cと事例3：Eのように親子関係診断テストの実施について，反省や追加実施の要望が指摘されている場合もある。今後も事例の経過をみながら，心理検査バッテリーの妥当性は検討されていく必要がある。

また可能であれば治療終結時に再検査を実施して，治療的アプローチの効果判定も含めた妥当性の検討がなされることが望ましい。このことは今後の心理検査バッテリーの妥当性を高めるための一法ともいえよう。恐らくはこれらの蓄積が心理臨床家としての進歩をめざす歩みの一歩につながっていくと考えられる（津川，2020）。

文　献

American Psychiatric Association (APA)（2013）：*Diagnostic and Statistical Manual of Mental Disorders, 5th Edition.* Arlington.（高橋三郎・大野裕・染矢俊幸・神庭重信・尾崎紀夫・三村將・村井俊哉訳（2014）：DSM-5 精神疾患の診断・統計マニュアル．医学書院.）

稲田正文・安藤満代（2004）：医療保健領域．In：橋口英俊・滝口俊子（編）新臨床心理学．八千代出版，pp.213-232.

前田志壽代（2013）：シンポジウムⅠ「児童思春期精神科医療とその治療の構造」―今日的問題と課題について．児童青年精神医学とその近接領域，54(4); 17-21.

日本公認心理師協会（2022）医療機関における公認心理師が行う心理支援の実態調査．pp. 87-88. https://www.jacpp.or.jp/document/pdf/pdf20220530/01_20220530.pdf（2023.8.08 閲覧）

小笠原昭彦（2003）：心理テスト査定論．In：大塚義孝・岡堂哲雄・東山紘久・下山晴彦（監修），岡堂哲雄（編）：臨床心理査定学．誠信書房，pp.209-290.

大渕憲一（1983）：心理テストの使い方．ぎょうせい.

大谷多可志（2019）新版 K 式発達検査の精密化に関する発達心理学的研究．風間書房.

齋藤高雅（2011）：心理アセスメント 2　心理検査．In：齋藤高雅（編）：改訂新版 臨床心理学特論．放送大学教育振興会，pp.266-280.

新里里春（1990）：心理テストの活用と検査バッテリー．In：河野友信・末松弘行・新里里春（編）：心身医学のための心理テスト．朝倉書店，pp.158-166.

田中富士夫（1994）：臨床査定と倫理．In：岡堂哲雄（編）：精神病理の探究．至文堂，pp.231-239.

津川律子（2020）：改訂増補　精神科臨床における心理アセスメント入門．金剛出版.

依田麻子・杉若弘子（1993）：心理アセスメント序説第 2 版．In：上里一郎（監修）：心理アセスメントハンドブック．西村書店，pp.3-7.

第6章

思春期（教育場面）

小山充道

I　教育場面での心理アセスメント

　思春期の子どもに対する教育場面での心理アセスメント実施の難しさについては，「思春期の心性理解の難しさ」「多様なアセスメントの中からどれを選択するかの難しさ」「教育場面という制約」の3点があげられる。以下これらについて，概略を述べる。

（1）思春期の心性理解の難しさ
①思春期の定義
　思春期（Puberty）の姿は，心身ともに恥ずかしさと関わる。「思春期って，ダサくて，不思議で，恥ずかしい時期だ」という女子がいる。人の目を気にし始める時期とも考えられる。
　WHO（世界保健機構）によれば，思春期または青年期（Adolescents）とは10歳から19歳までの若者をいう。日本では小学校4年生あたりから大学2年生あたりの若者がこれにあたるが，思春期がいつ始まるかは個人差が大きい。本稿では思春期は前青年期にあたり，小学生高学年から高校生あたりをその範囲とし，最も敏感に心理特性が表出されるのは中学生ごろとして論を進める。
　ところで，WHO（世界保健機関）のホームページに掲載されている「健康に関するトピックス―青少年の健康」によると，思春期では急速な身体的，認知的，心理社会的な成長を経験することから，この時期は人間発達における独特な段階（a unique stage）だといえる。思春期は健康の基礎を築くた

めの重要な時期である。その数は 12 億人で，これは世界人口の 1/6 に相当する。WHO は，成人期における重い病の根は思春期にあり，この時期の病に対する支援は，結果的に健全な成人期につながるとみている。

②思春期を描いたアニメからの学び──『るんは風の中』

　手塚治虫が描いた思春期のアニメに，『るんは風の中』（1979）がある。ストーリーからして思春期の描き方としては古典的だと考える人もいるかもしれないが，「恋愛と生き方」に悩む思春期にある子どもの姿は，現代の子どもにとっても日常風景である。

　学校でうまくやっていけない主人公の豊田明が，ある日暗いトンネルの中に貼られたポスターに描かれた女性「るん」に恋をする。るんは明の心の支えとなるが，物語の最後の場面で，るんは風の中に飛び去りいなくなってしまう。そのとき明は「ぼ，ぼくにとってきみは……」と呟く。るんは実在する女性だったが，その娘，三輪克子が落胆している明の肩にそっとふれる……。明がポスターの中の女性るんと会話し，"僕の彼女"として接する姿だけをみると，現代日本人がフィギュアやマネキン，人物写真がプリントアウトされた枕などを大切にし，人間として接している社会現象と重なるところがある。思春期にある人は小さなことで傷つき，喜び，現実の世界から逃避することで自分の満足感を得たりもする。アニメのキャラクターに恋をする……これはアイドルに恋をすることと関係があるかもしれない。アイドルは自分だけを見てくれる，自分だけを応援してくれると思うと，それだけで毎日が楽しくなったりする。明の心の世界は，現実に起こっていることと想像とが混ざり合っているという点で，ゲームに没頭してしまう現代人に似ているところがある。明はるんに出会っていなかったら，いじめられ，自殺したかもしれない。そういう場面も描かれている。

　思春期はいろいろな感情が同時に生じる時期でもある。明は自殺を考えたけれど，るんの言葉で立ち直る。生きる目的を見つけられなかった明が，「ポスターのモデルの女性を探す」という生きる目的を見つけたことで，生きることに対して前向きになっていく。明はるんに会うために必死になるが，会えず死のうとする。しかしそのあと思いとどまり，1 年くらい粘り強くるんを探す。そしてとうとうるんにたどり着く。心に何か支えがあれば踏ん張れるし，前に進むことができる。逆に支えがなくなったとき，心が不安定になり気分が落ち込む。そのときいかに乗り切るかが思春期の課題といえる。

　思春期にはどのような心理的環境が必要か？　「家族と過ごす時間がある」「安心感や信頼感がもてる」「気を許すことができ，悩みを話せる心の支えとなる人物がいる」「自分の生きがいがあり，それを見つけようとする」などが思い浮かぶ。しかし心理臨床の場では，思春期に必要とされる適切な環境が得られず，苦闘する子どもの姿に接したりする。たとえば学校の先生や周りの人との関係で悩んだり，価値観の違いに敏感になったりと，悩む姿は多様である。「なんで自分だけ違っていたらだめなのかな……みんなと一緒じゃなきゃだめなのかな……」と，「私は同調したくない」と呟く子どももいる。この時期は，支えてくれる人や仲間が必要となる。

　ところで思春期の難しさは，「大人になりたいと思えば，すぐ大人になれるわけではない。だんだんと大人になっていくのだ」という動かしがたい事実に映し出されている。だからこそ「運命の出会いってすごい」と強く思え，ドキドキして感情の揺れ幅が大きくなったりする。るんは明が自殺しようとしたときに必死に止めようとしたが，その後，止めても無理だと判断したあとは強い言葉で責めるようにいったり，彼の気持ちを察し優しい言葉かけをしたりと，明の心をうまくつかんでいく。カウンセラーとしてのるんを感じる。つまるところ，るんという存在は，唯一味方と思える明自身の居場所だったと考えられる。ポスターの女性るんは口が動かない。るんは明の心の声のように思われる。自殺をしようとしたときに，それを止めようとする別の自分がいたり，また励ましてほしいという別の自分がいたりするのだろう。

　思春期の子どもの心は脆く，壊れやすい。親や目上の人に対する反抗，生きることに対する嫌悪など，不安材料がたくさん身近にある。傷つけたり傷つけられたりを繰り返しながら，多くを学んでいく。現実に恋の相手がいないと，空想によって自己解決を図ろうとすることもあるかもしれない。

　「感受性が増す」ことも思春期の特徴といえる。明は学校で居場所がない，友達がいないと感じたからこそ，暗いトンネルの中に張られたポスターに気づき，雪の中で花を咲かせたサボテンにも気づくことができたのではないだろうか。明は植物の神秘にも心を動かされる。もっといえば，冬に小さな花が力強く咲いていたのを見て，きっと「自分にも花が咲く」と思えたからこそ立ち上がれたと考えられる。

　『るんは風の中』はアニメである。最後の場面で，明はるんの娘と会うが，るんはそのとき明に「あたしのつもりで交際しなさいよ。ね，それがいちば

んいいのよ」と声をかける。この言葉は，「ポスターではなく，人間と仲良くなる」ことを促しているように思える。

（２）多様なアセスメントの中からどれを選択するかの難しさ

　教育場面において，思春期の子どもの心を理解する手立てまたは方法にはどのようなものがあるのか。つまり，スクールカウンセラー（以下 SC と略す）が取り組む心理アセスメントには，どのようなものがあるのか，以下バッテリーの組み方について検討したい。

　以下は中学校で SC を担当した筆者自身の体験をもとにしたメモであり，心理テスト情報に関しては筆者が接した機関の資料に基づいている。

　①直接・間接的な情報源

【直接的な情報入手】

　次の２つの例は，スクールカウンセリングにおいてよくある話である。

　例１．休み時間や放課後，あるいは相談予約による授業時間帯の相談など，相談室の中での子どもの表情や動きから見立てる（例：話の内容，描画等子どもが記したもの）。

　例２．休み時間，放課後または給食時間における子どもとの交流体験から見立てる（例：一緒に給食を食べる，休み時間一緒に教室で過ごす）。

【間接的な情報入手】

　授業見学における情報入手（例：授業中，教室内での子どもの動きを観察し見立てる）。

　例１．中学生になると，多動の子どもはすぐに目につくなぁ……。

　例２．多動の子どもの多くは，身の回りの状況を読めない子なのか？　心の理論を獲得していない子で，自閉傾向がある子なのか……。

　例３．動く子はなぜか男子に多く見受けられる。一方，女子は「不注意，注意散漫」が多い。これは，行動表出の違いによるだけのことか？……。

　例４．見知らぬ人が授業見学で教室に入ると，すぐに「あの人誰？」と先生に聞く子がいる。状況変化を受け流せない子なのかもしれない……。

　②教室内外の子どもの作品等の掲示物からの見立て（例：お母さんの顔などの人物画，幼児であれば野原や太陽等の風景画）

③学校の先生からの情報

例１．授業中，新聞記事を読んで書いた子どもの感想文を読ませてもらう。

例２．家族調書に記された「趣味，長所・短所，将来の夢」などを見せて
　　もらう。

例３．子どもの授業ノート等，直接子どもが記したものを見せてもらう。
　　その結果，この子は単語がわからない，板書を書き写せない，こだわっ
　　て先に進めないなど，その子どもの心理的特徴がわかることもある。

④心理テスト結果の情報

　心理テストおよび検査バッテリーの一例を以下に示す（小山，2007）。

　１）各種心理テスト

〔描画テスト〕

　筆者は SC において「バウムテスト」「HTP」「K-F-D」のほか，「落書き」
を多用している。これらは心理テストとして描かせるのではなく，描いた絵
を心理アセスメントとしてどのように生かすかという視点から実施してい
る。なお「風景構成法」や「箱庭療法」なども描画テスト関連で用いること
もある。人格内容と発達を知る手がかりを与えてくれる「バウムテスト」，
さらに詳しい情報が必要な場合は「HTP」，そして今の思いを伝えてくれる「落
書き」，家族関係に関する情報が必要なら「K-F-D」などが実際に使えるツー
ルかと思う。

　筆者は「落書き」の代わりに「自分描画法（Self-Portrait Method：以下
SPM と略す）」（小山，2016，2022）をスクールカウンセリングで使用し
ている。SPM は，心理療法の中で見えにくい心の部分である"思い"を浮き
上がらせる道具として用いる。そして描画内容（"思い"の部分）と物語構
成（"思い"の全体）から，"思い"を重視した対話を行う手がかりを得る。
この場合，"思い"は何かに押し上げられ出現するものととらえる。実際の
手順はおおむね『自己像』→『自分と関連ある人や物，あるいは出来事の存在』
→『自分が置かれている心理的環境，つまり背景』→『この絵のどこかに隠
れているものの存在』の描画という4つのステップを踏む。「思い」には4
つの心理的変容過程［苦しむ→ふれる→つかむ→収める］がある。この流れ
は思いの深まりを反映する。心理的回復を意図した心理療法において，セラ
ピストはクライエントと同じ変容過程で出会うことが鍵となる。より正確に
述べると，「クライエントが閉塞状態にあれば，閉塞という同じテーマでク

ライエントとセラピストは出会う」という意味である。これは共感に近い心理的行為といえる。クライエントが閉塞状態にあるときにセラピストもその閉塞感をそのまま受けとめ，その意味についてゆっくりとふれていく。SPMでは発達水準および病的水準の把握がある程度可能とされ，疑いある場合は，他の心理アセスメントを適宜追加実施し，発達水準および病的水準に関する信頼性を高めていく。SPMは発達水準および病的水準に関する情報の一端を与えてくれる。施行順序はまず子どもにとって取り組みやすい「バウムテスト」を実施し，そののちあるテーマをもった「K-F-D」や「落書き」等のアセスメントを実施するのが心理的展開の視点から適切だろう。

　筆者は学校現場で描画テストを実施する際は，「対話しながら描く」という姿勢を大切にしている。この場合，描画の良し悪しそのものに比重を置くのではなく，絵を描いている過程と，描画に今何を投映しているかを重視する。SPMの結果，さまざまなことが浮かび上がってくる。心理臨床における専門性は，心理テストを実施することができるという技術のみならず，実施結果から人間性を感じ取れるくらいの深い洞察がSCにどのくらい育っているかに深く関わる。心理臨床家としての洞察を深め，洞察を育てることは容易ではない。自己研修が求められる所以である。

〔パーソナリティテスト〕

　「YG矢田部ギルフォード性格検査」「新版TEG 3　東大式エゴグラム」は比較的抵抗が少なく実施できるだろうが，「SCT」「P-Fスタディ（絵画欲求不満テスト）」等，投映法テストの実施にあたっては注意を要する。いずれも心理的努力を要するテストであり，心理的抵抗を考慮すべきだろう。また実施したからには何らかの方法で対象者か関係者に結果のフィードバックをしなければならない。その際，結果の"何を""どのように"伝えるかが心理療法の妙技となる。

〔認知系テスト〕

　「WISC-ⅣまたはⅤ知能検査」「全訂版田中ビネー知能検査または田中ビネー知能検査Ⅴ」「日本版KABC-Ⅱ」「新版K式発達検査2020」などは遊びの中では見つけにくい子どもの発達特徴をより多面的に把握できるアセスメントである。これらは児童相談所や大学の心理教育相談室など，特定の場で実施されることが多く，おそらく学校の相談室では実施されないアセスメントであろう。学校の相談室では，子どもたちはゲーム感覚で，ネット上の心

理テストで遊ぶことが多い。たとえば「恋占い」「運勢」「夢分析」等で盛り上がったりする。ネット上の心理テストは信頼性・妥当性に乏しいものもあり，SCは，子どものネット利用にあたっては，結果の強調よりも「ひとつの遊びとしての利用」に留めることが重要である。心理リハビリテーション領域で用いられる脳活性化ソフト（Mr. PC, 2011）などは，相談室での利用も可能だろう。たとえば「リバーシ（オセロ）」「ブロックゲーム」「トランプゲーム」「反射神経測定ソフト」「暗算の特訓」などは，実際のリハビリテーション医療現場でも用いられている。

2）心理検査バッテリー

一時保護所等では「P-Fスタディ」と「バウムテスト」「人物画テスト」等の組み合わせが多い。特に非行対象の場合は「P-Fスタディ」と「SCT」を多用する傾向にある。家族関係を背景とする非行児に対しては，適宜「K-F-D」も利用されている。

特別支援関係では，たとえば知的障害児の見立てとして活用できる検査には「新版S-M社会生活能力検査」がある。身辺自立，移動，作業，意志交換，集団参加，自己統制で構成される社会生活能力（Social Maturity Scale）を捉えるテストであり，社会生活年齢（SA）と社会生活指数（SQ）が算出され，支援にあたっては多くの情報を得ることができる。このほかPRS（LD児診断のためのスクリーニングテスト）のように，発達障害の早期発見を目的とした心理アセスメントも多数ある。これらは主に教員が子どもを理解するための道具として用いられる。

心理アセスメントの実施にあたっては，学校場面であっても，病院臨床同様に心理テストは子どもの心理的状況に合わせてバッテリーを組み，実施するのがよい。「子どもの心理的状況に合わせる」という部分が重要である。心理テストを実施するタイミングは，アセスメントの主体者であるSCの臨床経験の深さや直感で決まるといってもよい。このような場合にはこの心理テストといった心理検査バッテリーに関する定式はない。また「学校における子どもの心理アセスメントの手段」はいくつもあることがわかる。

（3）教育場面という制約

筆者は学校臨床現場で心理テストを導入することの難しさについて，次の4点を指摘した（小山，2003）。

①投映法テストは個人の深層にふれることから秘密が露わになり，個人のプライバシー（人権教育）との絡みも あって，使用そのものに学校側が慎重だという事実。
②知能テスト全般について，知的にハンデイを負う生徒の就学相談資料として利用する，または教育効果をみるために施行するときは説明がつくが，それ以外の利用時は，なぜ知能テストを実施するのかについて説明困難な場合があること，この場合保護者から SC の興味関心から実施するのではないかとの疑いをもたれやすいこと，いずれの場合も知能テストを実施するとある種の知能が露わになることから，本人と親の許可を得ないで使用することには問題があるとされる。
③心理テスト実施にあたっては静かな状況が保たれなければならないが，その環境が学校現場では設定しにくい。しかし「落書き」や「SC 通信（筆者は「月刊○○通信」という名称で，全校教職員・生徒向けに発行した）」，子どもとの交換日記や手紙の交換（筆者は「むすぶちゃん」と名付けた手紙の交換を多用した）等は，あまり抵抗がない。面接時に生徒が持参した，または直接つくる「詩の内容」も，思春期の感性をよく映し出し，教育場面では優れたアセスメントとなりえる。
④ひとりの生徒に実施した心理テストの情報は当該生徒により別の生徒に容易に流布され，その他の生徒に間接的に影響を及ぼすこと。たとえば「おもしろいことをやっているぞ，お前も受けろよ（興味半分に取り組む）」「気持ちの悪い絵を見せられた，僕をおかしいと思っているのかな（被害者意識をかきたてる）」などの情報がすぐに流れやすい。その結果，心理テストの目的が対象者に正確に伝えられない恐れが生じる。

　いずれの場合においても心理テスト実施が子どもの心に与える影響が大きく，心理テストの使用にあたっては慎重にならざるを得ない。子どもの心にふれる際には，どのようなことであれ，いつの場合も慎重でなければならない。
　学校の相談室は，大勢の子どもが一緒に過ごす場でもあり，心理教育相談室のように枠組みがしっかりしているわけではない。誰が相談者で，誰にどのような情報を伝えればよいのか，その都度 SC の判断に委ねられる。機敏な判断力と適切な動きが問われる。失恋や友人関係など思春期らしい心の問題の場合，心理テストを実施するといってもかなり限定される。描画，箱庭，遊戯性を併せ持つ簡単なパーソナリティテストは場にふさわしいが，対面での知能検査や認知検査は場にそぐわない。また教育場面での既定の心理テスト実施については，事前に関係者の承諾が必要な場合もある。いずれにしても子どもにとって役立つ内容でなければ，関係性も育ちにくい。次節では事

例をもとに心理アセスメントについて見ていく。

Ⅱ　不登校傾向のあるGの事例――心理アセスメントの視点から

（1）事例の概要

　Gは中学1年生の13歳女子。主訴は不登校。欠席は年間50日を超えた。Gは親子関係と友人関係をめぐる問題を抱えていた。2年次の「不登校等生徒の状況報告書」には，「家庭のことや友人関係でトラブルが多く，休んでしまうことが多い。担任，養護教諭やSCがそのたびに相談に乗り出しながら支援している」と記され，不登校のきっかけは「親子関係をめぐる問題」と記載されている。

　その親子関係であるが，Gが3歳のときに両親は離婚。母子生活となった。父親は数回の離婚歴があり，その父親とGは今も交流がある。父親と子どもとの間では複雑な人間関係が生じている。Gは幼少時から情緒不安定だった。いきなり教室で「ウルサイってんだよ。このクラス，ムカつく！」と怒鳴ったり，教室の隅でおとなしくなったりと感情の揺れが大きい。仲の良い友達は少数であるが存在する。

　ところで心理アセスメントはおおむね次の6つのステップから成り立ち，ステップ内容を明示することで，当該心理アセスメントの内容と意義が明らかにされる。

　第1ステップ：アセスメントの主体＝「誰が実施し（アセスメント主体者の特定）」
　例1．SCが，教員が
　第2ステップ：アセスメント対象＝「誰に対して実施し（対象者の特定）」
　例1．本人，保護者，教員，その他関係者に対して
　第3ステップ：アセスメントの目的＝「どのような目的で実施し（目的の明確化）」
　例1．SCが子どもの心理的状態を知りたくて（例：いじめ，不登校，抑うつ，虐待，ひきこもり，学業不振，発達の偏り）
　例2．教員からのある求めに応じて（例：相談室ではどのような表情をしているか）
　第4ステップ：アセスメント内容＝「どのような内容のアセスメントを用いるか（アセスメントの選択）」

例1．生徒の自我状態を把握する目的で「新版 TEG II　東大式エゴグラム」を選択

例2．学級風土を把握する目的で学級風土質問紙を選択（伊藤，2003）

第5ステップ：アセスメントの方法＝「どのような方法で実施し（実施の枠組みを定める）」

例1．学校の相談室において，生徒との個別面接を行う中で，バウムテストを実施した。

第6ステップ：アセスメントの利用＝「誰が利用するのか（情報活用者の特定）」（その結果得られた資料を，誰が利用するのか（情報利用者は誰か））

例1．バウムテスト結果のフィードバックを，子どもと両親に対して実施した。

以上6つのステップをもとに本事例をみると，アセスメントの主体は SC，対象は G，目的は G が学校生活における主体性を取り戻すこと，具体的には「親子および友人関係を育て，登校意欲を高めること」ことにあり，使用するアセスメントは「教育場面で施行可能なアセスメントであり，かつ G にとっても自分を振り返る意味で役立つ資料となりうるもの，そして面接の流れに沿う」内容であること，そして情報利用者は「本人と SC のほか，担任等学校関係者」である。面接の枠組みについては次のとおり。

　G とは3年間で合計39回の予約による個別面接を行った。面接は授業中になされ，学校公認という枠組みでの実施となった。SC は昼休みには相談室を開放し，誰でも利用できるようにセッティングしたが，G は友達と遊びに来ることもあった。

　なお以下の事例報告については G と関係者の許可を学術研究に限って得ているが，記述については，個人情報の観点と本著のねらいに鑑み，事例の本筋を曲げない程度に修正を施してあることを補記する。

　G については，バウムテストと SPM を3回実施した。その結果を図6-1にまとめて示したが，見立てについては経過報告の中で述べる。以下，各時期にわけて略述する。

第1期　自己抑制の時期（1回〔X年12月〕～4回〔X+1年2月〕面接）

　初回面接時のみ，関係を繋ぐ意味で養護教諭が同席した。G は母親について「お母さんは大好き。一緒にカラオケに行ったりしている。私が20点をとろうともニコニコしている。今度，よい成績を取ったら携帯を買ってくれ

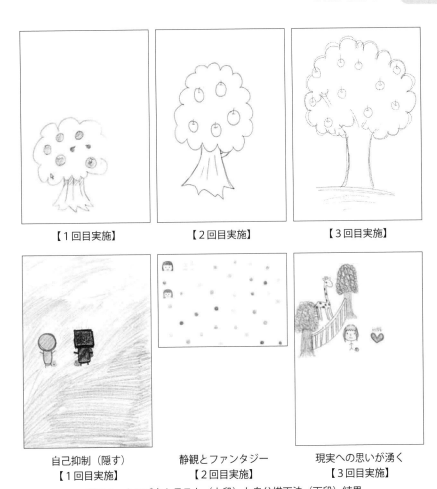

【1回目実施】　【2回目実施】　【3回目実施】

自己抑制（隠す）　静観とファンタジー　現実への思いが湧く
【1回目実施】　【2回目実施】　【3回目実施】
図6-1　Aのバウムテスト（上段）と自分描画法（下段）結果

る。だから頑張る」と言う。母親に対しては眼差しが温かい。

　将来について，「小学校のとき，行政書士になりたかった。テレビドラマの影響があった。それからパティシエになりたい」と夢を膨らませる。母親は「刑事になれ」というが，「それは嫌」とはっきり言う。夢は「音楽大学を出て，オーケストラに入って，ティンパニーをたたきたい。でも夢はあるけど，早く死にたい」と真面目な顔で言った。心の成長に関して，「今の自分は8歳。本当は13歳。自分は12歳までの成長でいい」という。大人になることの懸念よりも，過去への固執が窺われた。

　友人関係については「クラスのaさん，bさんは私のことをわかってくれる」という。cさんも親友だが，cさんには他にも親友がいて，Gは少し遠慮しているとのこと。

　家族に関わる話である。「下に住んでいる人がうるさい。毎日夫婦喧嘩している。男が怒鳴って女は文句を言う。子どもは泣いている。もう聞くのがうんざり！」という。その後，家族関係について話した。

　両親の結婚については父方の母親が猛反対していたこと，離婚し連れ子がいること，「連れ子の一人である兄は素敵でかっこいい。その妹は私のことをお姉さんと呼んでくれる。だから大好き。1年に1回だが父親宅を訪問している」と複雑な家族状況にあることを伝えた。そしてGは声をやや大きくして「私は子どもがいるのに，離婚するなと言いたい。私は両親とも大好き。願いは両親と一緒に暮らすこと」だと，涙を流しながら話した。

　普通に家族と一緒に暮らしたいと言っている。素敵なボーイフレンドが欲しい，と言っている。親の“離婚”はその思いを難しくさせ，子どもを動けなくしているように思えた。

　アセスメントの視点からは，このような場面で家族関係を知るために「K-F-D」を実施するのは臨床的場の雰囲気にそぐわない。養護教諭との打ち合わせで，「お金がないから病院に行けない，リストカットをしている」との情報を得た。

　帰り際，偶然Gと出会う。友人と一緒にいた。「先生，〔好きな男子に交際して欲しいと〕コクったら，ふられちゃった！」と軽いタッチで打ち明けた。

　ここまでカウンセリングのみで対応してきたが，Gの心理状況をより深く知るために，Gが好む描画を用いることとした。まずは抵抗が少ないと思われるバウムテストを実施した。

　結果の見立ては次のとおり。

　Gは左側下半分に木を描いた。退行もしくは過去への固着が窺われた。地面は自我が現実とどのように関係しているか，つまり現実感と関わるが，地平線が描かれず，根と大地が一体化している。自意識に不明瞭さが窺われる。根は本能的エネルギーの溜まり場で，安全感・拠り所を示唆するが，Gが描いた根は閉じられた根であり，不活発，動きの鈍さが感じ取れる。幹からは生命力に関するエネルギーの流れ，情緒・感情の発露が感じ取れるが，幹は短く，下方になるほど太く描かれている。幼少時期に心理的エネルギーが注

がれているのがわかる。しかし樹幹と幹の接合部に影があり，また幹には3本のはっきりした線が描かれ，傷つきやすさが感じられる。対人関係に影が差していることが窺われる。樹皮は外界との接触の仕方を示し，自己が外界にどのようにさらされ，どのように外界に向き合っているかを教えてくれる。幹には3本のはっきりした線が描かれ，傷つきやすさが感じられる。枝は分配されたエネルギーの通り道であり，その形態から思考様式や創造的自己表現法が窺える。また枝の絡み合いは他者との相互作用の手がかりとなる。枝の節穴，傷，折れた枝，切り取られた枝は外傷体験・挫折感を示すが，Gの絵では枝も葉も描かれず，心理的エネルギーの流れが，根→幹→樹冠と一方向（単純）となっていることがわかる。樹冠は外的環境に対する感じ方や構え，その大きさから自尊心や自己評価と関わるとされる。樹冠は雲球型で，その輪郭は周囲からの情報収集と対応の仕方・感じ方を示すことを考えると，人と関わるときの素朴さと遠慮が感じ取れる。実は心理的成果を示すとされるが，樹冠の中に5個の陰影がかかったリンゴが描かれている。そのほかに黒く塗られたよくわからない小さな実が描かれている。これらは思い通りに育たなかった実のように思える。筆跡をみると，全体的に筆圧が弱く線が細い。影を多く描いたことからも現在不安を抱えていること，姿勢として消極性等が窺われた。

　バウムテストだけでは漠然とした不安感が残りそうだと思い，筆者は引き続き，具体的な今の思いにふれることを目的としたSPMを実施した。実施手順と教示および応答内容は次の通り。（　）内の言葉はSC，「　」はGの応答である。

　（では最初に，Gさんを描いてみてください）「四角でいい？」（なんだっていいですよ）　結果，四角い形の自分を描いた。（次に今気になる人，物や出来事，なんでもいいですから描いてみてください……）「じゃ，まる（円）で描く」（じゃ描いてみて……）　結果，丸い形の人を描いた。（では次に背景を描いてみましょう……）「自分の一番好きな場所を描こう！　全部緑で」と言い，緑一色で山を描いた。そして雲を描くため中抜きの白をつくろうと，周囲を青いクレヨンで塗り形を整えた。（この絵をよ〜く見てください。この絵のどこかに何か隠れています……何かなぁ……わかったら描いてみてください……）と声をかけると，おもむろに自分の絵の足元に「うさぎ」を描いた。そして「うさぎ，昨日もう一匹買った。ペットは可愛い」と呟いた。（絵

ができましたね。う～ん，この絵は何の絵なんだろう……この絵をみて何か
お話をつくってもらえませんか？……）と依頼すると困惑した。創作につい
ては無理強いを避け，この絵をもとに対話を行うことで，絵に対する洞察を
深めることとした。対話内容は次のとおり。

　「私のそばにいる人は同じクラスのｄさん。もっと一緒に遊びたいけど家
が遠い。私は彼女が好き！　歩くときは手をつないでいる」と言う。「昨日，
あなたのことを好きだから，のろい殺すと言ったら，１オクターブ高い声で，
ハハハと笑われた」と苦笑。小さい頃は女子で付き合っていた人がいたとい
う。（どうして女子なの？）と尋ねると，「女子だと手をつないでも，一緒
にいても何も人から言われないでしょ」と理由を教えてくれた。（２人いるけ
れど，何をしているんだろう？）「ちょっと待って！」と言い，リュックを
描き足した。「日曜日。学校が休みだから，どこか山にでも遊びに行った。持っ
てきたリュックの中にウサギが入っていて，びっくりしている。（どんなびっ
くり？）うれしいびっくりと，何で入っているの？ ってびっくり。日曜日
の前の日，明日は遊びに行くけど，この子（ウサギ）たちも連れて行きたい
けど，連れて行けない……逃げると困るから。大事さ，家族だもん。空は春
の山，まだ桜はつぼみ，リュックの中にはお弁当が入っている。（作ったチー
ズも？）「もちろん」と展開。（Ｇさんは「家族」って言葉，大事にしている
みたい……）「小学校１年生になる前からお母さんは仕事ばかり。ウサギに
は昨日，私が死ぬまでそばにいてねって言ったよ」（ウサギはどう応えたの？）
「寝てた！」と爆笑。（でもＧさんの言葉，ウサギにきっと届いたんだよね）「そ
う思う」……。

　母親と一緒にいたいという思いが伝わった。後ろ向き姿の黒い私と青い人
は表情を見せない。今は後姿しか見せられないか，それとも今は見せたくな
いという思いなのか，以後見極めが必要となる。

　「昨日，母親にメールした。『私って，強い？』って聞いたら『何に対して？』
と言われ，ちょっとめんくらった」と言う。ややしばらくして「『でも，強
いと思う』という返事をもらった」と言う。昨日は担任にいっぱい愚痴り，いっ
ぱい泣き，喧嘩もした」と言う。その担任に対してＧは「顔も心も大嫌い！」
と言う。切なさが伝わった。（Ｇさんは，精一杯気持ちを使うんですね。どっ
と……今は出した気持ちがうまく相手に通じないときもあるようだけど，出
す力があるのは凄いと思う）とＳＣが言うとＧは微笑んだ。対話がたくさん

あった。

第2期　静観とファンタジーの時期（5回〔X +1年4月〕～ 20回〔X +2年2月〕面接）

登校に関して，「最近1週間ほど朝寝坊を母親としていて，学校をずる休みした」と言う。今日も3時間目から登校。「休みが続くと学校に来づらくなるし，もういいやという気になる」と言う。夜が遅い母親との生活状況ゆえ，結果的に遅刻となっているようだ。

現在，離婚した母親と母親の姉家族の5人で暮らしていると言う。

将来は「弁護士になりたい。だってカッコいいじゃない」と恰好にこだわる。アイドルに夢中。「中学でたら就職する。勉強が嫌いだから」と言う。早く結婚して子どもが欲しいとも言う。母親に「私たちは男運が悪いので，あんたは男を見つけるときは，経済的にしっかりして優しい人を見つけなさい」と言われたそうだ。中学生で，早くも就職，結婚話に触れている。

母親は旧姓に戻すことを考えているが，Gは嫌だと言う。今名字で呼ばれているからだと言う。戸籍が旧姓に戻っても自分は今の名前でとおすと言う。「だってお父さんは優しいんだもん」と言う。父の話をするときのGの目は優しい。

12回面接の頃，情緒が安定してきた。養護教諭も同感。13回面接では進路について語った。「私が学力的には入れる学校ではないけれど，挑戦する気力を大切にしたい」と高校受験について語った。「現実が大事。夢ばかりだとだめ。夢は小さく持っているのがいい」と言い，自分に言い聞かせているようだった。生活については「貧乏でもいい。食べられれば」と言う。まだ切迫感は薄い。

養護教諭から聞いた話であるが，「先日，母親と恋人とGの3人で食事に行ったとき母親は恋人と大喧嘩し，Gに泣きついた。帰ってGはリストカットもした。最近Gが大人になったのは，母親の影響があるかもしれない」と。

男子については「エロいのが一番嫌！」とはっきり言う。男子200人いると，178人がエロいという。e先輩が好きと言いながら，彼もエロいという。恋に臆病となりながらも恋をしたい胸の内が伝わった。

15回面接では「相談室でネットしていいの？」と尋ねる。「いいよ」と返事をすると，嬉しそうに利用し始めた。あるテレビ局のホームページを見る。

テレビの世界に関心がある。

　この頃，人人のような丁寧な挨拶や言葉遣いができるようになった。例えば，「何か，書くものを下さい」と言う。

　昨日リストカットを特集したテレビ番組を見たと言う。「小学校5年生のとき好きな人ができて，そのときテレビでリストカットの番組をしていた。おもしろいと思って，右手の親指付け根の膨らんだ部分に，カッターでその人の名前を刻んだ。これが最初。そのあと，どうにもならないときにたまにする。最近はしていないけれど傷は残っている」と言う。

　18回面接時，正月で太り，「私の顔を見ないで。みかんになった」と苦笑。今は朝ゆっくり起きて，3時間目頃から登校していると言う。毎日登校するようになった。

　Gとは一緒に職員室で給食をとることもある。SCが相談室に戻るとまたGが現れる。5限も相談予約者が来るまで一緒にいることがあった。面接に積極的になってきた。

　2回目のバウムテスト結果から，次のような見立てが得られた。

　空間配置ではやや左側に大きく描く。内向的，主観的理解が窺われる。地平線が描かれず，根と大地が一体化している。自意識はまだ不明瞭。根は閉じられた根で，不活発，動きの鈍さが感じ取れる。幹は短く，下方になるほど太く描かれ，自然な発達を示す。前回描かれた幹と樹幹の接合部にあった影がなくなった。対人関係が少し改善されたことが窺われる。幹には前回同様に3本のはっきりした線が描かれ，傷つきやすさが感じられる。

　樹冠の下に小さな枝が1本描かれている。あまりにも小さいので気づかないほどである。ほんの少し，違った方向に心理的エネルギーを流せるようになったと考えられる。前回同様に雲球型の樹冠で，人と関わるときに丁寧さが感じられる。雲の形が，横広がり（抑圧傾向）から縦広がり（関心の広がり）に変化した。樹冠の中に5個のリンゴが実っている。

　一方，2回目の自分描画法を実施した。気になるものは「太い身体」で背景は「アメ（飴）」。

　隠れているものは「友達のd」だという。前回は物語を作ることに困惑があったが，今回は抵抗なく作ることができた。

　「（上方に描いた）女の子は体重40kgを目標に絶食して頑張ってきました。ある日，女の子の前に魔法使いが現れました。魔法を使ったので何が起こる

のかなぁ～と思っていると，空からアメが降ってきました。女の子はそのアメを食べたとたんに身体がスリムになりました。女の子は魔法使いにお礼を言おうとしましたが，もういなくなっていました……」

　題名は「魔法使い」である。Gは太っていることを気にするようになった。

第3期　現実への思いが湧く時期（21回〔X +2年3月〕～39回〔X +3年2月〕面接）

　母親は無理しながら働いていて，最近は体調を崩している。Gは両親と父親と同居中の義理の兄とで家庭を持ちたいと思っている。普通の家庭が欲しいのだろう。今母親はある男性と付き合っているが，Gは「私は父親になって欲しくはないし，母親も嫌がっている」と言う。このモヤモヤとする状況を打破するための何かきっかけが欲しいとも言う。

　ある日，「同じクラスのf君からコクられた」と言う。「私には好きな人がいるから（卒業生）」と断ったら，他のクラスの女子にコクったという。それを詰ったら，「僕はCが好きなんだ」と言ったという。Gはこの厳しい状況下で，"思春期"を過ごしているのがわかる。

　応答は力まず自然となり，態度にも大げさなところが見られなくなった。

　SCは母親と電話面談を重ねた結果，母親は「Gと2人で住む」ことを決めた。夏休みに近隣に引っ越しする予定とのこと。

　27回面接では中学校入学当時の写真を一緒に見た。Gは「若いね～恥ずかしいよ」と苦笑。元気になってきた。ある日，社会体験を兼ねた「夢実現デー」が実施され，Gは参加した。Gが設定したテーマは「音楽とかかわりのある仕事につきたい，楽器をさわりたい」だった。Gは近隣にある楽器店を訪問し，満足感を味わった。

　ある日，偶然駅で出会い一緒に登校した。今日は実力テスト。点数がよければ○○高校をめざすという。「○○高校ならいいでしょ。いい学校だから」と自尊心をチラつかせる。仕事の帰り道も偶然，椅子に座り母親と電話中のGと出会った。その日は一日，同じ電車に乗り，同じ電車で帰った。Gは嬉しそうだった。SCはGのヤル気を維持させたいと思う。

　ある朝，Gは職員室でSCを待っていた。今朝は5時半に起きて，6時過ぎに登校。部活動があり，ヤル気が伝わる。○○高校受験を決めた。面接だけの試験だが，「何の取り柄もない自分，馬鹿な自分」と言い，自信のなさ

を表明。少し面接試問をやってみた。真剣に回答する。SC は受験日まで練習を重ねたいと思う。

　3 回目のバウムテストを実施した。G は初めて中央に大きくバランスのよい木を描いた。心理的バランスを感じさせる。地平線が描かれ，木と地面が明瞭となった。自意識の清明さが窺われる。根は大地の中に隠れ，意識的な生活と無意識的な生活との間が明瞭となった。前 2 回で描かれた幹とは異なり，左右均等で，中央部分が若干狭くなる形のよい幹が描かれた。心理的エネルギーの流れが自然に近いものになったことが窺われる。幹には線が描かれず，心理的傷が少し癒えたのかもしれない。小枝が樹冠の中に 2 本描かれている。前回と比べて心理的エネルギーの通りが複数となった。樹冠を含めた木全体を二重線で，丁寧に描く。自己を防衛する力が身についたように感じられる。樹冠の中に 10 個のリンゴが実っている。実りが増えた。

　3 回目の SPM では次のような物語を作った。

　「（歌手の）HYDE と一緒に動物園に行ってキリンを見ていたら，私の足元に 100 円が落ちていた。拾いたいけど拾えない。だって彼がそばにいるからカッコが悪い。彼から変な目で見られたくないから。お天気は快晴で，客は休日並み。別の日，公衆電話で 100 円玉を見つけた。嬉しい！」

　G は DVD を買うためにお金を欲しがっている。500 円玉で 100 円のジュースを自動販売機で買ったら，おつりが 500 円あったと言う。誰かが 100 円玉を置き忘れたようだ。また公衆電話のところで 100 円を見つけたとも言う。とうとう母親が折れて，買ってくれることになったと言う。嬉しそう。

　その後，「願い」をテーマに対話した。すると「私は家の近くにある公園の噴水や花時計の周りで散策するのが好き。京都に引っ越したい！　修学旅行で東大寺に行ったとき感動した。この 4 月に母親と一緒に京都を旅行する予定なの。でも 2 人とも温泉は嫌い。人と一緒に入るのを不潔に思うから。私たちは潔癖症なのかな？」と苦笑。「今は絵よりも音楽で楽しんでいる」という。明日が高校受験となった。合格のときは SC に一番初めに教えるからと言う。その後 G は高校に合格し面接終了となった。

　それから 1 年後の 3 月，ある文具店で SC は偶然 G と出会った。G が SC に声をかけた。元気で過ごしていることを確認した。

　以上，SPM はバウムテストでよく見えない部分に関する情報を伝えてく

れる。心理アセスメントに関するバッテリーは，それぞれが補完的な意味合いをもつことが重要である。

文　献

伊藤亜矢子（2003）：スクールカウンセリングにおける学級風土アセスメントの利用―学級風土質問紙を用いたコンサルテーションの試み．心理臨床学研究，21; 179-190.

小山充道（2003）：学校臨床と心理テスト．臨床心理学，4(1); 128-129.

小山充道（2007）：学校臨床と心理テスト／知能テスト／性格テスト．In：村山正治（編）学校臨床のヒント．金剛出版，pp.144-146, pp.169-171, pp.172-173.

小山充道（2016）：自分描画法の基礎と臨床．遠見書房.

小山充道（2022）：自分描画法マニュアル．遠見書房.

Mr. PC.（責任編集）（2011）：脳活フリーソフト．晋遊舎.

手塚治虫（1995）：るんは風の中．In：手塚治虫名作集2．集英社文庫，pp.37-72.（1979年，月刊少年ジャンプ初出；DVD は手塚プロダクション制作　ライオンブックス収録）

World Health Organization：Adolescent health. http://www.who.int/topics/Adolescent_heAlth/en/（2023.8.08 閲覧）

第7章

思春期（医療場面）

神谷栄治

　思春期とは,第二次性徴が発現していく時期を指す概念である。そのため,思春期に該当する暦年齢は一般に男子と女子とでは差がかなりあり，また早熟・晩熟の個人差も大きいものであるが，ここでは思春期の時期をおおよそ中学生・高校生の時期に相当するものとして考えていく。

I　医療という場面と思春期

　思春期の彼または彼女たちが多くの時間を過ごすのは，家庭を除けば，学校教育場面である。教育の場では，思春期の生徒が今後社会に出ていくための準備となるよう，集団生活を通じた人格的成長と学習が目的とされている。こうした教育場面で相談活動・心理臨床活動が行われる場合には，教育活動の一環として「集団生活上の問題」や「学習に関しての問題」が取り上げられることが多く，そうした問題について，よりくわしく状態を把握するための検査を行うことが検討されたり，そうした問題を抱える生徒の成長を促す支援や働きかけはどのようなことかが検討されたりすることが多いであろう。

　一方,医療という場では,症状をもち苦痛を感じ医療機関にやってきた「個人」（医療場面では「患者」と呼ばれることになるが）に対して，診断をし治療を行いその個人の苦痛を軽減することが想定されている。医療場面で主たる医療者である医師は，医学的な知識に基づいて，来談した個人の訴える症状から，必要と思われる質問を類推して行っていき，関連情報を集め，症状の背後にある疾患を診断分類し，診断された疾患に合致すると思われる治療を提供する。医療場面では「診断と治療」という医療行為が中心的営為と

なる（もちろん医療場面で医療行為を行うのは医師であり，心理士は医療場面では医師の指示の下，心理検査や心理アセスメント，心理療法を通じて，医師の医療行為を支えていくのである）。身体症状ではなく，精神・行動上の症状や問題を把握しようとする場合には，客観的所見よりも，患者自身の主観的な説明にたよることが多くなり，診断は難しくなりがちであるにしても，この「症状から疾患診断と治療へ」という医療過程のモデルは通底している。

　思春期の彼または彼女たち[注1]が医療場面に訪れた場合も，こうした医療過程に入ることになる。たとえば，「不登校」の問題を抱えている思春期の彼らがメンタルクリニックや心療内科に訪れた場合を例に挙げて考えてみよう。不登校の状態にある思春期の彼らがクリニックに来た場合，医師は，不登校という現状の背後に，何らかの疾患あるいは発達的問題が関連している可能性を想定して，注意深く質問をしていくはずである。現在表面化している症状や問題の背後にある身体・精神疾患を見逃してしまえば，適切な治療や対応が取れず，回復が遅れ患者の苦痛を長引かせることになる。教育場面では，生徒の成長促進が責務であり暗黙の前提となるのに対し，医療では症状の背後にある疾患や障害を見逃さずに診断して治療することが暗黙の前提となっており，医療機関はその責務を負っている。

　そして思春期に特有の性質が，こうした診断と治療という行為を前提とする医療場面にもさまざまな影響をもたらすことになる。思春期という時期は，身体的・精神的成長がいちじるしく，心身のバランスがくずれやすいので，比較的健常な成長を遂げている子どもであっても，一時的に混乱を示しやすい。そのため思春期の彼らが示している問題が，急激な成長変化に伴う一過的な混乱なのか，それとも何らかの病理の発現なのか，見分けが難しくなりがちである。たとえば対人恐怖的心性は，健常な思春期生徒にも比較的よく見られるものであるし，統合失調症発症の前駆的症状である場合もある。早まって疾患と診断することは，レッテル貼りとなり患者を傷つけ治療関係や回復に害をもたらすことが多いが，その一方で，思春期は，重大な精神疾患が発症しやすい時期でもあり，そのような場合には，できれば早い段階から

注1）本章では，わずらわしさを避けるため，今後は，単に「彼ら」または「彼女ら」のどちらかを適宜用いることにしたい。

疾患を見定め適切な治療をしていくことが望ましい。このように思春期患者の診断は非常に難しい問題をはらんでいるのである。そのため，思春期患者に対する診断は多くの場合，経過を見ていきながら，暫定的かつ慎重になされることが多いのである。

　これまで症状や疾患といった生物学的な側面に重点を置いて述べてきたが，思春期にとって社会的側面も重要である。児童期までは大人から保護され，大人に設定された規律に基づいて他律的に行動することが多いわけであるが，思春期になると，同世代集団との交流が重大な問題となり，大人からコントロールされるよりも，思春期の彼らが自分で自分の行動をコントロールしようとする機会が増える。思春期の子どもすべてがこうした移行をスムーズに進められるわけでなく，場合によっては，極端に同世代集団に同調しすぎてしまい，自分を見失って混乱してしまうこともある。また，自分で選択し判断する機会が多くなるため，かえって当惑し，混乱してしまう場合もある。思春期は生物学的に急変期であると同時に，彼らをとりまく環境や状況も変化するため，彼らの周囲の社会的要因の影響についても，よりいっそう配慮を払わないと，彼らの状態や彼らの抱える問題の全体像をとらえることが難しくなる。しかも児童の場合にはまだ親の影響下に置かれ彼らの交流や環境は見えやすいが，思春期の場合，親のコントロール下から離れていくため，彼らの交流や環境は見えにくくなりがちである。思春期では，家庭外の環境の影響がそれまでよりも重要になり，彼らの問題を把握するにはそうした面をとらえる必要が増すのにもかかわらず，周囲の環境の様相全体をとらえることが，他の年代に比べ難しくなりがちとなるのである。このため，問題に影響を及ぼしている主要な要因を特定すること，つまり適切な見立てをすることが難しくなるのである。

　また，思春期という年代のもつ固有の特性がもたらす意味は，医療場面での治療関係ともかかわってくる。思春期の彼らは，親・教師といった大人世代から心理的に分離する時期であるが，医療機関で働く医療従事者はみな大人世代である。親・教師との間で大きな葛藤を抱えていたり，猜疑心や反発心を抱えていたりすると，そうした親世代への態度が，医療従事者に向けられることにもなる。とりわけ，親から半ば強制的につれてこられた（あるいは学校から診断を受けるように半ば強制的に指示されたような）場合にはそうであろう。また医療場面では医療者が多くの質問を投げかけて見立てをし

ていく必要があるが，こうした，多くの質問を投げかけていく態度はどうしても彼らの目に詮索あるいは詰問に映りやすいということもある。思春期の彼らが医療者に対して，拒否的な態度を向けてきた場合，彼らに接する医療者は，彼らの態度が，自立の現れでもあるような健常な反発心なのか，あるいはなんらかの病理的な兆候のあらわれなのか，判断に迷うことになる。また拒絶的な態度が病理的なものでなく，来談の経緯からして理解できるような態度であったとしても，彼らが拒否的な態度で医療者に臨んでくるような場合には，見立てや治療過程において最低限必要な協力関係を彼らから引き出すために，繊細な配慮を払わねばならない。どの年代でも共通していることではあるが，とりわけ，大人と子どもの移行期・中間期にある思春期の場合には，彼らが医療場面に来るまでにどんな体験をして，どんなことを大人から聞かされてきたのか，そして彼らがこの場面にどんな思いで臨んでいるのかなどを十分に考慮しないと，彼らを適切に見立てることや，治療関係を築くことができなくなる。

　おそらく医療場面にきている思春期の彼らは，対応する医療者個人を，彼らの方法で「診断」しているはずである。たとえば思春期の彼らがそれまで家庭や教育場面で出会ってきた「聞く耳をもたず説教がましい大人」あるいは「決めつける大人」「理解力のないつまらない大人」と同じような存在だと，私たち医療者個人が彼らから「診断」されてしまえば，その時点で，彼らの内面を理解することにつながる発言は得られないであろう。こうしたリスクは，児童期や青年期後期より，思春期ははるかに大きいように思う。医療場面は，彼らに相対する大人の私たちが，個人として，彼らから「診断」される場面なのである。

　一方，思春期にとって，医療場面がメリットとなるような特質もある。それは，医療機関と教育機関は多くの場合，独立した機関であることである。医療機関が教育機関と連携することも可能ではあるが，多くは相互に独立した組織であるため，かなり意図的に連携をとろうとしない限り，詳細な情報の共有は基本的には難しい。そのため，医療機関では，学校教育場面での環境的文脈から切り離して，先入観が少ない状態で彼らを見ることができ，新たに彼らと関係を結ぶことができることにもつながる。たとえば，学校では規律を乱す問題のある生徒とみられている思春期でも，医療機関では，彼らを言わば生徒指導的観点からでなく，彼ら自身の側から，たとえば彼らが抱

えていて対処できないでいる生活上の困難さは何なのかなどといった面から見ることがしやすい。また彼ら自身，学校への不満は，教育場面で，教育関係機関に雇用されている職員には言いにくいことが多いであろうが，学校とは関係のない医療場面では述べやすいということもあろう。医療場面に彼らが来ることは，彼らが在籍している学校にいるのとはちがい，アウェーの環境に来ることになるわけであるが，それゆえに，ホームである学校とは違う面をとらえる可能性につながるのである。学校になじめず，学校に居場所がないと感じている彼らにとっては，むしろ居やすさを感じ，防衛的でない面を見せられることにもつながるのである。

Ⅱ　事　　例

　Hは高校1年生であった。1学期の半ばから学校を休みがちとなり，2学期からは学校を完全に休んでいた。塾など同世代集団がいる場所にはまったく行けなかったものの，家庭教師から学習指導を受けることは拒まず，自宅で学習をしていた。1学期から2学期にかけて3つほど精神科クリニックに通ったのだが，どこでも心理検査を複数受けたわりには適切な説明や助言も受けられず，話を十分聞いてもらえている気がしないという気持ちがぬぐえないほど強くなって，筆者が心理士として勤める心療内科クリニックにやってきた。Hは小柄で，髪型や服装は現代の女子高生風に整えられており，一見したところ普通の女子高生であった。

　Hは高1の2学期の半ばころから，私の勤務する心療内科クリニックに通い始めたのであるが，3回ほど心療内科医の主治医がHそして母親と同席面接をし，生活全般への助言や薬物療法を軌道に乗せたのち，心理士の筆者にカウンセリングを依頼した。同年代集団への強い恐怖心と，自分の身体や性的問題への強いこだわりがあるので，そこへの対応を検討してほしいとのことであった。

　筆者はHと初めて出会う面接で，どういう経緯でこのクリニックに来ることになったのかなど，初回面接で標準的な質問をしていった。その質問項目はだいたい表 7-1 のようなものである。思春期の人にとって，医療機関で初対面の大人の医療者に応対することは，抵抗があることも多いのであるが，Hは，こちらからの問いかけに，戸惑いをみせることなく協力的に的確に応答していった。

表7-1　初回面接で一般的な質問

・「ここにはどういうことで来ることになりましたか」
・「ここに来たのは，誰かに勧められてですか。それとも自分でですか」
・「今気になっていることは何ですか」
・「その問題はいつごろ始まりましたか」
・「その問題が起きたころに，何か生活で出来事や変化はありましたか」
・「その問題にこれまでどんなふうに対応してきましたか」
・「その問題について，これまでに相談や治療にかかったことはありますか。もしあったら，その相談や治療について教えてください」
・「あなたみたいな問題を抱えた人に多くあることなので，いちおう念のために聞いておきたいのだけれど，たとえば○○（例：リストカット，過食など）をすることはありませんか」
・「○○さんの問題を理解して支援していくのに，生活全体をある程度知っておく必要があるので，家族やいままでの生活についてお聞きします。まず家族についておしえてください」
・「これまでの生活，たとえば引っ越しがあったかとか，学校生活，部活，習い事などについてもおしえてください」

Ⅲ　MSE

　この初回面接で話される内容はHの内面や状態を理解するうえでもちろんとても重要な情報である。しかし，一方で筆者は面接者であると同時に「査定者（assessor）」の視点を持っているし，むしろ初回面接では査定者としての面がかなり大きい。初回面接は面接であると同時に新規対象（面接者）に対して，患者がどのような反応を示すのかを把捉する検査場面という意味合いを担っているといえるのである。こうした初回面接の検査としての営みを，医療領域では，Mental Status Examination（心理状態検査）と呼んでいる（精神医療領域では「精神現在症検査」と呼び，一般にはMSEで示される）。このMSEは，今のところあまり心理臨床領域では知られていないことが多いように思うので，ここで説明をしておきたい。

　MSEは，医療領域や福祉領域で，なかでも精神医療領域でかなりの程度普及し共有されている検査である。ただ「検査」と称しているが，実際には初回面接（または最初の2，3回の面接）で患者の示している言動・態度に基づいて，対応した医療者が観察して評価を記載するものである。ここで重要なのは，医療者の推測や解釈をなるべく排し，その面接で現れ観取された現象を，「そのまま」評価することである。ここで得られた所見は，その時点での状態像として重要な情報となり，アセスメントの貴重な根拠となる。

外見・身だしなみ	□年齢相応・適切なセルフケア □その他：
行動・ふるまい	□自然な動作・姿勢　□適度に視線が合う □上記以外（待合室・入退室の様子含む）：
態度	□適度に協力的　□拒否的　□猜疑的　□迎合的 □上記以外：
話の量と質	□話し方・話す量は通常範囲内 □上記以外（大げさ，平板なトーン，饒舌，寡黙）：
思考過程	□思考の流れ・つながりに問題はない　□それ以外：
思考内容	□被害的　□関連づけ　□させられ体験　□罪業感 □心気・身体へのとらわれ □上記以外：
知覚・感覚・意識	□通常範囲　□幻覚　□見当識低下　□フラッシュバック　□記憶欠損　□現実感低下　□注意転導　□ぼーっとする　□過敏 □これら以外：
報告される気分	□不安　□恐怖　□落ち込み　□孤独　□いらいら・怒り　□罪悪感　□恥　□苦痛 □上記以外：
観察される感情	□気分と一致　□気分と不一致・不自然：
認識力	□年齢相応の語彙・理解力　□それ以外：
洞察力・判断力	□問題意識がある　□問題意識を欠く　□援助を求めない
行動上のリスク	□自殺のおそれ　□他害のおそれ　□その他（自傷・嗜癖）

図 7-1　MSE

また，ここでの記載は他の医療者にその時点での基本的所見として共有されることになる。MSE の記入用紙の一例を図 7-1 に示した（なお，MSE の記入用紙の書式は，それを用いる機関によって，概要は共通しても細かな点ではかなりバリエーションがあるものである。これは，精神科か心療内科か，おもな対象は成人か青年期か，薬物依存傾向の患者が来るかどうかなど，その機関ごとに重点の置かれる MSE の項目が異なるためである。ここで示したものも，筆者が現在の心療内科クリニックで使うために試作したものである）。つぎのこの図の項目について簡潔に説明していく。

①外見・身だしなみ

来談している人の服装，化粧・髪型などの身だしなみがどのような様子であるかということである。もしこの面で年齢相応でない場合や，セルフケア

が不十分である場合には，家庭生活に問題があったり，心理社会的発達に何らかの問題があったりする可能性を示唆する。また対照的に過度に髪型や身だしなみが念入りに整えられている場合も理解の材料となる。また虐待を受けていたり，養育環境が不適切であるなど，生活上の困難さがある場合にもこの面に反映されることが多い。

②行動・ふるまい

歩行の様子や入退室時のふるまい，姿勢変化，落ち着きがあるかないかなどに表れる身体的な動きである。アイコンタクトのあり方もここに含まれる。重いうつ状態では動きが緩慢となりがちであるし，自閉症関連の障害がある場合には，歩き方や視線の向け方が不自然となる場合がある。

③態度

初対面の人に対して，どのような態度を示すかということは，その個人のパーソナリティを理解するのに貴重な情報源である。態度を記述する表現には次のようなものがあるだろう。「協力的，反抗的，挑発的，拒絶的，依存的，猜疑的，迎合的，見下した，なれなれしい」などである。この観点は，パーソナリティ傾向を見立てるのに当然役立つが，自閉症関連の障害がある場合もこの観点が情報を提供することが多い。

④話の量と質

話の量とは，多弁か，問われたことに適切に応えるか，あるいは寡黙であるかということである。話の質は，大げさに話すか，平板なトーンで話すか，激しい言葉づかいをするかといったことである。こうした情報は，パーソナリティ傾向の反映であることに加え，精神病理傾向や発達障害傾向を示唆する情報となる。

⑤思考過程

思考過程とは，話している患者の話に表れる思考のつながりや流れ，論理性やまとまりのことである。たとえば，話が飛躍する，拡散する，話の抽象度が極端に変化するなどといった特徴や，話の唐突な中断，同じ話を反復する傾向などである。このような特徴は，精神病理性の有無を推測するのに重要な情報となる場合が多い。

⑥思考内容

思考内容は，話に表れる考えの内容である。特に注意を払うべき話の内容には次のようなものがある。被害妄想的考え，外界の出来事の自己に関連づ

けた解釈，自分が他者に操作されているという体験，極端な罪責感，身体症状や身体へのつよいこだわりなどである。こうした内容も精神病理性の推測の際に意義ある情報となる。

⑦知覚・感覚・意識

知覚というのは幻聴など幻覚があるかどうか，また視覚的なフラッシュバックがあるかどうかといったことである。また感覚とは，離人感・自己疎隔感といった現実感覚の低下があるかということである。意識とは意識水準のあり方にかんすることで「ぼうっとする」「注意の転動性がみられる」などということである。こうした知覚・感覚・意識の問題がある場合には，身体因性の障害や，トラウマ性の問題を示唆することになる。

⑧報告される気分

報告される気分とは，患者が自ら感じ，報告する主観的な気分である。たとえば，「怖い，怒りがわく，寂しい，恥ずかしい，苦痛だ，ハイな気分だ，絶望的だ」などがある。気分の内容によって，不安障害や気分障害など精神疾患の推測材料となる。

⑨観察される感情

先ほどの項目の「報告される気分」は患者自身が感じ報告する情緒や気分であるのに対し，「観察される感情」というのは，患者の陳述の様子や表情をみて，面接者に伝わってくる感情である。患者が述べる情緒や気分と，患者の語調や表情が一致している場合もあろうが，口調や表情が激しすぎる場合もあるだろうし，逆に感情が伝わりにくく，不自然に感じられる場合もあるかもしれない。また，感情の起伏や変化が激しいどうか，いったん興奮したとしても鎮静化していくことができるかどうかという点も重要である。こうした情報は，気分障害だけでなく，パーソナリティ障害傾向を含むさまざまな精神疾患の状態を推測する判断源の一つとなる。

⑩認識力

認識力は，知的能力に関連した側面である。知能検査で測定されるような厳密なものでなく，面接のやりとりのなかで示される語彙や理解力から，年齢相応の知的な認識力があるかどうかについての所見である。

⑪洞察力・判断力

洞察力とは，心理療法の中で得られる洞察という概念とは異なるもので，要するに自分に問題があることを自覚しているかどうか，つまり問題意識が

あるかどうかということである。もし重大な問題が起きているのに，自分には問題がなく，周りが悪いと考えている場合には，「問題意識を欠いている」ということになる。たとえば，家族を巻き込んで強迫行為を行っている患者が，自分自身の強迫観念や行為は問題と思っておらず，そうした行為を実行できない家族の方が問題だと思っている場合には「自身の問題意識を欠いている」というように評価される。

　判断力とは，援助を提供するはずの医療者に対して，援助を得て自分に役立つような関係を持とうとする判断がとれるかどうかということである。医療者に対して，一方的に怒鳴り散らす患者は，援助関係を壊していることになるわけなので，判断力に欠け「援助を求められない」とされる。ここで重要なのは，面接者は，患者の奥底にある意図を推測するのでなく，面接で示される言動から，この面を評価することである。この側面の情報は，精神病理を推測する素材になるというよりも，今後の治療関係や医療的指示に対する遵守性（コンプライアンス）を推測するのに重要な情報源となる。

⑫行動上のリスク

　この項目は，自殺のおそれ，他者を傷つけるおそれ，または身体や生活に支障をきたす可能性があるような自傷や嗜癖など，リスクをとらえる項目である。この面については，自発的に患者が話すことは少ないので，必要に応じて，面接者の側から触れていく場合が多いであろう。

　これまでMSEについて述べてきたが，確認しておきたいのは，このMSEは診断そのものではなく，現在のその面接での状態を評価し要約する観察的検査であるということである。このMSEの所見から，必要があればさらに，医師から詳しい問診をすることや，他の心理検査をするという判断がなされることになる。このMSEは，面接者のもつ経験に基づいて評価することになるので，ある程度臨床経験を積まないと限られた時間のなかで実行し記載していくことは難しいかもしれない。しかし慣れてくれば記入に時間は要さないし，とくにMSEのためだけにする質問はなく，項目はすべて日常的臨床で確認されるような項目である。MSEの所見は医療者の共通言語のようなものであり，これが診断分類の端緒となるだけでなく，今後の心理検査の実施やセラピーのプランニングにも有用なので可能であれば実施することが望ましい（特に臨床経験が少ない場合には臨床的視点を養う訓練となる）。

　実際には，初回面接の後，記憶がまだ風化していないうちに，面接者はMSEの用紙に項目ごとに，該当する点をチェックしていき，必要に応じて簡潔にコメントを記入する。すべて記入が終わったら，今後の方針を組み立てることになる。

Ⅳ　MSE 後の流れ

　MSEの中でもっとも重要度が高いのは，「行動上のリスク」である。ここがチェックされる場合は，さらにその危険度を見積もり，危機介入の方策を検討する必要が生じてくる。この場合には，心理士個人でなく，チーム医療体制で対応する必要があり，さらには保護者や他機関と連携することも視野に入れることになる。

　「行動上のリスク」がないような場合は，その他の項目のなかで，該当する項目やコメントの組み合わせのパターンを見て，さらにアセスメントのための心理検査をするのかどうか，どんなアプローチ方法やセラピーを選択するのかを検討することになる。その判断の根拠に絶対的基準はないが，おおむねつぎのような点が目安となるであろう。

　「知覚・感覚・意識」や「思考過程」「行動・ふるまい」といった項目で問題が目立つ場合には，身体的要因と関連の深い疾患（あるいは薬物の影響）などが想定されるので心理的介入よりも，医学的精査や薬物療法等の生物学的なアプローチが検討される必要が高いと推測される。「思考過程」「思考内容」「話の質」「態度」の面で問題が目立つ場合には，精神病性の問題がある可能性があるので，心療内科場面であれば精神科への紹介を検討したり，さらに問診を行ったり，風景構成法やロールシャッハ・テストで，統合能力の問題や思考障害の程度をアセスメントすることを考慮したりすることになるだろう。「行動・ふるまい」に自然な滑らかさが欠けていたり，「態度」に初対面の時にあるような通常範囲の緊張や遠慮がみられなかったり，「思考内容」において強いこだわりが目立つといったような場合には，発達障害の傾向を検討するために，さらに成育歴を細かく聴取することや，認識能力のバランスを把握するためにウェクスラー検査を実施することを考慮するであろう。他に「態度」や「話の質・量」でかなり慎重な面が目立つ場合には，来談経緯を取り上げたり気がかりなことに話を向けたり，場合によってはイメージによる自己表現の可能性を検討して，描画テストなどを導入すること

になるかもしれない。また「洞察力・判断力」に問題があるような場合には，どんな問題であっても，本人が問題を自覚できるよう穏やかかつ粘り強くアプローチしていく必要性や，本人にかかわりのある家族などと連携をとることを検討することになる。

　MSE で評価された項目が，直接，疾患診断につながることになるわけではないにしても，MSE の視点は，背後にある疾患や障害を見落とす可能性を低減し，また今後の支援方針を立てるのに役立つのである。

V　HのMSEの所見と臨床経過

　再びHの事例に戻ることにする。筆者は心理士としてHに一通り初回面接で定型的な質問を終えた後，MSE の観点から評価しまとめていった。それは次のようなものである。

　Hは，小柄で服装・髪型は年齢相応に今風にきちんと手入れされている。ただ目元の化粧がやや目立つ印象がある。立居ふるまいは自然であるが，姿勢はほとんど変化せず固さが感じられる。態度は，初対面の成人異性に会うという場面であることを考えると，あまり物怖じがなさすぎるきらいもあるが協力的である。話し方はやや抑揚に乏しい傾向がある。思考過程には問題はないが，思考内容で，自分の目つきがおかしいのではないか，そのため他の人からおかしいと思われているような気がするというような訴えが固執的に述べられた。「知覚・感覚・意識」については，最近集中力が続かない傾向があるとのことであった。「気分」としては，「人に目つきがおかしいと思われているのではないか」という恐怖心と，家族以外に親しい友達がいないという「孤独感」が述べられた。そうした感情は根強いようであったが，とりわけ不自然な印象は受けなかった。知的な認識力は，受け答えからすると，特に問題なく，むしろ知的発達は年齢に比べ進んでいるようであった。洞察力・判断力の面では，問題を自覚して支援を求めており，問題はなかった。また行動上のリスクについては質問をして確認したが，否定した。

　MSE 以外の話の内容の面で得られた，注目すべきことは次のようなことであった。家族についての話の中で，年齢の近い妹がいるが，自閉症と診断されていて普通学校の特別支援学級に通っていること，そして以前は妹の方が不登校であったが，今は落ち着いていることである。ただ，主治医が筆者への申し送りで伝えてきた，現在は同世代集団への恐怖心の問題に加えて，

性的な情報について関心が強く，家族が困っているということは，初回面接では彼女の口から発せられることはなく，ある程度，関係性に応じて話題を選ぶことがあるようであった。また彼女の今後の展望については，前の高校では，同性の友人関係で失敗してしまったが，別の高校に試験を受けて編入学か再入学をしたいこと，そしてその後の進路はまだ決まってないがとりあえず進学を考えているということであった。

　筆者は，彼女がこれまで複数の精神科に行った経緯があり，治療関係が途切れやすいことを考えて，まずは治療関係の安定化を優先して，彼女の主訴とその対処に時間を割いて取り上げていくことを考えた。心理検査は，たとえば知的能力のバランスを見るためにウェクスラー検査や，パーソナリティの機能性をみるためにロールシャッハ・テストをすることも多少考えたけれども，以前は気持ちが不安定であったが，現在は家庭教師の支援を借りながら，再入学のための勉強に打ち込む生活がやっと送れるようになってきたことが窺えたので，まずはその生活を維持するよう支持的面接をしていくことにして，心理検査は当面はしないことにした。

　なお，心理検査は治療関係が十分にできる前に行うように推奨されることも多い。それは，治療初期のより早い段階に行う方が，客観的に検査を施行し情報を得ることが可能となりやすいためである。しかし，筆者は，特に思春期のケースの場合には，治療関係が安定してから行ったほうが，心理検査が彼らにとって侵襲的な体験になりにくいため，最近は治療初期段階で心理検査を行うことにはこだわらなくなっており，実際に面接がある程度すすんでから行うことも少なくない。ただ，やはり面接者が検査者を兼ねることはやりにくい面があるので（とりわけ，力動的な心理療法面接をしている場合にそうであるが），ほとんどの場合，同僚の心理士に依頼して心理検査を行っている。そうした場合，検査態度やその場での言動について，同僚の観察を聞くことができて，有用な情報が得られることも多い。

　Hに話を戻すと，その後Hとは隔週で支持的な面接をしていった。そこでは，小学校のころから塾や習い事ばかりしていてほとんど友人がいなかったが，高校に入って急にさみしくなって，同性の友人グループに入ったのだが，空気が読めないなどと言われるようになったこと，あるときグループのメンバーから目の形を変だと指摘されたことがあり，それ以来，自分の目の形が非常に気になるようになり，目の化粧に入念に時間をかけるようになったこ

となどが話された。

　このような話を聞いていくうちに，当初，筆者には，Hは自分の目の形にこだわりが強く，一見すると古典的な対人恐怖症に近い面があるという印象があったのだが，その印象は次第に薄れていった。Hには，もともと社会的距離感がよくわからないという傾向があったものの思春期となって，グループに入ったが，残念なことにそのグループ体験は安らげるものでなく，さらに決定的だったのは突然グループ内で「目つき」について指摘を受けるというHにとって衝撃的で傷つく体験に遭遇した。その衝撃的経験の記憶が言わばフラッシュバックのように彼女の中で再現され，「目の形」へのこだわりになっていたようであった。実際に，彼女がもっとも恐れていたのは同世代の同性の集団であり，それ以外には広がらず，また「目の形へのこだわり」以外の，身体のこだわりや関係念慮的な面は発展することはなかった。

　面接を続けていくと，次第にHは，同世代集団への根深い恐怖心が和らいでいき，塾にも行くことができるようになり，無事別の高校への編入学を果たしたのであった。そしてHが高校のスクールカウンセラーとの面接を開始しそこでの治療関係が軌道にのったのを見計らって，筆者との心療内科での面接をいったん休止し，主治医の診察のみに治療の形式を変更した。そして結果として筆者とHとの治療関係はこの時終了となった。

　ここで，アセスメントの面について考えると，おそらくHにウェクスラー知能検査や，ロールシャッハ・テストをすれば，くわしい発達傾向やパーソナリティ上の問題が把握できる可能性もおおいにあった。しかし，心理検査はそれを行うメリットが，しない場合よりも上回る場合に行うべきものである。Hの場合，以前のクリニックでいくつも検査を受けさせられたのに充分な説明が得られなかったという不信感があったこともあり，ここで心理検査を行うことは，再びそのような否定的体験を惹起するリスクが高かった。そのため，心理検査をして情報を得るメリットよりも，しないままでいる方が，臨床的にメリットがあった。また来談当初から，Hの問題意識ははっきりし，目的意識もはっきりしていて，生活も軌道に乗ってきつつあるところだったので，とりたてて積極的な介入をする必要性もとぼしく，そのまま経過をみることにしたのである。当然この前提として，Hが初回面接で適切に応答したので，MSEにおいて最低限必要な情報が得られ，当面の面接方針が立てられたということがあったわけである。

VI　思春期患者に行うことが多い心理検査

　IIの場合，実施した心理検査は MSE だけであった。これは治療関係上の問題があり，そうすることにメリットがあったからである。MSE 以外の心理検査を行うことで有用な情報が得られ臨床上のメリットがあると判断される場合には，その他検査を行うことになる。たとえば，心療内科には不登校傾向の思春期の患者が来院することが多いが，不登校傾向の背景要因に発達や認知機能の問題が関連していると思われるような場合には，筆者の勤務しているクリニックでは，ウェクスラー検査を用いることが多い（もちろん実施のタイミングを充分配慮した上で，であるが）。その場合は，算出された知能指数だけでなく，下位検査間の能力のばらつきや，検査施行時の検査態度や，テスターとの具体的なやりとりを重要な情報源としている。この検査で，彼らの不得意な面とその対処法にくわえて，強みを生かす方法をフィードバックすることで協力関係が構築されやすくなることが多い。

　ロールシャッハ・テストは最近する機会が減っている。これは筆者が現在勤めているクリニックでは，精神病理的な問題を持つ人の来談が減少し，発達障害の問題が背景にあるような患者が増加しているせいもあるが，それだけでなくロールシャッハ・テストはかなり構造度が低く，時間もかかるので，最近の思春期の人には負担が重い印象があるせいもある。ロールシャッハ・テストの代用になるものではないが，パーソナリティや自我の機能性を推測するのに役立つものとして筆者が比較的よく使っているのは，風景構成法である。風景構成法はロールシャッハ・テストよりも教示が明確であり，多くの場合短時間で終わり，繊細な思春期にも負担が少ないと思う（ちなみに時間の節約と負担軽減のために彩色は省略することが多い）。風景構成法では，項目が羅列的であるか，それともある程度項目間が関連づけられて構成ができているかどうか，人や家などが平板になっていないかどうか，全体に生気が感じられるかどうかといった観点を中心に見ている。また風景構成法の多大な利点は，ロールシャッハ・テストとは違って，フィードバックがすぐその場でできることである。ロールシャッハ・テストの場合，結果が出るまでの間に，どのような結果がでてくるのか，患者の不安が強くなることもあるが，風景構成法の場合，施行からフィードバックまでの時間的ラグがほとんどないので，不安もかなり軽減できる。

　他にそう多くはないが，P-F スタディ検査を用いることもある。ただ，あまり本来的な使い方ではないかもしれない。数値結果を出すことよりも，むしろ提示場面に対してどのような反応をしているのか個々の反応を質的に見ていき，社会的反応スキルのバリエーションをみる素材として使っているからである。いわゆるスコアリング不能のU反応とスコアされるような反応が，どのような場面で生じているのか，つまりどのような状況が理解しにくく反応がしにくいのかを見ようとしているのである。そのため，年齢としては青年期用のものが適切であっても，場面のあいまいさをさらに生かすために，あえて児童期用をつかうことが多い。

　また，彼らの内的な対人像を把握するために，TAT を使うことがまれにある。その場合には負担を軽減するために，カードを選んでごく少数枚活用している。たいていの場合は，カード１，カード２，そしてカード13B の３枚である。いずれも具象的な描写の図版であり，抵抗が少なく，思春期の人の内的な心配事や人間関係のイメージをとらえるのに役立つ場合があるからである。

　彼らへのフィードバック方法にも配慮が必要であろう。筆者が心がけているのは，なるべく断定的にならないような言い方をして，こちらの説明に対して，彼らの質問や感想や時には批判をなるべく聞くようにするということである。また描画の場合には，彼ら自身の解釈や感想を最大限，尊重するようにもしている。これは，今後の治療関係もそのようなものであることを，事前に伝えているという面がある。

　以上，医療場面での思春期へのアセスメントの取り組みの一例を示した。思春期は非常に個人差があり変化も激しく，既成の分類枠には収まらないことが多いこと，彼らに対応するものは，臨機応変に対応する柔軟さと，決めつけない態度で理解しようとする姿勢が重要であることを指摘した。

Ⅶ　補遺；トラウマインフォームドケアの視点

　本書初版が刊行された 2010 年代後半以降，日本の心理臨床領域では，トラウマインフォームドケアの観点の重要性が次第に指摘されるようになった。トラウマインフォームドケアというのは，顕在化している症状や問題行動や行動特性を把握し臨床的アプローチをしていく際に，問題の背景にトラ

ウマや逆境体験が影響している可能性を視野にいれながらケアを行っていく基本的姿勢や態度をさす。こうした可能性への十分な配慮なしに臨床的アプローチをとることが、クライエントに否定的な影響、ときには再被害体験につながりうることが指摘されるようになったのである。

　こうしたトラウマインフォームドケアが重視されるようになったのには、いわゆる ACEs 研究と称される一連の実証的研究の存在がある。ACEs は、Adverse Childhood Experiences の略語で「逆境的小児期体験」という訳語が当てられることが多い。一連の ACEs 研究において、人が、18 歳までの間に「①身体的虐待、②心理的虐待、③養育的ネグレクト、④情緒的ネグレクト、⑤親との離別、⑥ DV の目撃、⑦養育者のアルコール等の物質依存、⑧養育者の精神障害、⑨養育者の服役、⑩年長者からの性被害」といったトラウマもしくは逆境体験を累積的に体験しているほど、後年、成人期において、身体的、精神的そして社会的適応や達成に有意な否定的影響があるとする頑健なエビデンスが示されたのである（なお、逆境的小児期体験という用語が定訳化しているが、実際には 18 歳までの逆境体験の累積なので、むしろ「逆境的未成年期体験」としたほうが的確ではあると思う）。

　こうしたトラウマインフォームドケアの視点を取り入れることが、アセスメントにもたらす影響は多大で、従来のアセスメントの方法論を抜本的に問い直しかねないほどである。それは、たとえば「従来の心理アセスメントを含む心理臨床アプローチが、ともすれば、科学的アプローチであること、つまり中立性や客観的観点を重視するあまりに、『こども』期の人権の問題や『障害の社会モデル』の観点を軽視してきたのかもしれない」ということである。この問題はあまりに大きな問題なので、今後の学問的課題としておきたいが、さしあたり、少なくともここでは 3 点指摘したい。第 1 に、生育歴・個人史の聞き取りの際に、上記の逆境体験を負っている可能性を視野にいれてアセスメントを行うことが重要だということである。経験的にいって、そこで、上記の 10 の ACEs 項目で複数の項目が当てはまるのであれば、心身症状のハイリスク群である可能性がある。その場合、顕在的な行動特性や症状を、トラウマや逆境体験の文脈からとらえ直し、慎重に対応するのがよい。もう 1 点は、トラウマや逆境体験を累積的に体験している人は、過酷な体験の記憶の影響をやりすごすために、回避や解離という防衛的態度を日頃とることが多いことである。そのため、生活歴や治療歴の聞き取りにおいても、否定

的な感情や記憶を自主的にはあまり報告できないことにつながる。またもう
1点は，こうした人たちは，（逆境体験への配慮を欠く可能性が高い成人の）
権威者には「警戒」「迎合」という態度でその状況をやりすごすことが多い
ため，アセスメント場面でも，そのような態度でふるまうことがあり，そう
した場合，「抵抗がつよい」「動機づけが低い（主体性が乏しい）」とされて
しまうことがあるということである。紙幅の都合上，トラウマインフォーム
ドケアを視野にいれたアセスメントについては，ごく簡単にしか述べられな
かったが，詳しくは，関連文献を参照されたい。本章の文献リストに入門的
なものを挙げた。

文　　献

亀岡智美（編）（2022）：実践トラウマインフォームドケア．日本評論社．
神谷栄治（2013）：面接によるアセスメント．In：高瀬由嗣・明翫光宜（編）：臨床心理
　　学の実践―アセスメント・支援・研究．金子書房，pp.3-29．
笠原嘉（2007）：精神科における予診・初診・初期治療．星和書店．
近藤直司（2012）：医療・保健・福祉・心理専門職のためのアセスメント技術を高めるハ
　　ンドブック―ケースレポートの方法からケース検討会議の技術まで．明石書店．
熊倉伸宏（2003）：面接法 追補版．新興医学出版社．
成田善弘（2014）：新版 精神療法家の仕事―面接と面接者．金剛出版．
沼初枝（2009）：臨床心理アセスメントの基礎．ナカニシヤ出版．
野坂祐子（2019）：トラウマインフォームドケア．日本評論社．
津川律子（2009）：精神科臨床における心理アセスメント入門．金剛出版．
津川律子・篠竹利和（2010）：シナリオで学ぶ医療現場の臨床心理検査．誠信書房．

第8章

青年期（私設心理相談場面）

寺沢英理子

I　臨床場面

　本章での臨床場面は個人開業の私設カウンセリングルームである。都会の
なかの住宅地に開設しており，クライエントは精神科や心療内科の医師から
の紹介が中心であるが，地域の他科クリニックからも紹介されることがある。
本章で紹介する事例も，精神科の医師からの紹介という設定である。

　来室経路はさまざまであるが，高い料金を払って来室されるクライエント
は，自ら話したいことをたくさん持っていることも多く，普段はアセスメン
ト面接（面接法）によるアセスメントが中心になっている。もちろん，心理
検査を望んで来られるクライエントもいるので，そのニーズがないわけでは
ない。また，アセスメント面接をした結果，やはり心理検査をしてみましょ
うかと提案することもある。しかし，筆者は，病院やクリニックで行ってい
た時のようには心理検査を頻繁に実施していない。私設カウンセリングルー
ムでは，心理検査を実施するために面接枠を2枠確保することが現実的に難
しいのである。もちろん，カウンセリングルームによっては，心理検査を重
視して，そのための枠を最初から設定しているところもあるだろう。したがっ
て，心理検査をあまり実施しないのは，筆者の考え方によるところが大きい
と言えるかもしれない。

　しかし，心理検査実施の頻度が低いからと言って，心理検査の必要性を感
じていないわけではない。私たち心理士にとって，アセスメント面接だけで
アセスメントしきれない場合には，心理検査は最強の武器である。逆説的で
はあるが，私設カウンセリングという臨床場面ではセラピストが相当の責任

を背負うことになるので，心理検査の腕を鈍らせないようにしなければならない。そして，心理検査の結果を，クライエントの利益となるよう活用すべきことは言うまでもないことである。

Ⅱ　事　　例

　Ⅰは，20代男性の文系大学院生である。進路が決められないことに悩んでいたところ，不眠，意欲低下，抑うつという症状が出現して精神科を受診した。軽い抗うつ薬と睡眠導入剤を処方してもらい症状が少し楽になったころに，医師から当カウンセリングルームを紹介された。Ⅰ自身もカウンセリングへの多少の期待もあって来室となった。Ⅰは家族と同居している。家族構成は，両親と兄が一人いる。両親は専門職に就いている。家族は，Ⅰの状況について理解を示しており，Ⅰのペースを尊重している。

　医師の診断は，抑うつ状態，シゾイドパーソナリティかというものであった。Ⅰの印象はまじめな好青年で，自分の状況を伝えようととつとつと言葉を紡いだ。しかし，Ⅰ自身は自分の思いをうまく言葉にできないという感覚を強く持っているようであった。

Ⅲ　臨床心理検査バッテリー

（1）検査バッテリーの選択理由

　今回用いた検査バッテリーは，描画テスト，ロールシャッハ・テスト，CMI健康調査法，PILテスト，YGテストである。症状および年齢からWAISの実施も考えたが，テストの負担が大きくなるので今回は実施しなかった。クライエントの知的なレベルは，クライエントの通う大学の偏差値を考えても問題ないであろうと判断した。もちろん，WAISの下位項目の変動などから有益な情報が得られるのであるが，今回は実施しないことにした。症状および年齢の面から病態水準に関する心配はあったが，他の検査で補えると考えた。

　①描画テストは，検査の導入におけるウォーミングアップに使えるうえ，クライエントの全体的な印象を知るのに優れた技法である。今回は，統合型のHTPを実施した。筆者は，時間がある時には風景構成法を実施することが多いが，時間的制約がある場合や，クライエントが疲れてしまう恐れが高

い場合は，風景構成法の一部分という考え方から統合型の HTP を選択する
ことが多い。一つひとつのアイテムと同時に，それらの統合性や関連を知る
ことができるという意味でも優れた方法の一つであると考えている。

　②ロールシャッハ・テストは，病理性の観点からも今回は外せないと考え
た。ロールシャッハ・テストを行うか WAIS を行うかという選択肢もあるが，
病理性という観点から考えるならば，ロールシャッハ・テストに軍配があが
るであろう。

　③ CMI は，筆者が臨床場面において好んで用いるものである。第 1 に，
表紙に「CMI 健康調査法」と書かれてあり，クライエントの心理的抵抗が少
ないということがある。たとえば，知能検査にしても，臨床家は知的な側面
だけをそこから知るわけではないのだが，検査される側の抵抗感は少なくな
い。クライエントの「わかってほしいけどわかってほしくない」という心理
に対して，精神的な面も含めた健康状態という切り口は受け入れられやすい
と感じている。実施しやすいだけでなく，心身両面にわたって，さらには遺
伝負因に関することまで，クライエントの基本情報として必要なものが満遍
なく得られる点は，臨床家の多くが認めるところであろう。筆者は，ADHD
を心配して受診されたクライエントに CMI を行ったところ，脊髄液減少症
の発見につながった体験がある。

　④ PIL は，少し説明が必要かもしれない。「ロゴセラピーの人間観は，三
つの柱に基づいている。すなわち意志の自由，意味への意志，そして人生
の意味である。（中略）人間の自由は諸条件からの自由ではなく，むしろ，
いかなる条件が彼に向かってきたとしても，ある態度をとれる自由である。
（中略）重要なことは，われわれの性格や衝動や本能それ自体ではなくて，
むしろそれらに対してわれわれがとる態度である。そして，そのような態
度をとる能力が，われわれをして人間たらしめているものなのである」と
いうフランクル（Frankl, 1979）の考えに基づき，アメリカのクランバウ
Crumbaugh ら（1964, 1969）によって考案された心理検査である。正式名
称は Purpose-in-Life Test であり，日本語では，「生きがいテスト」「人生の
目的テスト」「実存心理検査」などとも呼ばれてきたが，現在の日本語正式
名称は「PIL テスト日本版」である。今回使用したものは，佐藤文子ら PIL
研究会が，翻訳の改訂を重ね，さらに日本版の妥当性および信頼性の再検討
を重ねて，1993 年に出版したものである。

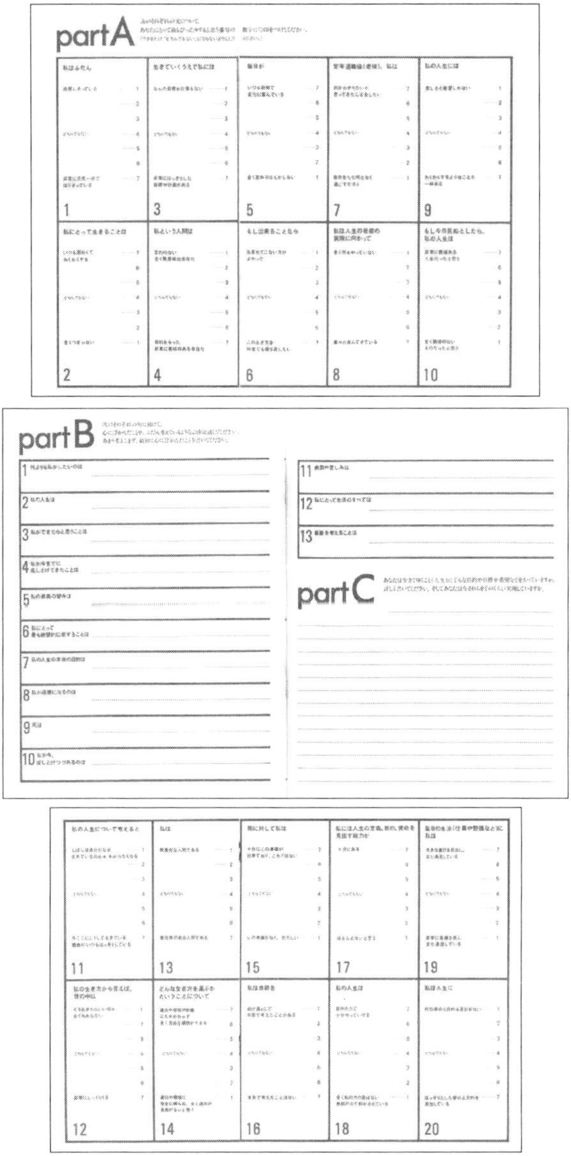

図8-1　PILテスト

　PILは, Part A, Part B, Part Cから構成されている（図8-1参照）。Part Aは, 態度スケールと呼ばれており, 個人がどの程度に「人生の意味, 目的」を体

験しているかを問う 20 の質問項目からなっている。回答はすべて 7 段階尺度で記入する。Part B は 13 項目の文章完成法，Part C は自由記述の形式で，人生の意味や目的，そしてそれをどのように経験し，あるいは達成しているかについて記述を求めるものである。もともと数量化されるのは Part A のみであったが，1998 年からは Part B，Part C 部分の数量化もできるようになった。つまり，日本版においては，Part B，Part C 部分についての解釈の客観的基準が設定されたのである。意識調査である Part A の部分と，投映法である Part B，Part C 部分とを一つの検査のなかに網羅している優れた心理検査として，医療分野にとどまらず，広く活用されている。1995 年には健康保険の適用にもなっている。

　佐藤ら（1998）は「なお，PIL テストは，診断や治療方針を決める際に役立つだけではなく，テストに記入すること自体が，自己洞察を促し，ロゴセラピーとして機能する。したがって適切に使用されるならば，心理療法やカウンセリング場面では治療効果が，教育場面であれば教育的効果が期待できる」と述べ，PIL では実施時の therapeutic な効果が大きいことを強調している。

　Ⅰの主訴には「進路が決められない」が含まれていた。また，実際に話してみて，青年期に特有なやや厭世的な印象も受けた。そこで，PIL の実施はⅠ自身にとっても意味があるだろうと考えて検査バッテリーに加えたのである。

　⑤ YG テストは，検査実施の流れのなかで最後に選択したものである。検査が 2 日間に渡ってしまったため，2 日目に PIL だけを実施して帰すことは内省的になりすぎるかもしれないという心配から，あまり時間がかからなくて，少し心の表面のところに焦点を当てることを期待して YG を追加した。もちろん，ここから，Ⅰ自身が捉えている自己像を理解することも目的の一つであった。

（2）テストの実施
　テストの実施にあたっては，Ⅰ本人に目的を説明して同意を得る手続きが必要である。現状把握と今後の方針を考える参考にすることという目的に加えて，PIL に関しては，自分自身でもさまざまな気づきがもたらされるかもしれないという説明をすると，非常に興味を示した。ただ，なかなか内容が深いので，ここで書いたほうがいいとⅠも感じたようで，すべての検査バッ

テリーに関して持ち帰りの記入はしないこととした。臨床場面によっては，あるいはクライエントによっては，一部を持ち帰っての記入とすることもあると思うが，筆者は可能なかぎり筆者の目の前で実施してもらうことにしている。このような構造のなかで，インベントリー検査であっても投映法のような情報を得られることも少なくないからである。高山（2001）も，「（前略）臨床的にむしろ被験者のこうしたさまざまな回答の中に診断上読み取るべき材料があることが多い」と述べている。

①テスト実施1回目

1回目は，描画テスト，ロールシャッハ・テスト，CMIの順で実施した。描画テストは，クライエントにリラックスしてもらうことも考慮して導入として実施した。凝り性な印象もあったので，「ウォーミングアップも兼ねて，ちょっと描いてみましょう」というように，ここで時間をたくさん使わないような教示をした。結果，5分程度で終了。続いて，ロールシャッハ・テストを実施した。80分程度を要して，クライエントの疲労感が伝わってきた。そこで，少し休憩をとり，その間に，PILは次回にすることを決めた。そして，ロールシャッハ・テストで退行促進している自我機能の回復も考慮して，最後にCMIを記入してもらって終了とした。

②テスト実施2回目

2回目は，PILの記入から始めた。かなり内省的になっている可能性があったので，YGを説明して，「これを記入して帰った方が，気分的には楽だと思いますが……」と提案すると，Ⅰも同意して実施した。

（3）検査結果と解釈

①描画テスト（図8-2参照）

筆圧は強くない。全体的に，空間の歪みなどは見られず，病的な印象はない。アイテムに関しては，大きな木と家は部分が描かれ，人は棒人間ではあるが全身が描かれた。木の枝はたくさん描かれ，何かを覆い隠してしまうようでもある。家も全体像は見えないが，ドアと窓は描かれている。「木を大きくしたかった。大きさを演出するために半分隠した」と描画後に語られた。「HTPPテストの課題の中で，木を描くことは最も抵抗がなく，自己防衛が少ない。…（中略）…自己像として無意識のうちに感じている自分の姿を示しやすい」（高橋，2011）という解釈仮説から，Ⅰの自分はもっともっとで

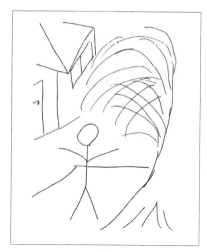

図 8-2　描画テスト

きるという青年期らしい心性を垣間見ることができる。しかし，このことは同時に，棒状の人間に焦点を当てると，防衛を加味したとしても，まだ自分の明確な自己像が持てていないことが推察されることから，希求する自己像と現実の自己像の食い違いを目の当たりにして，将来への不安をも醸成しているのであろう。

　②ロールシャッハ・テスト（図 8-3 参照）

　ロールシャッハ・テストのスコアリングは片口法に準拠している。形態水準については，「従来，筆者の形態水準法（片口，1960）に，馴染んでおられる読者は，まだ実証的な裏づけ，すなわち，臨床的妥当性が確かめられていない，この新提案を無視されたほうが混乱を招かないかもしれない」という片口の勧めに従い旧法を用いている。新法と旧法については，かつて，菊地道子先生が片口先生に直接尋ねられたことがあるそうで，そのとき片口先生ご自身も「新法はまだ実証されていないので，旧法を使って下さい」とおっしゃったというエピソードを伺ったことがある。筆者自身も，臨床場面では旧法の方が使いやすいと実感していることもあり，今回も旧法を用いた。もちろん，新法を使うときにはその特性をよく理解して用いることで問題はないと考えているが。

　検査態度は，performance 段階から詳しく説明を加えたり，テスターが見えやすいようにカードを回転して見せたりするなどテスターへの配慮が見ら

Summary Scoring Table

R (total response)	44		W : D	31 : 6	M : FM	3 : 1
Rej (Rej / Fail)	0 (/)		W %	70.5 %	F% / ΣF%	61 / 98
TT (total time)	37' 25″		Dd %	11.4 %	F + % / ΣF + %	41/ 42
RT (Av.)	3' 45″		S %	4.5 %	R + %	41 %
R₁T (Av.)	20.5		W : M	31 : 3	H%	7 %
R₁T (Av.N.C)	29.6	E.B	M : ΣC	3 : 7.5	A%	36 %
R₁T (Av.C.C)	11.4		FM + m : Fc + c + C'	2.5 : 3	At%	7 %
Most Delayed Card & Time	Ⅳ (1')		Ⅷ + Ⅸ + Ⅹ / R	27.3 %	P (%)	5 (11 %)
Most Disliked Card	Ⅳ		FC : CF + C	4 : 5.5	Content Range	15
			FC + CF + C : Fc + c + C'	9.5 : 3	Determinant Range	9
Σh / Σh (wt)	/		W − %	0 %	修正BRS	12
			⊿%	0.6 %		
			RSS	45.7		

図 8-3　ロールシャッハ・テストの結果（出典：片口式整理用紙 K-Ⅷ［金子書房］）

れた。他者への配慮と，他者にわかってもらおうとする努力などから，対人関係の円滑さを想像させるものであった。Ⅰカードを差し出した時にも，受け取るよう手を差し出した。ただやはり，多少の緊張があるのか，片手での受け取りであった。

　反応数は 44 個と，やや頑張った印象がある。初発反応時間はカラーカードの方がかなり速くなっている。これは，ⅠカードとⅣカードでかなり遅く

なっていることが影響している。このことから，初めての場面ではかなり慎重になり動きにくいことを示している。また，Ⅳカードはカラーが続いた後のカードで，最初の場面を想起させたかもしれない。さらに Most Disliked Card にも選ばれているように苦手な刺激であった。ⅠカードからⅣカードまでの動きは，体験系からも読み取れる。情緒刺激に敏感な傾向はあると言えるだろう。さらに，濃淡よりもカラー刺激への敏感さが見られる。情緒刺激を手掛かりに反応しつつも，その一方で，ΣＦ％が98％と，客観的に物事を捉えようとする傾向が強く見られる。ただし，形態水準からみると，必ずしも客観的に物事を捉え対処できているとは限らないことがわかる。

Whole Human が一つしか出現しなかったこと，それも形態水準は良くないこと，さらにMの質から，本来は人と関わることが苦手な人なのだろうと推察される。Ｐ反応が5つ見られるが，ここにも人を見るＰ反応は出現していない。Ⅲカードの人を見やすい領域に関しても，独特な認知がみられ，人部分反応となっている。カード回転や余白部分への反応など，発想を転換してみようとする努力はみられ，その結果，独創的な成功を収めることもある。さらに，幅広い決定因を活用するだけでなく，決定因を複数用いる点，また，反応内容の多彩さなどから，Ⅰの知能の高さが窺われる。

Ⅰに特徴的なこととしては，反応内容に紋章や家紋がいくつも出現することがあげられる。また，兜という言葉もいくつか見られた。Ⅰが，ご自身の家やその文化を大切に感じていることが物語られているようでもあった。本来，人への関心はあまり高くないのだが，検査態度に見られるようなⅠの他者への配慮は，家での行き届いた躾など人生の経験によって培われ，本来の傾向は持ちながらも，社会性を身につけてきたことが窺われる。また，ＷとＭの関係などから認められる要求水準の高さもこの傾向を強化すると考えられる。

修正 BRS が 12 ということからやや神経症傾向は見られるものの，RSS（ロールシャッハ分裂病得点）は 45.7 と正常群に入っている。全体の印象からも病態水準としては神経症圏と考えられ，主訴や年齢から心配した点は否定された。

③ CMI

神経症判定はⅣ領域である。Ⅰ自身が病院を受診していることを考えるならば，自覚があることは不思議でない。身体的自覚症と比べて精神的自覚症

が高くなっている。特に，不適応感は 80％近くと高い。続いて，過敏と不安が高めになっている。身体的自覚症では皮膚に関しての過敏さが見受けられるものの，不安などの心の問題が身体化する傾向はなく，心の問題として対処していることが窺われる。

　④ PIL（図 8-4，図 8-5，表 8-1 参照）

　Part A は 66 点と平均より低いが，Part B，Part C は 43.9 点で中程度と判定される（数量化の詳細は紙幅の都合で省略した）。Part A からは，「生きている目的や意味がないと捉えている一方で，毎日が変化に富んでいてワクワクすると感じており，今日死ぬとしたら価値ある人生だったと思え，この生き方を何度でも繰り返したいとも思っている」ということが読み取れる。Part B，Part C に関してのまとめとして，以下の 4 つの側面から記述する。

［1．人生に対する態度の局面］→自力で成し遂げたという過去受容は持てていないが，自立・自律を望む思いは強く，死の受容に関しても，将来的には到達できるかもしれないと考えられるようになっている。

［2．意味・目的意識の局面］→死生観の確立，死の受容，自立・自律という 3 つに関して特筆されている。自立に向けての具体的な達成感はまだまだないが，周囲の人々をモデルにして自分も変わっていけるかもしれないという期待を持っている。

［3．実存的空虚の局面］→実存的空虚感を持っているが，日々をそうつまらないとだけ感じているわけではない。

［4．態度価値の局面］→病気や苦しみについては，なるべく避けたいと思っている。放っておいてもどうせ死ぬのだから，わざわざ自分で死ぬ必要はないと思っていると，自殺願望は持っていない。

　PIL からみた全体像としては，過去受容は今一つであるが，現在の日々に関しては，すごくつまらないとか不遇であるとは思っていない。死生観の確立や受容を最終目的と捉えつつ，今は自立・自律というテーマを明確に打ち出している。死への恐怖心については，周囲の人々も同様に抱えていることがわかり慰められること，他者との関係の中での今後の自分の成長にも期待を持っている。また，Part C を書く過程で，死の受容に関して，Ⅰ自身の認識にも変化が生じた可能性があり，PIL テストの持つ高い therapeutic な効果の表れと考えることもできるであろう。

次のそれぞれの文について，あなたにとって最もぴったりすると思う番号の数字に○印をつけてください。
（できるだけ「どちらでもない」にならないようにしてください。）

※数字4が「どちらでもない」（筆者注）

1 私はふだん

退屈しきっている　1　2　③　4　5　6　7　非常に元気一杯で
はりきっている

2 私にとって生きることは

いつも面白くて　7　6　⑤　4　3　2　1　全くつまらない
わくわくする

3 生きていくうえで私には

なんの目標も計画もない　1　②　3　4　5　6　7　非常にはっきりした
目標や計画がある

4 私という人間は

目的のない　1　②　3　4　5　6　7　目的をもった
全く無意味な存在だ　　　　　　　　　　　非常に意味のある存在だ

5 毎日が

いつも新鮮で　7　6　⑤　4　3　2　1　全く変わりばえがしない
変化に富んでいる

6 もし出来ることなら

生まれてこない方が　1　2　3　4　⑤　6　7　この生き方を
よかった　　　　　　　　　　　　　　　　何度でも繰り返したい

7 定年退職後（老後），私は

前からやりたいと　7　⑥　5　4　3　2　1　毎日をただ何となく
思ってきたことをしたい　　　　　　　　　過ごすだろう

8 私は人生の目標の実現に向かって

全く何もやっていない　1　2　③　4　5　6　7　着々と進んできている

9 私の人生には

虚しさと絶望しかない　1　2　③　4　5　6　7　わくわくするようなことが
一杯ある

10 もし今日死ぬとしたら，私の人生は

非常に価値ある　7　6　⑤　4　3　2　1　全く価値のない
人生だったと思う　　　　　　　　　　　　ものだったと思う

11 私の人生について考えると

しばしば自分がなぜ　①　2　3　4　5　6　7　今ここにこうして生きている
生きているのかがわからなくなる　　　　　理由がいつもはっきりしている

12 私の生き方から言えば，世の中は

どう生きたらいいのか　1　②　3　4　5　6　7　非常にしっくりくる
全くわからない

13 私は

無責任な人間である　1　②　3　4　5　6　7　責任感のある人間である

14 どんな生き方を選ぶかということについて

遺伝や環境の影響　7　6　5　4　③　2　1　遺伝や環境に
にもかかわらず　　　　　　　　　　　　　完全に縛られ，全く選択の
全く自由な選択ができる　　　　　　　　　自由がないと思う

15 死に対して私は

十分に心の準備が　7　6　5　4　3　2　①　心の準備がなく，恐ろしい
出来ており，こわくはない

16 私は自殺を

逃げ道として　1　2　3　4　5　6　⑦　本気で考えたことはない
本気で考えたことがある

17 私には人生の意義，目的，使命を見出す能力が

十分にある　7　6　5　4　3　②　1　ほとんどないと思う

18 私の人生は

自分の力で　7　6　5　4　③　2　1　全く私の力の及ばない
十分やっていける　　　　　　　　　　　　外部の力で動かされている

19 毎日の生活（仕事や勉強など）に私は

大きな喜びを見出し，　7　6　5　4　③　2　1　非常に苦痛を感じ
また満足している　　　　　　　　　　　　また退屈している

20 私は人生に

何の使命も目的も見出せない　1　2　③　4　5　6　7　はっきりとした使命と目的を
見出している

図8-4　PIL テストの結果（Part A）

次のそれぞれの句に続けて，心に浮かんだことや，ふだん考えているようなことを記述してください．
あまり考えこまず，最初に心に浮かんだことを書いてください．

1　何よりも私がしたいのは　　とりあえず自立した生活ができるようになりたい。経済的にはもちろん、生活習慣などの面においても。

2　私の人生は　　よくわからない。目的や意義などは見出せず、また必ずしも見つける必要があるとも思えない。ただ、すごくつまらないとか不遇であるわけではない。

3　私ができたらと思うことは　　とりあえずなるべく人に迷惑をかけずに生きたい。自律的に生活したい。

4　私が今までに成しとげてきたことは　　特になにもないように思う。多少上手くいったことがあっても、それは周囲の人々が助けてくれたからだったと思う。

5　私の最高の望みは　　自分の死を受け入れられるようになること。

6　私にとって最も絶望的に感ずることは　　死ぬこと。

7　私の人生の本当の目的は　　よくわからないが、おそらく生き方、死に方についてある程度納得できる自分なりの考えにたどり着くことだと思う。

8　私が退屈になるのは　　自分が必要とされていないのに、他人のよくわからないこだわりに付き合わされているとき。

9　死は　　恐い。怖しい。できれば死にたくないが、そうもいかないのでなるべく考えないことにしてごまかしているのが現状。

10　私が今，成しとげつつあるのは　　これといって特筆すべきことはない。少し料理をやりだしたぐらい。

11　病気や苦しみは　　なるべく避けたい。また他人が病気などで苦しむのもなるべく防げるようにしたい。

12　私にとって生活のすべては　　とりあえず楽をしたいという方向に流れてしまうことが多く、他人の負担になっていることもあるのでなんとかしたい。

13　自殺を考えることは　　ない。どうせほっといても死ぬのでわざわざ自分で死ぬ必要はないと思う。耐えがたい程の苦痛を感じているわけでもないので。

図 8-5　PIL テストの結果（Part B）

表8-1　PIL テストの結果（Part C）

あなたは生きてゆくこと（人生）にどんな目的や目標や希望などをもっていますか。詳しく書いてください。そしてあなたは今それらをどのくらい実現していますか。
人生に目的や希望が必要かどうかはわからないが，今自分が考えている所では，生きてゆく中で得られた経験や知識を通して，自分自身の死を受容できるようになればそれで十分だと思う。また当面の目標については，なるべく両親などの親しい人々の負担にならないように生きていけるようになりたいと思う。自分が幸福を見つけだせないとしても，不幸をまき散らしていいわけではないし，そうしたいとも思わない。 目標の達成段階としては非常に低いと言わざるを得ない。そもそも死を受容することが本当に可能なのかもわからないし，死の恐怖にとりつかれてパニック状態のようになることもある。これほどの恐怖を味わうなら生まれてこない方が良かったと思うこともある。しかし身の回りの人々の言動や，創作物などを見ていると，この悩みは自分一人が抱えているものではなく，多くの人々が大なり小なり似たような恐怖を感じながら生き，そして死んでいるのではないかと思う。自分だけが苦痛にさいなまされているわけではないと知ることは，少なくとも慰めにはなるし，色々な人々の生き様を知ることで自分自身の認識にも変化があるかもしれない。

⑤ YG テスト

　E 型である。情緒不安定で活動性の低下が見られる。特に，劣等感が強く，攻撃性を表現しない特徴が示唆された。また，主観的であるが協調的という結果は，ロールシャッハ・テストで見られた，人へ関心は高くないが他者への配慮が身についていることと繋がるものであろう。この高い劣等感はどこからくるものなのであろうか。内省力があることは，CMI で見られた，心の問題を心の問題として対処することと関連するであろう。

　I の主訴と照らし合わせて考えると，非常に生真面目な I の青年期としての悩みの一つとして「進路が決められないことに悩む」という問題が発生してきたと考えられる。ロールシャッハ・テストからも病的な部分はみられず，インベントリー検査に見られる不適応感の高さからもロールシャッハ・テストの結果は支持される。

　これまでの達成感があまり感じられていないことは，青年期一般の傾向とも考えられる。牛島（2012）は，「21 世紀を迎えた今日，自己愛的で他罰的な，内省の乏しいたくさんの若者を生み出している」と述べ，青年期発達という視点から論じているが，I はむしろ内省的な傾向を持っている。若者世代の変化を考えるなら，I がそのようななかで不適応感を感じてしまうことも頷ける。

　進路が決められないということと，Ⅰの要求水準の高さは強く関連していると考えられる。小さな達成を認めて，Ⅰ自身のなかで蓄積していけるようなサポートが必要となるであろう。

引用・参考文献

Crumbaugh, J. C. & Maholick, L. T.（1964）：An experimental study in Existentialism: The psychometric approach to Frankl's comcept of Noögenic Neurosis. *Journal of Clinical Psychology*, **20**; 200-207.

Crumbaugh, J. C. & Maholick, L. T.（1969）：*Manual of instructions for the Purpose-in-Life-Test.* Munster: Psychometric Affiliates.

Frankl, V.E.（1969）：*The Will to Meaning—Foundations and Applications of Logotherapy.* Charles E. Tuttle Company.（大沢博（訳）（1979）：意味への意志—ロゴセラピィの基礎と適用．ブレーン出版，pp.18-19.）

片口安史（1987）：改訂 新・心理診断法．金子書房，p.111.

佐藤文子（監修），佐藤文子ほか（編）（1998）：PIL テストハンドブック．システムパブリカ.

高山巌（2001）：矢田部ギルフォード性格検査法．In：上里一朗（監修）：心理アセスメントハンドブック第2版．西村書店，pp.111-122.

高橋依子（2011）：描画テスト．北大路書房，p.63.

田中弘子（1998）：PIL テスト日本版の全体像．In：佐藤文子（監修）：PIL テストハンドブック．システムパブリカ.

牛島定信（2012）：現代青年かたぎ 2012．精神療法，**38(2)**; 5-11.

第9章

青年期（医療場面）

篠竹利和

I　はじめに

　医療臨床領域も多岐にわたっている。診療所，精神科病院，総合病院といったさまざまな施設形態があり，そして，精神神経科，心療内科，小児科など，特定の診療科に専属して心理臨床業務を行う場合もある。これらの違いによって，頻用される心理検査の種類も，その実施目的も異なってくるだろう。本章では，広く精神科領域全般を想定した心理検査バッテリーの実際について，事例提示を交えながら記述することとする。

II　精神科領域における心理検査の実施目的

　精神科領域では，患者の呈する精神症状がどのような病態によって現れているのかを確定診断するための参考資料として心理検査を実施することが多く，この鑑別診断の補助目的による実施が最も一般的だろう。たとえば，患者の呈する精神症状が「統合失調症圏なのか，うつ病圏なのか」といった鑑別のほか，最近では，患者が幻覚妄想状態を呈したエピソードを持つことから，一見統合失調症のようであっても，ベースに自閉症スペクトラム障害（以下，ASD）があっての精神症状である可能性を鑑別する必要があり，そのための資料を心理検査に求めるケースも増えている。さらに，たとえばうつ病のようなエピソードの背景に，パーソナリティ障害やパーソナリティ特性が症状形成にどれほど関与しているかを鑑別する目的で，心理検査が実施される場合も日常的に多いだろう。

　そのほか，治療経過の確認目的，予後の予測目的，臨床心理面接の依頼を

前提としてその適応を吟味する目的，公的な書類で必要な場合，治療効果判定のための再検査，などの目的で実施される（津川・篠竹，2010）。

　ここでは，青年期の心理検査事例を提示する。青年期の遷延化が言われて久しく，成人期との境界が弱くなっている今日，比較的多いと思われるのが，（1）職場不適応などを端緒として気分障害圏と診断され，薬物療法が行われるが著効せず，背景にあるパーソナリティ要因を検索する目的，（2）学校や職場で不適応状態を呈し，その基底に統合失調症の病態や ASD の特性を存していることが疑われ，鑑別診断の補助として心理検査が依頼される場合である。この2つを想定し，それぞれにおいてどのような検査バッテリーを組むか，そして，そのような検査バッテリーによる実施結果がどのように治療に活かされるのかについて，（1）の場合を想定した具体例を提示する。

Ⅲ　目的別にみた臨床心理検査バッテリーの基本的枠組み

（1）双極性障害ないし抑うつ障害群と診断されたが，その背景にある
パーソナリティ要因を検討する目的の場合

　記述的には気分変調症（慢性大うつ病性障害）や双極症Ⅱ型などの診断基準を満たし，近年ではディスチミア親和型うつなど，従来のメランコリー親和型うつとは異なる臨床像を呈する事例において，パーソナリティ障害の鑑別を心理検査に求める場合が少なくない。

　この場合，まずパーソナリティ構造，すなわち自我機能水準を査定するために選択されるのがロールシャッハ・テストである。このようないわゆる病態水準の査定という同様の目的において MMPI も十分選択対象となり得るが，やはり現実適応の特徴，統制力，認知・思考面の特徴，情緒・欲求面の特徴，主たる防衛機制，対人関係・対象関係の特徴，自我の退行の水準やその回復の仕方をみるなど，パーソナリティを多面的かつ力動的に把握することができるという点で，ロールシャッハ・テストの方が常用されることになる。

　そして，文章完成法（以下，SCT）も欠かせない。これには，対象者の自己概念や自分を取り巻く人物や物事をどのように認識しているかを一掴みに捉えられる利点がある。また，文章力や表現力といった知的能力や思考機能の査定にも有効である。書字の特徴をみることで，神経心理学的な評価測度としても益が高い。対象者本人に心理検査結果をフィードバックする場合に

も，この SCT による本人の生の言葉をもとに行うと，対象者は自らが記述
した事柄であるだけに，フィードバック内容を受け入れやすいという利点が
ある。

　さらに，描画テストは，本人の自覚しない無意識レベルの特徴を反映する
として投映法に位置づけられるが，実施面での簡便さや対象者にとっても比
較的負担が少ないという実用面での利点がある。しかし，そうした反面，他
の投映法と比べて描画テストは一定の視覚的刺激を用いない点で刺激が最も
漠然としており，対象者が自ら刺激を構造化していかなければならないとい
う特徴を持っている。青年期の課題が，養育対象からの分離を完成させ，社
会環境への関与に際して自ら事態を構造化していく主体性を獲得することで
あると考えれば，描画テストはその課題の達成度を査定する検査と捉え得る。
この点で，数ある描画テストの中でも，最も自由度が高く基本アイテムを全
体的に統合し構造化していく課題である統合型 HTP が最適と言える。所要
時間が比較的短く済むのも利点と言えよう。

　なお，対象者のコンディションや時間的条件が許されるのであれば，ウェ
クスラー法も検査バッテリーに加えたい。臨床において，ウェクスラー法は
知的機能の評価だけでなく，枠づけられた現実的な課題における対象者の適
応能力の特徴を査定する検査として有用だからである。

　このように，ロールシャッハ・テスト，SCT，統合型 HTP の 3 種が基本
的な検査バッテリーとなり，これであれば，途中の休憩も入れて大体 2 時間
〜 2 時間半くらいで終了することが多い（事例によっては適宜，SCT を “宿
題法” としたり，施設によっては 2 回に分けて行ったりする）。この例を「IV
事例 J」として，後に提示する。

（2）何らかの不適応状態・不適応反応を呈し，その基底に ASD や統合失調
症の病態や ASD の特性を存していることが疑われ，その鑑別診断の補助
として心理検査が依頼される場合

　このような実施目的で心理検査を実施することはもはや多くの医療臨床現
場で一般的となっているが，この目的において筆頭に挙げられるのがウェク
スラー法だろう。この場合，ウェクスラー法を中枢性統合機能，同時処理能
力，選択的注意機能，固執性の有無などといった認知的特徴を量的かつ質的
に捉える道具として，そして，思考や認知機能の査定道具として用いる。言

うまでもなく，前者はASDの鑑別目的，後者は統合失調症の鑑別目的の意義を持つ。

　次いで，ロールシャッハ・テストが採択される。統合失調症の鑑別にロールシャッハ・テストが有用であることについては論を俟たないだろう。青年期の事例において，ウェクスラー法では量的に知的機能を保持しており，質的にみても基本的な認知の歪みや思考障害が露見されない場合であっても，ロールシャッハ・テストで現実検討の障害や自閉的論理などの思考障害の指標を呈する例を経験することは少なくない。この場合，ウェクスラー法ではこれまでの既得の機能水準が現され（作動記憶・処理速度を除く），ロールシャッハ・テストはその後の人格水準の低下を予見する特徴が示されると捉えられる。ロールシャッハ・テストの特質である新奇刺激性，すなわちインクブロットの持つ「見慣れない構造」（Shachtel, 1966，邦訳，p.27）がそれを可能にするのだろう。

　また，ロールシャッハ・テストが本来知覚実験の道具であるという特徴が，ASDの鑑別という実施目的に遺憾なく発揮される。10枚のインクブロットが持つ形態，色彩，材質やそれらの複合が感覚刺激として作用し，対象者の刺激感覚過敏性を検出する。また，部分と全体を行き来しながらバランスよく全体をまとまりやつながりのあるものとして統合する中枢性統合機能の弱さが把握型の特徴として，雑駁W型（インクブロットの形態把握が弱く，全体を雑駁にとらえる），作話W型（作話的結合・作話傾向反応を多く示す），微細D型（全体反応が少なく，部分反応あるいは特殊部分反応が増加する）などとして現れる（篠竹，2013）。そして，何よりも対象者が自らを取り巻く内外の状況をどのように体験しているか，対象者固有の体験過程の特徴を理解できるという点で，その後の支援に関しても示唆に富む所見を与えてくれる。

　さらに，ASDの鑑別においては，P-Fスタディの実施も有効である。ASDが，社会的コミュニケーションおよび相互関係における持続的障害ならびに行動，興味，活動の限定された反復的な様式によって特徴づけられているだけに，ASDの心理アセスメントにおけるP-Fスタディは，対象者の対人状況認知の特徴に焦点を当てて利用されている（池島ほか，2014）。

　そして，（1）と同様の理由で，SCT，描画テストも有効である。SCTでは，統合失調症の鑑別の場合，特に，文章構成に論理の破綻などによる思考の混乱や障害を認めないか，尻切れトンボになっていたり書字に乱れが生じたり

していないかなどを確認することで，思考機能や統制機能の査定が可能である。描画テストについては，とりわけ風景構成法や統合型 HTP が対象者の統合機能の査定や認知の歪みの検出に役立つ。また人物描画に特異的に身体像の歪みが現れる場合も少なくない。ASD の鑑別においても，SCT は書字の特徴をみることで，描画テストは描線の特徴や筆致をみることで，それぞれ神経心理学的な評価が可能である点で有効な検査である。

　今日では，自閉症診断面接尺度改訂版（ADI-R）や自閉症診断観察検査第2版（ADOS-2）などによる ASD の査定に特異な包括的検査バッテリーが提唱されているが，青年期医療臨床の日常においては，まず精神疾患との鑑別が必要となる場合が多いので，ここに述べてきたような検査バッテリーが実施される機会が直ちに減少することにはならないだろう。

Ⅳ　事例 J：24歳，男性

（1）事例概要（複数の自験例を複合した）
　①主訴：体調不良，朝起きられず定期的な就労ができない。
　②暫定診断：うつ病（非定型の特徴を伴う）。
　③生育歴・現病歴：出生および乳幼児期に特に問題はなかった。小中学校時代は成績も良く，友人関係も良好であった。高校は地元の有名進学校に進学，成績は中位であったが，3年の時年上の女子大学生に失恋した影響で，目指していた国公立大学や他の私立大学にすべて不合格，私立大学二部を受験し進学，大学は4年で卒業した。大学卒業後，コンピューター関連の会社に就職したが，入社2年目のX年12月，社内新人教育の一環で2年目の社員が実績を発表するプレゼンテーションを行うために上司から直接指導を受けたが，指導の折に「今まで何をやってきたんだ」と厳しく注意されたことに強いショックを受け，以来，自宅に引きこもり臥床気味の生活となったことから，精神科Bクリニックを受診した。抑うつ気分，意欲低下を認め，うつ病と診断されて抗うつ薬を投与されたが，会社に復帰して再度同じ仕事をする自信がなく，毎日インターネットで自殺方法を検索する状態が続いた。会社は X+1 年3月に退職，その後，父親の紹介でアルバイトを始めたが，X+2 年3月に次年度より社員になることを勧められると体調不良となり退職，その後単発のアルバイトを行っていたが，X+2 年9月，毎晩クラブで遊んでいたことについて両親から「遊んでばかりいる。家の手伝いをし

なさい」と言われたことに大声で泣き叫び，家の物を投げるなどパニックになり，家を出て交際相手の女性の家で過ごし，数日後に自宅に戻るということがあった。X+2 年 11 月，自力歩行が難しい体調になったことから，C 精神科病院を受診，初診時診断は非定型の特徴を伴ううつ病であった。

　④検査実施時の主な処方：amoxapine（25mg）3 Cap × 3，duloxetine（20mg）3 Cap × 2，sodium valproate（100mg）3 Tab × 2，clonazepam（0.5mg）3 Tab × 3。

　⑤心理検査実施目的：X+2 年 12 月，会社に行けなくなって以降徐々に適応が悪くなっており，エネルギーに乏しい印象を与えること，また，表面的には理路整然としたやりとりを繕おうとしているが細部が曖昧で辻褄の合わない発言も多く，思考のまとまりのなさがみられることもあり，統合失調症の可能性を除外できるかを併せ，話の内容にどちらかというと他罰的な考えがみられることから，パーソナリティの要因が現症にどれほど関与しているかを査定する目的を主として，心理検査が施行されることとなった。

（2）心理検査バッテリー

　上記実施目的により，ロールシャッハ・テスト（片口法），SCT，統合型 HTP といった 3 種の検査バッテリーを組んで実施することとした。

　①ロールシャッハ・テストの結果要約（括弧内に解釈の根拠とした指標や反応を記述；表 9-1）

　［適応・統制］

　現実適応の構えとして，環境との関与はあくまでも受動的な様態にとどまり，主体的で能動的な選択決定作業が生じにくい（TR = 10 ↓，カード回転なし，W%= 90%↑，M = 4.5 はいずれも受動的M）。すなわち，環境からのインパクトに直接影響されて動揺しやすいが（R1T：n.c. < c.c.，Ⅳカード：「（W FK, M）すごく体が大きい怪獣を下から**見上げている**」，Ⅹカード：「（W F/C, FM）水槽を**覗きこんでる**」（太字は筆者による）；インクブロットとの体験的距離が減少して述語的表現となる），そうした現実環境との関与において生じる葛藤を自分の内的な体験として引き受けられず，もっぱら外の環境の側に責任を帰し，自らの責任や負担を回避する傾向にある（Ⅲカード：表 9-2 参照，インクブロットの各領域に引きずられていく結果としての fabulized combination ↑）。社会場面への参与に際しては，漠然とした怖さ

表 9-1　ロールシャッハ・テスト サマリースコアリングテーブル

R (total response)	10		W・D	9:1	M : FM	4.5:0.5
Rej (Rej / Fail)	0(/)		W %	90%	F% / ΣF%	10／90
TT (total time)	17' 01"		Dd %	10%	F+% / ΣF+%	0／56
RT (Av.)	1' 42"		S %	0(5)%	R+%	50%
R1T (Av.)	11.6"		W : M	9:4	H%	60%
R1T (Av. N.C)	7.4"		M : ΣC	4.5:3	A%	30%
R1T (Av. C.C)	15.8"	E.B.	FM+m:Fc+c+C'	4:1	At%	0%
Most DelayedCard & Time	II・III, 25"		VIII+IX+X / R	30%	P(%)	0.5(5%)
Most Disliked Card	VI		FC . CF｜C	2:2	Content Range	3(5)
Most Liked Card	IX		FC+CF+C:Fc+c+C'	4:1	Determinant Range	6(4)

表 9-2　ロールシャッハ・テスト プロトコル抜粋（IIIカード）［D領域の番号は片口法による］

III 1	0' 25" ∧	2人の女性が鞄を持っています。…他に何だろう…，44"真ん中の赤がリボンに見えます。うんと— 58"2人の女性はファッションモデルかな？ この1枚の絵が，ファッション広告のようにみえてお洒落なイメージがある。女性の頭が，えー，くちばしのように見えるんですけど，これはトリをイメージしたメイクをしているのかな，その後ろにある2つの赤いぶら下がっているのは，ちょっと何かわからないです。たぶんファッション系の小物が下がっているのかな…はい。	(Q) うーんと，鞄がここ2つで〈D5〉，女性と思ったのはすごく線が細いので…，女性だと思いました。これがちょっと胸になっていて，胸が膨らんでいるのが女性かなと…。(胸で) 頭〈d1〉，胸，これ腕，ここ〈D4〉が脚で，足の方はちょっと足の辺りにこれは〈d2〉ハイヒールだなと思った。で，それから，真ん中のこれ〈D3〉リボンに見えました。リボン，鞄，女性，ハイヒールと，全体の構図から広告というイメージが出てきました。(小物) うーんと，壁にぶら下がってる赤い小物〈D1〉…。(トリをイメージしたメイク) これはくちばしに見えたんです。ファッションモデルかと，奇抜なメイクをするイメージがあるじゃないですか。で，あー，これがトリをイメージしたメイクをしているイメージがありました。(間にリボン) そうですね，スタジオで写真撮影をしているイメージですね。 W M ± FC, FK, m (H), obj (P)
	2' 12"		

表 9-3　ロールシャッハ・テスト プロトコル抜粋（IXカード）[D領域の番号は片口法による]

| IX 1 | 0′ 8″ ∧ | えーと，仮面を被った男の人，仮面の目の部分からは炎が，口の両脇から緑のガスが出ています。えーと，映画のポスターになっているイメージですね。えーと，マスクはドクロをイメージして，下は赤い甲冑，鎧を着ています。うーん，特にこの男の人は何かの，うーん，復讐をする，復讐に行くイメージ，リベンジに行くイメージです，だから過去に何かあったのじゃないか？でも，映画なので怖いことなくて，逆にどういうストーリーなのかを興味があるような感じ，うーんとマスクの，ドクロのマスクとか甲冑とか，そういうグロテスクなのが好きなので，こういう映画を観てみたいと思いました。 | （Q）最初，この下の赤い部分が〈D7〉体と甲冑，鎧ですね，で，緑の緑色のガスが〈D1〉口のこの辺りから〈ges〉バシューンと出ているイメージで，この赤２つが赤色の点が目の部分から飛び出している…で，えーと，ここの模様２つが〈S〉，えー，鼻に見えたんですけど，普通の人間の鼻じゃなくて，ドクロの鼻，鼻…あ，骸骨ですね，こういう風についていると思うので，と，あと，えー，この緑色のガスと炎に隠れて見えないんですけど，緑色の後ろに顔が見えたので，これはドクロの顔したマスクなんじゃないかと思いました。（マスク）マスク，ここが頭の部分〈S〉，ここしか説明できる部分がない，ここが浮かんできたので，ここにあるイメージですね。頭のライン，目のライン，鼻のラインと，あと体と首が見えたので，これ位かな…。（目から炎が出る）そうですね，目の穴から。（復讐，リベンジ）えーと，えーと，アメコミで，（？）アメリカンコミック，スパイダーマンとかに出てるイメージで，確かそういうキャラクターがいたんですよ，それに似てたのかな？復讐者で，頭が骸骨の骨，炎が出てくる，そこから映画というイメージが浮かびました。
W, S Fm ― CF, KF, FK, FC (Hd), Fire, cl, mask |
| | 2′ 25″ | | |

や猜疑心をもって感情的に混乱しやすいため（IXカード：表 9-3 参照，「復讐に行くイメージ，過去に何かあったのではないか」；fabulized response），自己統制の失敗を恐れて緊張を常に高めた状態にある（W％ ＝ 90％↑，FM+m ＝ 4↑）。おのずから，環境の変化に柔軟に適合することが難しく（W％ ＝ 90％：W固執傾向, self experience ↑, Σ F+％ ＝ 56％, R+％ ＝ 50％），多少の負荷によっても自分にとって安全な空想世界に没入して回避する傾向にある（fabulized response）。

［思考／情緒］

現実との関与によって喚起される生々しい感情や不安を打ち消して自らの観念空想に回避する傾向にあるため（M＝4.5，Ⅸカード：「（前述）復讐といっても怖いことはなくて逆に興味ある」などの undoing ↑），現実感覚は希薄化しやすい状況にある（H＜(H)+(Hd)，A＜(A)）。自分の内に生じる心細さや寂しさといった依存・抑うつ的な感情も，自己主張につながる攻撃的な感情も，総じて感情体験は内側に収まっていかないので（FC±＝0，Fc±＝0），自己の連続性や一貫性は希薄化しやすく，また，それだけに外側の環境が怖いものと体験されやすい（「怖い－怖くない」の言及↑）。

［対人関係・自己像］

実のところ，社会的に人とともに居る状況では不快や苦痛を感じやすく（H＜(H)+(Hd)），コミュニケーションも不調に帰することが少なくないだろう（P＝0.5↓）。これには，未だ自意識過剰な自己中心性の認識世界から十分離脱し得ておらず（H%＝60%，food＝1），環境と自己を相対化して客観的に捉えることが難しい状況にあることが関連している（F+%＝0%）。自己像は自己愛的であり（Ⅴカード：「(W Fm) 珍しい貴重な生き物の標本」），そのような自己像に固着して万能感を諦められず，現実的な限界のある自己に直面することを回避する傾向にある（Ⅵカード：「(D F) トーテムポール，原色ではっきりとした色使い」にて色彩投映傾向）。

［ロールシャッハ・テストまとめ］

現実環境との関与はあくまでも受動的な様態にとどまり，環境との関与において生じる葛藤を自分の内的な体験として引き受けられず，自らの責任や負担を回避する傾向にある。実のところ，外側の環境が怖いものと体験され，それによって動揺しやすい。こうした受動的・回避的な適応特徴の背景には，環境と自己を相対化して客観的に捉えることが難しい自己中心性の認識世界から十分離脱し得ておらず，万能的で自己愛的な自己像に固着している特徴が影響していると考えられた。このような点から，本例は回避性および自己愛性をパーソナリティの中心特性としていることが示唆される。なお，基本的な認知や思考の障害を示唆する指標は認められなかった。

② SCT の結果要約

［形式面］

ブランクを1カ所に認めるが（「Ⅱ-21．私が残念なのは」），教示に忠実

に従って，1時間10分をかけて一気に集中して書き上げられた。全体に長文の回答が多いことから思考はむしろ亢進傾向にあるが，構文はおおむね保持されていることから思考過程の障害を存している可能性は否定できるだろう。本例にとってこのような内省作業は苦ではないようであり，自身でも「Ⅱ-15.　私の頭脳／はそこそこ回転が早いように思う。言い回しや文章を考えるのは好きだ」と認識している。また，「Ⅰ-18.　妻／となる人はいつ現れるだろうか。…（中略）…そうか，私に問題があるのか。今気づいた」や「Ⅱ-12.　もし私の父が／死んでしまったら悲しい。いなくなってしまったら，ということは全然頭になかった。まったくの想定外だった」といった回答（太字は筆者による）は，「頭の回転の速さ」によっていささか浅薄ながら "今ここでの気づき" に至る過程が表現されている。さらに，「Ⅰ-24.　私の不平は／運がないのではないかと思うことだ。何をやってもうまくいかない，長続きしないのは，自分が悪いと思っていないところがある（これも悪い部分だとわかっているが）」とあるように，責任を外在化して回避する傾向にも自覚的であり，自分の特徴や傾向を客観的に捉える自己観察能力を多少とも有していることがうかがえる。

　[内容面]

　したがって内容面でも，「Ⅰ-1.　子どもの頃，私は／とてもかわいがられて育った。しかしそれはとても自分を『甘えん坊』な性格にしてしまったと思う」とあるように，他責的ではあるが自分の依存性を自覚できている面があることがうかがえる。他にも，「Ⅰ-2.　私はよく人から／愛されたい，好かれたいと思い，実際友人は多い方だと思う」と愛情・承認賞賛欲求の強さにも自覚的である。それだけに，「Ⅰ-13.　人々／（周囲の友人達）がもし私のことを嫌っていたら，と思うと恐ろしい」「Ⅱ-2.　私を不安にするのは／いつも彼女だった。別れた今は安定している。…（後略）…」とあるように，親密になるほど，嫌われたり見離されたりすることに強い不安を伴うようである。実のところ，素朴に愛され認められているという実感や自信に乏しく，だからこそ飽くなきまでに愛情や承認賞賛を求め続けなければならないのだろう。このことから，やはり自己愛的なパーソナリティ特性がうかがえる。

　[SCT まとめ]

　思考抑制や思考過程の障害については否定的であり，欲求の統制力や欲求

図9-1　統合型HTP

不満耐性に乏しいなどといった自身の傾向性や問題をある程度客観的に認識
できる面を具えていることがうかがえた。パーソナリティ特性としては，愛
情や承認賞賛に未だ強く固着している自己愛的な特性を中心に据えているこ
とが示唆された。

③統合型HTPの結果要約（図9-1）

Post Drawing Interrogation（PDI）：「最初に人間をどこに描こうかと思い，
イメージしたのは木の上にある家だった。木の上に家があるなら，そこに住
む人はこの辺（紙面中央左側）。木を描き終ったあと，一人じゃ寂しいと思っ
てもう一人（紙面中央右側）描き足した。2人になったらバランスが悪いと
思って，右にもう一人（紙面右端）。"家と木と人"とりあえず描いて，草，花，
モグラを描き足した。この木は草原のど真ん中に1本立ってて，遠くの方に
町があると思って，描き足した（紙面左側の標識）。町にはビル，家，人がいっ
ぱい居る」

概して全体構成に歪みを認めず，基本的な認知や思考に障害をとどめてい
る可能性については否定できるだろう。独創的な発想を直ちに描画に実現で
きることからは，知的機能水準の高さも推測される。一方で，白紙の紙面に
次々と「描き足し」ていく描き方には，紙面空間という場に依存的な傾向が
表れている。描画内容からは，本例の関心やエネルギーは現実適応よりも内
的な空想に充てられており（PDI：「木の上にある家」，紙面左隅の吹き出し

の中に「町」の光景を描く），本例が未だ自己愛的な万能感の水準から離脱し得ていない状況にあることが明らかである（紙面中央に大きな木）。自分は庇護されて然るべきであるといった絶対依存にも固着している（木：根の強調）。自己像は現実的な限界のある全体輪郭を備えておらず（木は紙面上部をはみ出している），現実感覚は希薄であり（吹き出しの使用），ストレス耐性に乏しく（樹冠の描線），現実適応には回避的である（付加アイテムに「モグラ」）。「モグラ」がおそらく現在の自己像なのだろう。

④検査バッテリー総合所見

　今回実施したパーソナリティ検査バッテリーにおけるどの検査においても，本例が自己愛的特性をパーソナリティの中心特性としていて，そうした自己愛的で万能的な空想を肥大させていることから現実感覚は希薄であり，現実適応に際して回避的であることが明らかであった。実のところ，素朴に愛され認められているという実感や自信に乏しく，だからこそ愛情や承認賞賛に未だ強く固着しなければならない状況にあることが示唆された。うつ病と診断されている本例であるが，今回のパーソナリティ検査からは，本例の適応障害には気分障害との関連よりも，既述したパーソナリティ特性の関与が強いことが示唆された。また，現実感覚の希薄さは認められたもののエネルギー水準は保持されており，認知の歪みや思考障害を認めず，むしろ優れた思考能力が示されたことから，精神病圏の病態についても否定できるだろう。

　なお，この事例ではどの検査を通しても共通したパーソナリティ特徴が示唆された。一方，テスト間の相違としては，検査者との相互作用を通して新奇刺激に対処していくロールシャッハ・テストでは，本例の受動性および現実場面で実際に体験する自己愛を脅かされる怖さや不安のあり方が示され，対人関係の要素をあまり含まず，自分で取り組むことができる SCT では，自らが愛情や承認賞賛に未だ強く固着していることに多少とも自覚的である自己認識のあり方が示され，自らが独力で事態を構造化しなければならない統合型 HTP では，本例の受動性とともに本例が回避没入している空想世界が端的に示された。

　こうした結果を踏まえ，その後の関わりについては，本例において薬物療法はあくまでも対症的に行われるものであり，受容や自我支持を基盤とした心理療法が適応であることが確認された。本例が ⅰ）SCT で示したような自己観察機能を持てる面（検査時にも本例は「ストレスに全般に弱いと思って

いるので，自分が何に弱いのか，逆に強いところはあるのかを知りたい」と述べて検査に臨んでいた）と同盟を結び，ⅱ）統合型 HTP で現された空想世界を鑑み，治療者との相互作用によっても安全感は直ちに脅かされないことを保証しながら，本例の空想や連想を受容して自己感覚に手ごたえを与えることにより，ⅲ）ロールシャッハ・テストで示された社会への参与に際して自己愛を脅かされる怖さを徐々に減じさせると同時に，万能感が萎んでいくことに伴う抑うつ的なこころの痛みに配慮しながら，現実場面に居られ，ルーチンワークを過小評価せずにこなせるようになることを後押ししていく支援が求められるだろう。

Ⅴ　おわりに

　今日の青年期医療臨床において比較的多いと思われる心理検査実施目的を 2 つ挙げ，それぞれにおける典型的な検査バッテリーの枠組みを提示した。そして，非定型の特徴を伴ううつ病と診断され，パーソナリティ要因の検索，統合失調症の除外を目的として実施した検査バッテリー事例を提示し，各テスト結果に現れた共通特徴とその検査に特異な特徴について考察した。この事例では，記述的にはうつ病とされていたが，心理検査バッテリーによって事例の回避性，自己愛性のパーソナリティ特徴が明らかとなり，精神病圏の病態にある可能性が除外された。各検査に特異に示された特徴を総合することで，さらにその後の支援に関する指針も示唆することができた例であった。検査バッテリーの意義は，各検査の結果を羅列的に記述するので終わらず，検査の個別特徴の理解を踏まえて，それぞれの結果を総合することにあると言えるだろう。

文　献

池島静佳・篠竹利和・高橋道子・北村麻紀子・千葉ちよ・前田貴記（2014）：高機能広汎性発達障害における P-F スタディ（成人用）の特徴. 心理臨床学研究，32; 137-143.

Shachtel, E. G. (1966): Experiential Foundations of Rorschach's Test.（空井健三・上芝功博（訳）（1975）：ロールシャッハ・テストの体験的基礎. みすず書房.）

篠竹利和（2013）：発達障害に対するロールシャッハ法の用い方. In：松本真理子ほか（編）：児童・青年期臨床に活きるロールシャッハ法. 金子書房，pp.161-171.

津川律子・篠竹利和（2010）シナリオで学ぶ医療現場の臨床心理検査. 誠信書房.

第 10 章

矯正領域

渡邉　悟

I　矯正領域における心理アセスメント

　筆者に与えられたテーマは，矯正領域における心理検査バッテリーの紹介であるが，矯正領域と言っても多くの読者にはなじみがないと思われるので，まず矯正領域の基本的な用語や特徴について説明する。また，矯正領域における心理アセスメントとは，矯正施設における心理アセスメントと同義と言えるので，矯正施設の説明から始めることにする。

　矯正施設とは，犯罪・非行を犯した者を収容し，主にその改善更生に向けた働きかけを行う法務省矯正局が所管する施設の総称であり，具体的には，刑事施設（刑務所，少年刑務所および拘置所），少年院，少年鑑別所を指す。刑事施設のうち，刑務所と少年刑務所は，刑が確定した受刑者を収容して処遇する施設であり，拘置所は，取調べまたは裁判中の被疑者・被告人を収容する施設である。少年院は，家庭裁判所の審判により，少年院送致決定を受けた，おおむね 12 歳以上 26 歳未満の者を収容して処遇する施設であり，少年鑑別所は，審判のために観護措置の決定を受けた，20 歳未満の少年を収容して鑑別を実施する施設である。

　これら矯正施設では，広い意味で，日々，さまざまなアセスメントを行いながら，被収容者を処遇しているが，心理アセスメントを専門に行う部署があるのは，少年鑑別所と刑事施設である。そして，少年鑑別所における心理アセスメントは「鑑別」，刑事施設における心理アセスメントは「処遇調査」と呼ばれるので，本章では，鑑別と処遇調査に用いられる心理検査バッテリーについて紹介する。

　ところで，矯正施設の主たる役割は，被収容者の収容を確保しつつ，再犯防止に向けた働きかけを行うことにあり，適切かつ有効な働きかけを行うためには，被収容者がなぜ犯罪・非行に及んだのか，なぜ犯罪・非行を繰り返すのかといったことを的確に分析して解明することが不可欠である。この解明に当たっては，他の臨床領域における心理アセスメントと同様，対象者に寄り添いながら，面接，心理検査，行動観察等の心理学的な方法を駆使して理解を深めていく。ただし，矯正施設の被収容者は，犯罪・非行という刑罰法令に触れる行為を行った者であり，その再犯防止は，国の行政行為として行われる。つまり，矯正領域における心理アセスメントは，刑事政策の一翼を担い，再犯防止の成否に関わるという意味で，その責任は重く，求められる専門性は高いと言える。また，矯正領域の心理アセスメントの対象者は，強制的に収容されており，自発的に心理アセスメントを望む者はほとんどいない。さらに，矯正施設の被収容者全体に見られる傾向ではあるが，特に少年鑑別所の被収容少年は，何らかの処分が下される審判を控えているだけに，自身の評価を気にして防衛的になりがちである。

　このように矯正領域における心理アセスメントには，①行政的な枠組みの中で行われる心理臨床活動であること，②犯罪・非行に特化した専門性を求められること，③対象者の自発性が乏しく，防衛機制が働きやすいことなどの特徴がある。こうした特徴に留意しながら，矯正領域においては，的確な心理アセスメントの実施に努めている。

II　矯正領域における心理アセスメントの歴史

　前述のような矯正領域の心理アセスメントの特徴を踏まえて，矯正施設に勤務する心理職（心理技官）は，わが国の心理アセスメントの歴史の中でも，かなり早い時期から，心理アセスメントの精度向上と処遇への活用に取り組んできた。

　現在の刑事施設は，2005年に「刑事施設および受刑者の処遇に関する法律」（2006年に「刑事収容施設および被収容者等の処遇に関する法律」に改正。以下「処遇法」という）が成立するまで，明治時代に施行された「監獄法」の下，行刑施設と呼ばれていた。行刑施設では，昭和初期から「行刑の科学化」というスローガンが提唱され，一部の施設に心理技官が採用されるなどして，心理アセスメントに基づく分類処遇の実践が始まった。こうし

た取り組みが, 戦後,「分類センター」(現調査センター)の開設につながり,「分類調査」によって受刑者の特性を把握するとともに, 問題性に応じた処遇を展開するという分類処遇体制が構築されてきた。その後, さまざまな制度上の問題が監獄法に現れたことから, 前述のとおり処遇法が施行され, 刑事施設の処遇が従来以上に再犯防止に重点を置く矯正処遇に改編された。それに伴い,「分類調査」も矯正処遇に必要な情報を提供する「処遇調査」に衣替えし, より処遇に役立つ心理アセスメントを求められている。こうした流れの中で, 刑事施設では, 再犯リスクを評定する受刑者用一般リスクアセスメントツール (通称:G ツール) の使用が始まっているほか, 矯正処遇のうち, 再犯防止の中核となる改善指導には, すべての受刑者を対象とした一般改善指導と, 特定の問題を有する受刑者を対象とした特別改善指導があり, 特別改善指導の 1 つに性犯罪再犯防止指導があるが, この指導の処遇密度を判定したり, 処遇効果の検証に利用したりするための性犯罪者調査用アセスメントツール (Risk Assessment Tool; RAT, Needs Assessment Tool; NAT) が開発され, 実務に活用されている。

　また, 少年鑑別所は, 1949 年に少年法と旧少年院法に基づいて発足し, 独立した根拠法がなかったが, 2014 年に少年院法が改正されるとともに,「少年鑑別所法」(以下「鑑法」という) が成立し, 発足後 65 年経って念願の根拠法が整備された。ただし, 旧少年院法においても, 鑑法においても, 少年鑑別所の主たる役割が鑑別の実施にあるという点に変わりはなく, 心理技官は, 日常の鑑別業務に従事しながら, 鑑別の精度を高める作業にも参画してきた。特に, 1960 年代から, 法務省矯正局においては, 心理技官の英知を集めて, 犯罪者や非行少年の特性を考慮に入れた心理検査の開発に着手し, 法務省式文章完成法を皮切りに, 法務省式人格目録, 法務省式態度検査, 法務省式運転態度検査を作成している。これら法務省式心理検査は, 矯正領域の心理アセスメントになくてはならないものであり, 本章のテーマである心理検査バッテリーにも組み入れられている。最近では, 再非行可能性等を評定するための法務省式ケースアセスメントツール (Ministry of Justice Case Assessment Tool; MJCA) が開発され, 少年鑑別所でも, 時代の要請に応じたアセスメントツールの活用が始まっている。

　そのほか, 鑑法の施行により, それまで「一般少年鑑別」として, 家庭裁判所からの求めによる鑑別に支障のない範囲で実施されていた地域の方から

の非行やその周辺の問題行動等の相談に応じる活動が，「地域援助」として本来業務に位置付けられた。それに伴い，地域援助においても，鑑別に準じた心理アセスメントが行われており，相談内容を踏まえて，ウェクスラー知能検査（WAIS, WISC），発達検査，エゴグラム，バウムテスト，ロールシャッハ・テスト，親子関係診断検査等の心理検査を実施するとともに，それらの結果を丁寧にフィードバックしている。

　なお，少年鑑別所は，地域援助を行うために「法務少年支援センター」という名称を使用している。

Ⅲ　鑑別における臨床心理検査バッテリー

（1）鑑別とは

　少年鑑別所は，主として家庭裁判所において，審判のために必要と判断され，観護措置の決定を受けた20歳未満の非行のある少年を収容し，「医学，心理学，教育学，社会学その他の専門的知識及び技術に基づき，鑑別対象者について，その非行又は犯罪に影響を及ぼした資質上又は環境上問題となる事情を明らかにした上，その事情改善に寄与するため，その者の処遇に資する適切な指針を示すものとする」という鑑法の規定に基づいて鑑別を実施している。

　観護措置の期間は，少年法において，2週間と定められており，最大3回まで更新することができるので，少年鑑別所の収容期間は，最長8週間である。ただし，2回以上の更新については要件が定められており，ほとんどの少年は1回の更新で審判を迎えるため，一般に少年鑑別所の収容期間は，4週間，つまり約1カ月と説明している。この4週間の間に，なぜその少年が非行に及んだのか，非行にはどのような意味があるのか，短所だけでなく長所も含めた少年の特徴は何か，立ち直りのためにはどうしたらいいのかといったことを明らかにし，鑑別結果通知書というレポートにまとめて家庭裁判所に提出する。

　なお，少年鑑別所では，刑事施設，少年院，地方更生保護委員会，保護観察所，児童福祉施設からの求めにより，処遇効果を検証したり，処遇指針を見直したりする鑑別（処遇鑑別）を行っているが，ここでは，検査バッテリーとの関係から，家庭裁判所からの求めによる少年鑑別所在所者に対する鑑別（以下単に「鑑別」という）に焦点を当てて説明する。

（2）鑑別の流れ

　鑑別の実務は，鑑法等の規定に基づいて行われている。少年鑑別所に入所した少年は，まず身体面・精神面の不調がないかどうかを含めた，スクリーニング的な入所時の調査と，少年鑑別所の生活や鑑別の意味等についてのオリエンテーションを受ける。このオリエンテーションは，少年の不安を和らげ，審判に向けて落ち着いた生活を送るよう方向づけたり，鑑別に対する協力的な姿勢を引き出したりする上で重要なものである。

　その後，少年一人ひとりに，鑑別を担当する鑑別担当者（心理技官）と，行動観察を担当する行動観察担当者（法務教官）が指名される。鑑別担当者は，指名後速やかに初回の面接を実施し，改めて鑑別が少年と鑑別担当者の共同作業であることを伝えて，ラポールの形成に努めるとともに，本件，非行歴，家族関係，生育歴の概要を調査する。併せて，知能検査と集団方式の心理検査を実施し，知能，性格，態度等の特徴を概括的に把握する。

　初回の面接，知能検査，集団方式の心理検査が終了すると，それらの結果や行動観察の所見を踏まえて，鑑別の進め方や個別方式の心理検査の要否等を検討し，鑑別の方針を設定する。鑑別のための面接は，その後，複数回にわたって実施されるが，2回目以降の面接では，鑑別の方針に従って，非行の意味を仮説検証的に探りながら，少年の自己理解を促していく。その際，少年の特性等に照らして，必要な個別方式の心理検査も実施する。もちろん，2回目以降の面接，個別方式の心理検査の結果等により，鑑別の方針を再検討して設定し直すこともある。

　また，行動観察担当者が中心となり，居室での生活，運動，面会等に加えて，課題作文，貼り絵，描画，日記，グループ討議等，意図的に課題や場面を設定して行動観察を行い，少年の行動面の特徴に関する情報を収集する。この行動観察は，少年鑑別所に収容して鑑別を実施する上での最大の強みである。そのほか，家庭裁判所には，少年本人だけでなく，少年の家族，教師，雇い主らと面接して，環境面の調査を担当する家庭裁判所調査官が配置されているので，その調査官と事例検討を行い，少年の理解を深める上での参考にする。さらに，鑑別の過程を通じて，精神障害が疑われる場合は，精神医学的検査や精神科医師による診察を実施する。

　こうして幅広く情報を収集し，審判の1週間ほど前に，所長，鑑別担当者，行動観察担当者等，関係職員による判定会議を開催する。この会議では，少

年の資質面と環境面の特徴，それらの相互関係を明らかにするとともに，非行の意味を分析し，望ましい処分と具体的な処遇の方法を検討する。鑑別担当者は，判定会議の結果を踏まえて，判定のほか，精神状況，身体状況，行動観察のまとめ，総合所見からなる鑑別結果通知書を作成し，審判の資料として家庭裁判所に提出する。

　なお，審判で処分が決定すると，鑑別結果通知書は少年簿の一部として，保護観察所や少年院に送付され，処遇目標や処遇計画の策定に活用される。

（3）心理検査バッテリー

　前述のとおり鑑別は，鑑別の方針に従って計画的に進められるが，鑑別の方針の設定に当たり，知能，性格，態度等，資質面の特徴を概括的に把握するために，知能検査と集団方式の心理検査を実施する。その標準的な心理検査バッテリーのうち，知能検査は，ウェクスラー知能検査（WAIS，WISC），集団方式の心理検査は，①法務省式人格目録，②法務省式態度検査，③法務省式文章完成法である。ここでは，法務省矯正局が独自に開発した法務省式の心理検査について紹介する。

　①法務省式人格目録（Ministry of Justice Personality Inventory；MJPI）

　法務省式人格目録は，MMPI を参考にして開発された質問紙によるパーソナリティ検査であり，3個の信頼尺度と10個の臨床尺度により構成されている。この検査は，犯罪者や非行少年を対象にしているため，例えば，自信欠如，不安定，爆発，自己顕示，過活動，従属等，一般人を対象とするパーソナリティ検査ではあまり取り上げられることのない臨床尺度が含まれている。また，拘禁下で実施することを考慮して，それに伴う心理的な防衛や受け止め方の偏りを把握する信頼尺度が設けられている。解釈に当たっては，各臨床尺度を見るだけでなく，プロフィールパターンによる類型的な解釈もできるようになっている。対象は，おおむね14歳以上の男女であり，適用範囲の広いパーソナリティ検査である。

　②法務省式態度検査（Ministry of Justice Attitude Test；MJAT）

　法務省式態度検査は，非行少年の社会的態度等を測定するために開発された質問紙による態度検査である。この検査は，実務上，有効かつ必要と考えられる8つの尺度，例えば，自己評価，社会規範，家庭，友人，不良交友等について，どのような態度を有しているかを測定するものである。また，こ

の検査にも心理的な防衛の程度を把握するための信頼尺度が設けられている。対象は，おおむね 14 歳から 28 歳までの男女である。

③**法務省式文章完成法**（Ministry of Justice Sentence Completion Test；MJSCT）

法務省式文章完成法は，少年鑑別所や刑事施設において，個々に使用されていた文章完成法の中から，使用頻度の高い刺激語を選定して開発された検査であり，思考や情緒の特徴，対人態度等をスクリーニング的に把握することができる。この検査は，年齢に応じて，少年用（13 歳から 15 歳までの男女），青年用（16 歳から 19 歳までの男女），成人用（20 歳以上の男女）が設けられ，それぞれ第 1 形式と第 2 形式が用意されている。第 2 形式は，第 1 形式よりも，より内面を捉えることができるように配慮されており，第 1 形式，第 2 形式ともに，30 の刺激語により構成されている。

次に，鑑別の方針に基づき，資質面の特徴をより詳しく調べる必要がある場合は，心理検査バッテリーとして，以下のような個別方式の心理検査を実施する。

ア）交通関係の非行を行っている場合

危険運転致死傷，過失運転致死傷，道路交通法違反等，交通関係の非行を行った少年については，運転態度や運転適性の偏りを把握するために，法務省式運転態度検査（Ministry of Justice Drive Attitude Test；MJDAT）や CRT（Cathode Ray Tube）運転適性検査を実施する。このうち，法務省式運転態度検査は，法務省矯正局において開発された質問紙による態度検査であり，おおむね 16 歳以上の男女を対象に，日頃の運転態度を把握するものである。また，CRT 運転適性検査は，模擬画面を見ながら，ハンドルやブレーキ操作を行い，その反応速度や誤りの頻度等から，運転適性を見るものである。

イ）知能を詳しく調べる必要がある場合

入所前にウェクスラー知能検査（WAIS，WISC）を受検していることが分かった場合は，田中ビネー式知能検査，鈴木ビネー式実際的個別的知能測定法，KABC-Ⅱのうち，年齢や受検経験等を考慮して，適当な検査を実施する。また，聴覚障害者や日本語を解さない外国人については，言語能力や文化差の影響をあまり受けることがないコース立方体組合せテストを実施する。

ウ）発達特性を詳しく調べる必要がある場合

ウェクスラー知能検査（WAIS，WISC）の結果，生育歴や診断歴，行動観

察等から，発達特性を詳しく調べる必要があると判断された場合は，新版K式発達検査2020等の発達検査を実施して，発達の偏りを把握する。

エ）非行の理解が難しく，心理機制を詳しく調べる必要がある場合

殺人，傷害致死，強盗（致死傷），不同意性交（致死傷），放火等，被害が重大で，心理機制を詳しく調べる必要がある場合や，その他の非行でも，手口や動機が特異で，理解が難しい場合は，投映法を中心とするパーソナリティ検査を実施する。例えば，精神障害の兆候や思考・感情・自他のイメージ等の基本的な人格特徴を調べるためには，ロールシャッハ・テスト，対人関係や対人認知の特徴を調べるためには，TAT，欲求不満事態における対処の仕方を調べるためには，P-Fスタディ，言語表現が苦手な対象者，特に低年齢の少年の基本的な人格特徴を調べるためには，バウムテストが選択されることが多い。

なお，イ）ないしエ）については，重なることもあるので，その場合は，知能検査，発達検査，パーソナリティ検査（投映法）等のうち，複数の心理検査を心理検査バッテリーに組み入れる。

Ⅳ　処遇調査における臨床心理検査バッテリー

（1）処遇調査とは

処遇法の施行に伴い，「受刑者の処遇調査に関する訓令」が発出され，同訓令では，「受刑者の処遇に必要な基礎資料を得られるように，その資質及び環境に関する科学的調査（処遇調査）を行う」と規定されている。そして，処遇調査は，「必要に応じ，医学，心理学，教育学その他の専門的知識及び技術を活用し，面接，診察，検査，行動観察その他の方法により行う」と規定されている。処遇調査のうち，刑が確定し，矯正処遇が始まるときに行うものを「刑執行開始時調査」，矯正処遇が開始されてから，定期または随時に行うものを「再調査」というが，ここでは，心理検査バッテリーに関係のある「刑執行開始時調査」に焦点を当てて説明する。

（2）刑執行開始時調査の流れ

被収容者の刑が確定した場合，刑が確定した施設（確定施設）において，基礎的な刑執行開始時調査を行い，調査センターに送る者と，矯正処遇を実施する施設（処遇施設）に直接送る者とに選別する。調査センターは，一定

の条件（年齢，性別，執行すべき刑期，受刑歴，犯罪の内容等）に該当する者を一時的に収容し，詳細な調査を実施するところ（全国に8カ所）であり，そこでの調査を終了すると，適当な処遇施設に移送される。処遇施設では，調査センターから移送された者については，補充的な調査，確定施設から直接移送された者については，調査センターに準じた詳細な調査を実施する。刑執行開始時調査については，確定施設，処遇施設を通じて，刑の確定からおおむね2カ月以内に終了することになっている。

　各刑事施設には，心理アセスメントを専門に行う調査専門官（心理技官）が配置されている。調査専門官は，刑執行開始時調査を実施すると，その結果を「処遇調査票」に記録するとともに，矯正処遇の目標，矯正処遇の種類と方法，その他処遇上の留意事項を記載した「処遇要領」を作成する。また，受刑者一人ひとりに，年齢，性別，刑名・刑期等の属性，犯罪傾向の進度を示す「処遇指標」を付す。これは，処遇施設の指定や集団編成の根拠となるものである。この「処遇要領」と「処遇指標」の決定に当たっては，処遇調査や矯正処遇を担当する部署の職員からなる「処遇審査会」の意見を聴くことになっている。

（3）心理検査バッテリー

　前述のとおり刑施行開始時調査に当たっては，必要に応じて検査を行うと規定されているが，通常は，受刑者の特性を把握するために，①CAPAS（Correctional Association Psychology Assessment Series）能力検査，②法務省式人格目録，③法務省式文章完成法を標準的な心理検査バッテリーとして実施している。このうち，法務省式人格目録と法務省式文章完成法については，鑑別における心理検査バッテリーのところで触れたので，ここでは，CAPAS能力検査について紹介する。

　CAPAS能力検査は，財団法人矯正協会（現公益財団法人矯正協会）が開発した，受刑者の能力，適性等を把握するための検査であり，受刑者の中での能力段階や作業上の適性等を測定できることに特徴がある。ただし，純粋な知能検査ではないので，IQの推定値がIQ相当値という形で算出される点に留意しながら，知能の判定の参考としている。

　また，刑執行開始時調査においても，受刑者の特性をより深く把握するために，必要に応じて，以下のような個別方式の心理検査を実施する。

①知能を詳しく調べる必要がある場合

CAPAS 能力検査の結果，生育歴や診断歴等から，知能を詳しく調べる必要がある場合は，ウェクスラー成人知能診断検査（WAIS）を実施する。また，聴覚障害者や日本語を解さない外国人については，鑑別と同様に，コース立方体組合せテストを実施する。

②認知機能を詳しく調べる必要がある場合

60歳以上の者や，年齢にかかわらず，認知機能の低下が疑われる場合は，HDS-R（長谷川式認知症スケール）や MMSE（Mini Mental State Examination）を実施して，認知症のスクリーニングを行い，精神科医師の診察につなげている。

③犯罪の理解が難しく，心理機制を詳しく調べる必要がある場合

この場合は，基本的に鑑別で用いられる心理検査バッテリーと同様である。

V　架空事例

ここからは，少年鑑別所に収容された非行少年の架空事例Kを用いて，矯正領域における心理検査バッテリーの実際を具体的に紹介する。

（1）事例の概要

Kは，不同意わいせつに及んだ17歳の男子少年。公立高校の2年生で，学習塾の帰りに，会社員風の女性の後をつけ，後ろから抱きつくといった不同意わいせつを数件行っている。本人は，女性への性的欲求から始めたが，やってみると，被害者が驚く姿に興奮したと述べている。これまでに他の非行歴はなく，少年鑑別所への入所は初めてである。性非行を繰り返していることから，家庭裁判所において鑑別の必要を認め，観護措置を執られたものである。

家族は，父親，母親，妹と本人の4人。父親はサラリーマン。仕事で帰宅が遅く，本人と接触する機会は少ない。母親は専業主婦。教育熱心で，口うるさい。妹は3歳年下で，中高一貫の私立中学校に通学している。活発で，口では妹にかなわない。母親には妹と比べられるが，それに対して反発したことはない。

発育は普通で，著患もなかった。公立小学校に入学。学業成績は良い方で，小1から地域のサッカークラブに所属し，低学年の頃から上級生に交じって試合に出ていた。家族からは期待され，小5から中学受験を目指して学習塾

に通い始めたが，中学受験に失敗し，公立中学校に進学した。公立中学校でも学業成績は上位で，クラス委員に選ばれるなどしたが，部活動は行わず，サッカーも止めた。高校は，中学受験のように失敗したくないということで，公立高校に進学した。高校入学当初は，学業成績が良かったが，次第に低下し，高２進級時には，進学クラスに入ることができなかった。

　中学校時代に，同級生の女子生徒から交際を申し込まれ，デートをしたことはあるが，性経験はない。女子生徒の方から，受験勉強が忙しくなったからという理由で，交際を断ってきた。その後，異性との交際歴はない。中学時代に自慰行為を覚え，勉強の合間等に，パソコンで AV サイト等を見ながら行っていたが，最近は，女性に直接触りたいという欲求が高まっていたという。

（2）入所から鑑別方針の設定まで

　家庭裁判所で観護措置を執られ，緊張した面持ちで入所したが，所持品の確認，更衣等，入所手続が進むにつれて，緊張が解けたのか，愛想良く受け答えするようになった。入所時の調査とオリエンテーションも問題なく終了し，初めての入所の割には，気落ちした様子や先行きの不安等を見せず，明るく振る舞っていた。

　入所翌日，鑑別担当者が初回の面接を実施し，前述のような本件，家族関係，生育歴等の調査を行った。面接には協力的で，事実関係の質問には素直に答えていたが，その時々の気持ちを尋ねると，言葉にできず，答えられないことが多かった。

　入所３日目に，知能検査と集団方式の心理検査を受検した。その結果は，次のとおりである。

① WAIS- IV

　全検査 IQ は「平均の上」域にあり，言語理解指標とワーキングメモリー指標は「平均」，知覚推理指標と処理速度指標は「平均の上」であった。能力的には問題なく，指標間の有意差も認められなかった。

②法務省式人格目録

　明るく，社交的で，人付き合いを好むという性格特徴を示しているが，心理的な防衛を示す尺度の得点も高かったので，そうした特徴は表面的な姿であることがうかがわれた。

③法務省式態度検査

　心理的な防衛を示す尺度の得点が高かった上，社会規範，家庭等には親和的である一方，不良交友や安逸な生活態度には否定的な態度を示しており，自分を良く見せようとする構えが強いことがうかがわれた。

④法務省式文章完成法（青年用第1形式・第2形式）

　全項目に反応し，文章表現に特に問題はなかったが，全般に短文であった。社会的に望ましいと思われるような反応が多いが，子どもの頃は何でもできたのに，最近は，うまく行っていないと感じているような反応も認められた。

　そのほか，行動観察上の特徴としては，運動でミニ・サッカーを実施したところ，経験者ということで張り切っていたが，一人でボールを持ちすぎたり，受け手のことを考えずに強いパスを出したりすることが散見された。

（3）鑑別方針の設定

　入所5日目に鑑別の方針を設定した。鑑別方針の設定に当たり，初回の面接，知能検査，集団方式の心理検査，行動観察の結果を検討したところ，①精神障害を疑わせる所見はないこと，②知的には問題がないこと，③心理的な防衛が強く，自分を良く見せようとしているが，自己評価が低下している可能性があること，④表面上，順応性はあるように見えるが，独りよがりで，相手の気持ちを汲むことは苦手な様子であること，⑤母親や妹との関係，女性との交際歴等から，女性への攻撃性があるかもしれないことなどが指摘された。

　そこで，2回目以降の面接，個別方式の心理検査等により，前述の③ないし⑤を中心に資質面の特徴をより明確にし，それと性非行との関連を探るという方針を立てた。ただし，質問紙によるパーソナリティ検査では，心理的な防衛が働き，内心がよく見えないことから，基本的な人格特徴を把握するために，個別方式の心理検査としては，ロールシャッハ・テストを実施することとした。

（4）ロールシャッハ・テストの結果

　入所10日目に，ロールシャッハ・テスト（包括システム）を実施した。Kは，ロールシャッハ・テストの受検は初めてであった。ロールシャッハ・テストのプロトコルは表10-1，構造一覧表は図10-1のとおりである。

表 10-1 プロトコル

		反応段階	質問段階
I	1	コウモリ どう見てもいいですか （自由に）（図版の回転）	全体で。ここが羽（D2）で，ここが手（D1）。 Wo Fo A P 1.0 INC
	2	魔女の顔 そのくらいです	ここが目（DdS30）で，口（DdS29）で，口のはしをつり上げて，にやりと笑っています。（魔女？）このへんが魔女の帽子みたいに見えたので。 WSo Mpu（Hd），Cg 3.5 GHR
II	3	ロケット	この白いところ（DS5）。火を噴いて（D3）飛んでいます。 DS+ ma.CFo Sc,Fi 3.0
	4	手を合わせている人	ここ（D6）です。人が2人いて，頭を下げて，手を合わせています。 D+ Mp- 2 H 3.0 PHR
III	5	幽霊	これが何かの入れ物で，そこから幽霊のようなものが出ています（Dd35）。（幽霊？）足がないし，アーメで，こういう幽霊が壺から出てくるのを見たことがあるので。 Dd+ Mpu 2（Hd），Hh 3.0 PER,GHR
	6	虫の顔	ここらへんです（輪郭をなぞる。Dd99）。目で，口で，牙があって（D7），あと手（D5）。 Ddo F- Ad INC
IV	7	怪物	全体で，しっぽ（D1）があって，手（D4）がちゃんとしてなくて折れ曲がっているので，怪物。 Wo Fo （H）P 2.0 MOR,PHR
	8	（＞）倒れた木が水面に映っている	ここを水面として，この倒れた木が，水面に映っている。（倒れた木？）これが枝（D4）で，このへんが折れた幹（D6）。 Wv/+ Fro Na 4.0 MOR
V	9	チョウ	全体で，羽があって，ここが触覚。 Wo Fo A P 1.0
	10	（＞）ブーメラン	全体の形。こういうラインから。 Wo Fu Sc 1.0
VI	11	ギター	全体で，ここが持つところで，このへんが弾くところ。 Wo Fu Sc （P）2.5

	12	もみじ	茎があって，ここが葉っぱ。ちょっととがったような形から，もみじ。 Wo　Fu　Bt　2.5
VII	13	人形	全体で，置物の人形。ここから上が胴体(D2)で，ここが土台(D4)。よく子どもの人形でチューするやつありますよね。それです。 W+　Fo　2　(H),Id　P　2.5　GHR
	14	(∨) フラミンゴ	ここ (D2) です。一本足で立っているので。 Do　FMp-　A
VIII	15	カメレオンが餌を狙っているところ それだけです	ここにカメレオンがいて (D1)，この上の虫みたいなの (D4) を食べようとして，じっと狙っている。 D+　FMpu　3.0　A, Fd
IX	16	鬼	ここらへんが角 (D3) で，ちょっと離れているけど，これとこれが目で，ここが肩のあたり。 WSo　Fu　(Hd)　5.5　GHR
X	17	四季	全体で，この青いのが氷の結晶 (D1)，この赤いのが春の花 (D9)，これとこれが緑の葉っぱ (D12)，紅葉した葉っぱ (D7) や落ち葉 (D13) もあって，四季を表しているような感じです。 Wv/+　CFu　2　Na　5.5　MOR, AB
	18	(∨) おじいさんの顔	こんな感じで(DdS22　輪郭をなぞる)，目 (D2) で，口 (D3) で，ひげ (D11) を生やしたおじいさん。 DdSo　F-　Hd　PHR

　包括システムでは，鍵変数により，クラスター分析の順番が決められているが，この少年の場合は，CDI（Coping Deficit Index：対処力不全指標）＞3という鍵変数に該当しているので，統制，対人知覚，自己知覚，感情，情報処理，認知的媒介，思考の順でクラスター分析を行う。ちなみに，CDI＞3に該当するというのは，社会的な課題に対処する力が全般に不足していることを表している。

　統制のクラスターでは，一見問題ないように見えるが（D＝0, AdjD＝0），回避・不定型（L＝1.25, EB＝3：2.0）の対処スタイルを有しており，問題解決の際は，複雑になることを避け，できるだけ単純に処理しようとすることが認められる。また，問題解決に利用できる資質は限られているが（EA＝5），内面の不快な感情を見ないようにすることで（es＝3），心理的な統

架空事例.swdx

STRUCTURAL SUMMARY

LOCATION FEATURES

Zf	=	15
ZSum	=	43.0
ZEst	=	49.0
W	=	11
D	=	4
W+D	=	15
Dd	=	3
S	=	4

DQ

+	=	5
o	=	11
v/+	=	2
v	=	0

FORM QUALITY

	FQx	MQual	W+D
+	= 0	= 0	= 0
o	= 6	= 0	= 6
u	= 8	= 2	= 7
–	= 4	= 1	= 2
none	= 0	= 0	= 0

DETERMINANTS

Blends
ma.CF

Single

M	=	3
FM	=	2
m	=	0
FC	=	0
CF	=	1
C	=	0
Cn	=	0
FC'	=	0
C'F	=	0
C'	=	0
FT	=	0
TF	=	0
T	=	0
FV	=	0
VF	=	0
V	=	0
FY	=	0
YF	=	0
Y	=	0
Fr	=	1
rF	=	0
FD	=	0
F	=	10
(2)	=	4

CONTENTS

H	=	1
(H)	=	2
Hd	=	1
(Hd)	=	3
Hx	=	0
A	=	4
(A)	=	0
Ad	=	1
(Ad)	=	0
An	=	0
Art	=	0
Ay	=	0
Bl	=	0
Bt	=	1
Cg	=	1
Cl	=	0
Ex	=	0
Fd	=	1
Fi	=	1
Ge	=	0
Hh	=	1
Ls	=	0
Na	=	2
Sc	=	3
Sx	=	0
Xy	=	0
Id	=	1

APPROACH

I	=	Wo.WSo
II	=	DS+.D+
III	=	Dd+.Ddo
IV	=	Wo.Wv/+
V	=	Wo.Wo
VI	=	Wo.Wo
VII	=	W+.Do
VIII	=	D+
IX	=	WSo
X	=	Wv/+.DdSo

SPECIAL SCORES

		Lv 1		Lv 2
DV	=	0 x1	0	x2
INC	=	2 x2	0	x4
DR	=	0 x3	0	x6
FAB	=	0 x4	0	x7
ALOG	=	0 x5		
CON	=	0 x7		

Raw Sum6	=	2
Wgtd Sum6	=	4

AB	= 1		GHR	=	4
AG	= 0		PHR	=	3
COP	= 0		MOR	=	3
CP	= 0		PER	=	1
			PSV	=	0

Ratios, Percentages, and Derivations

1 : Control and Tolerance

R = 18	L = 1.25

					EBPer	=	***
EB	= 3:2.0	EA	= 5.0				
eb	= 3:0	es	= 3	D	= 0		
		Adj es	= 3	AdjD	= 0		

FM	= 2	SumC'	= 0	SumT	= 0
m	= 1	SumV	= 0	SumY	= 0

*Consider the case of [Avoidant Type] (EBPer. N/A).

4 : Affect

FC:CF+C	= 0:2
Pure C	= 0
SumC':WSumC	= 0:2.0
Afr	= 0.29
S	= 4
Blends:R	= 1:18
CP	= 0

2 : Interpersonal

COP = 0	AG = 0
GHR:PHR	= 4:3
a:p	= 1:5
Food	= 1
SumT	= 0
Human Content	= 7
Pure H	= 1
PER	= 1
Isolation Index	= 0.28

7 : Ideation

a:p	= 1:5	Sum6	= 2
Ma:Mp	= 0:3	Lev 2	= 0
2AB+Art+Ay	= 2	WSum6	= 4
MOR	= 3	M–	= 1
		M none	= 0

6 : Mediation

XA%	= 0.78
WDA%	= 0.87
X-%	= 0.22
S-	= 1
P	= 4+(1)
X+%	= 0.33
Xu%	= 0.44

5 : Processing

Zf	= 15
W:D:Dd	= 11:4:3
W:M	= 11:3
Zd	= -6.0
PSV	= 0
DQ+	= 5
DQv	= 0

3 : Self-Perception

3r+(2)/R	= 0.39
Fr+rF	= 1
SumV	= 0
FD	= 0
An+Xy	= 0
MOR	= 3
H:(H)+Hd+(Hd)	= 1:6

☐ S-CON = 5	PTI = 0	☐ DEPI = 4	☑ CDI = 5	☑ HVI = Yes	☐ OBS = No

Licensed user：渡邉 悟（徳島文理大学）　　　　　　　　　　　　　　　Printed by SweetCode Ver. 2.1.1

図 10-1　構造一覧表（構造一覧表は中村・大関（2016）による）

制を保っていることも認められる。

　対人知覚のクラスターでは，対人的な関心はあるものの（Human Content = 7），HVI（Hypervigilance Index；警戒心過剰指標）が陽性であり，警戒心や不信感が強く，社会的交流から遠ざかろうとしている（Isolation Index；孤立指標＝ 0.28）ことがうかがわれる。その一方，依存心が強く（Fd = 1），自ら動くよりも従属的な態度を取り（a:p = 1:5），周囲が思いどおりに動いてくれることを期待するような傾向もある。

　自己知覚のクラスターでは，自己愛的（反射反応＝ 1）な反面，自尊心の傷つき（MOR = 3）や「足のない幽霊」（反応5），「ちゃんとしていない萎れた手をもつ怪物」（反応7）に投映されるような不全感がうかがわれる。特に，反射反応（反応8）は，「倒れている木」が映っているというものであり，自己評価に葛藤があることを象徴するような反応である。また，「餌を狙うカメレオン」（反応15）には，捕食者のように女性を狙うKのイメージが投映されているのではないかと考えられる。

　感情のクラスターでは，感情的な刺激を避ける傾向（Afr = 0.29）があるが，感情を表出する際は，やや激しい出方をしやすいこと（FC:CF + C = 0:2）や，内心には，怒りを内攻させていること（S = 4）がうかがわれる。

　情報処理のクラスターでは，警戒心が強いだけに，外界からの情報入力にエネルギーを費やしているが（Zf = 15），その効率は悪く，情報の取りこぼしが多いこと（Zd =− 6.0）が認められる。

　認知的媒介のクラスターでは，明確な手がかりがあれば，何とか慣習的な見方はできるが（P = 4(5)），そうした手がかりがない場合は，独りよがりな見方をする傾向があること（Xu%= 44）が認められる。

　思考のクラスターでは，大きな問題はないものの，空想を乱用する傾向（Ma:Mp = 0:3）や悲観的な考え方をしやすいこと（MOR = 3）が認められる。

　まとめると，Kは，社会的な課題を解決する力が全般に不足しているが，複雑さを回避したり，不快な感情から目をそらしたりすることで，心理的な統制を保つような対処スタイルを有している。対人的には，警戒心や不信感が強いものの，依存的で，周囲が思いどおりに動いてくれることを期待する傾向があり，思いどおりにならないと，不信感や怒りを強めることが推察される。また，自己愛的な反面，自尊心は傷ついており，自己評価に葛藤が生じている。ただし，その評価は，現実よりも，思い込みに基づいている可能

性がある。内心には，思いどおりにならない現状に対する怒りを蓄積させており，感情を表出するときは，やや激しい出方をすると考えられる。

　このようにロールシャッハ・テストを心理検査バッテリーに加えたことにより，表面的な順応性の裏側に，適応上の問題や自己評価の葛藤等があることが把握でき，性非行の準備状態についての理解が深まった。また，今後の処遇に当たっては，認知の偏りを排しつつ，ありのままの現実や自分を見つめさせ，自尊心の回復を図ったり，他者を思いやる気持ちを育てたりするなどして，社会適応力の底上げを図るような働きかけが必要であることも示唆された。

（5）退所まで

　入所15日目に，面接のまとめを兼ねて，ロールシャッハ・テストのフィードバックを行った。フィードバックの際は，鑑別担当者の説明を神妙な様子で聴き，特に自己評価の葛藤については，初めてそれを認め，そのはけ口を性非行に求めていたのかもしれないといった発言をした。ロールシャッハ・テストのフィードバックばかりでなく，面接の積み重ねもあって，本人なりに自己理解を進め，自身の性非行の意味にも目を向け始めていることが見受けられた。

　入所18日目に判定会議を開催し，面接，ロールシャッハ・テストを始め，心理検査バッテリーとして実施した心理検査，法務省式ケースアセスメントツールの評定，行動観察，家庭裁判所調査官との事例検討の結果等を総合的に検討した。性非行の背景には，性的欲求ばかりでなく，中学受験の失敗に加えて，高校での学業成績の低迷に伴い，自己評価が低下し，過去の何でもできた自分と最近のふがいない自分との間に大きな落差を感じる中で，女性を辱め，その反応に興奮を覚えるといった歪んだ行為によって，自尊心を補償するような心理機制があると考えられた。こうした意味が性非行にあるとすると，健全な自尊心の回復が再非行防止のポイントになるが，今のところ，性的欲求を満たす手段として，性非行に及ぶ傾向が固まっているとは認められず，また，少年なりに自身の性非行の意味を考え，ありのままの自分を受け入れることの必要性を自覚し始めていることなどから，社会内において，専門家が家族や教師と協力してKを支え，現実生活で直面する課題を一つひとつ着実にこなすことにより，自尊心を回復させていくことが適当と判断さ

れた。

　これは，あくまでも架空の事例であるが，矯正領域における臨床心理検査バッテリーの実際を理解していただく上で参考になれば幸いである。

文　　献

Exner, E, J. (2003)：*The Rorschach a Comprehensive System Vol.1 (4th).* Basic Foundations and Principles of Interpretation.（中村紀子・野田昌道（訳）(2009)：ロールシャッハ・テスト─包括システムの基礎と解釈の原理．金剛出版.）

藤岡淳子 (2001)：非行少年の加害と被害：非行臨床の現場から．誠信書房.

藤岡淳子 (2004)：包括システムによるロールシャッハ臨床：エクスナーの実践的応用．誠信書房.

藤岡淳子（編）(2007)：犯罪・非行の心理学．有斐閣.

犬塚石夫（編集代表）(2004)：矯正心理学 上巻（理論編）・下巻（実践編）．東京法令出版.

小林万洋 (2008)：少年鑑別所. In：こころの科学増刊「実践心理アセスメント」．日本評論社，pp.102-111.

中村紀子 (2010)：ロールシャッハ・テスト講義〈1〉基礎編．金剛出版.

中村紀子 (2016)：ロールシャッハ・テスト講義〈2〉解釈編．金剛出版.

中村紀子・大関信隆 (2016)：ロールシャッハ・テスト Sweet Code Ver.2 コーディング・システム．金剛出版.

岡本吉生（編）(2019)：公認心理師の基礎と実践⑲　司法・犯罪心理学．遠見書房.

吉村雅世 (2006)：少年鑑別所に〈子ども〉が入所したら．臨床心理学，6(4); 487-491.

第 11 章

成人期

藤本千春

Ⅰ　はじめに

　筆者は大学院修士課程修了後，精神科クリニックに勤務し，心理士としての臨床活動をスタートさせた。心理面接が週に数ケースであった大学院の実習と比べ日々のケース数は多く，心理面接時間は 1 回を 30 分で行っていた。そのような治療の枠組みでの臨床活動に当初は戸惑いを覚えながらも，精神科医，臨床心理士，精神保健福祉士，看護師などの専門職のチーム連携を実践で学び，医師や共に勤務する臨床心理士の方々に助けられていたと思う。

　現在は同クリニック併設のカウンセリングルームにて，心理面接を通じて働く人のメンタルヘルスを支援している。就労を面接のテーマの軸におきながら，クライエントが働き方のみならず，生き方を模索する姿に出会う中で，心理士としてだけではなく一人の労働者として，「働く」ことへの姿勢や価値観の多様さを学ぶ機会となっている。

　ここにご紹介する事例は，冒頭に述べた専門職でのチーム医療の一環として心理査定および面接に従事していた時期に担当したケースをモデルとしている。その当時と現在ではクリニックの体制に一部違ったところがあることをあらかじめ申し添えておく。

　クリニックの医療スタッフは，医師 3 名（常勤 1 名，非常勤 2 名），臨床心理士・公認心理師 4 名（常勤 1 名，非常勤 3 名），精神保健福祉士 1 名（常勤），看護師 2 名（非常勤）であった。大都市のビジネス街に所在することもあり，来院する患者は勤務先の産業医や病院からの紹介であることが多く，何らかの心の不調によって就労に困難をきたした状態にある患者について，

その家族や上司，産業保健スタッフなどとの連携を図りながら職場復帰支援にあたっていた。

　近年，経済・産業構造が大きく変化し，特にここ数年は社会全体が感染症の拡大防止のためあらゆる社会活動が制限されるといった経験も経た中で，就労者をとりまく職場環境もリモートワークの積極的活用などめまぐるしく変わっている。仕事や職業生活に関する強い不安，悩み，ストレスを感じている労働者の割合は全体の 54.2％を占め，依然として半数を超えている。また，労働者の自殺者数は近年減少傾向にあったが，新型コロナウィルス（COVID-19）感染症拡大の影響から，2020 年度以降は増加に転じている（厚生労働省，2023a）。業務による心理的負荷を原因として精神障害を発症し，あるいは自殺したとして労災認定が行われる事案も近年，増加傾向にある（厚生労働省，2021）。これをうけて，国は，メンタルヘルス対策の充実・強化を目的として，2014 年に労働安全衛生法の一部改正により，従業員数 50 名以上の事業所に対して，年 1 回の労働者のストレスチェックを行うことを義務化した。なお 2018 年の改正によってストレスチェック実施者として歯科医師と併せて公認心理師が追加されている。産業領域においてメンタルヘルスの重要性が認識されており，そこに関わる心理職が心の不調を引き起こした労働者のメンタルケアを担う一員として期待されている。労働者がしばしば患者となる医療場面において，心理士がクリニックを訪れる患者一人ひとりの心理面を深く理解し，医療や産業保健スタッフに心理学的視点からみた患者の心の状態を伝えることは，患者の治療とその後の安定した就労生活への支援に役立つと考える。

　当クリニックでの心理士の主な業務は，クライエントへの心理面接，心理検査を用いた心理査定，休職した患者の復職支援プログラムの一環としての集団療法等であった。一般的に心理検査を用いた査定は，主治医からの依頼によって行われることが多い。依頼の検査内容は医師によってよく用いるバッテリーが異なるが，診断や治療の方向性がはっきりしない場合には，心理士が心理検査の種類や内容について説明し，医師から追加する検査を依頼されることもある。いずれにおいても検査の目的は，診断や治療方針の補助，心理面接に際してのクライエントのパーソナリティ傾向の把握，および本人への検査結果のフィードバックを通じてクライエント自身の自己理解を促すことである。日常的によく用いる検査として，質問紙では，顕在性不安尺度

（MAS），抑うつ性自己評価尺度（SDS），人格検査では，ロールシャッハ・テスト，バウムテスト，文章完成法（SCT），作業検査では，内田クレペリン検査などがあり，知能検査はウェクスラー式成人知能検査（WAIS-IV）がある。脳の高次機能障害などが疑われるケースでは記銘力検査や，ベンダー・ゲシュタルト検査など認知機能検査を実施することもある。施行場所は心理室や面接室などである。心理検査は，診療の初期に検査が導入されるケースが多い。したがって，心理士とクライエントとの最初の出会いは心理検査を実施する場面となる。

　まず，検査前に，クライエントの主訴や，主たる精神医学的症状，それに対する現在の投薬内容などを把握しておく。検査場面では，ラポールをとりながら，検査目的を説明する。受診から心理検査に至るまでのクライエントの状況を時系列に沿って簡潔に聞き取り，検査で得た情報は主治医をはじめとする医療チームがクライエントの診療場面でのよりよい支援方法を検討するために用いると伝える。また成人期の心理検査の実施では，しばしば他の医療機関での心理検査の受検経験や，一般的知識としての心理検査の情報の有無を尋ねることがある。また，クライエントによっては検査結果をなんらかの評価基準と捉え，本人の同意なしに家族や職場へ伝わるのではないか等の疑念を抱き，受検に抵抗感を示す場合もある。そういったクライエントの検査にまつわる不安や恐れを受容しながら，誤解を解き，検査へのモチベーションを高めることが重要である。検査結果は2週間以内に主治医向けにA4用紙1，2枚程度の結果報告書を作成し，カルテ内に保管する。また，クライエントへのフィードバックは，心理士が口頭で30分ほどで行う。心理検査のフィードバックは文章完成法の記述にある内容や，検査全体でのクライエントの態度や言動などに触れ，クライエントの中で比較的意識しやすいものから始める。そして無意識的な内容を伝える時には，日常生活での行動面について例を挙げるなどして，クライエントが受容しやすい範囲に焦点を当てて説明する。フィードバックの内容をきいて，クライエント自らが自身の抱える現状の困り感とつなげることができ，それについて，今後主治医との診察や心理面接の場で向き合ってみようと思うきっかけとなるようにすることが大切である。

　また，クライエントがフィードバックの内容を文書化するよう希望した場合，もしくはクライエントの認知機能や発達特性を踏まえ，口頭での説明だ

けでは不十分と考えられる場合には，A4 1枚程度の本人用の検査報告書を作成する。クライエントから依頼希望があった場合は，第一にその報告書の使用目的を明確にしておくことが必須である。本人が自己理解のために必要とする場合はあまり問題はないが，家族や職場に対して本人のことを説明する目的で希望する場合は，本人以外に情報が渡り，それが正しく扱われない危険性がある。このような危険を避けるため，家族に対しては医師から結果を要約して伝えたり，職場は，産業医等その情報を正しく扱う専門性をもった者がいる場合に情報提供を行うようにしている。これらはいずれも本人の了解を得て，主治医の判断のもとに行われている。

Ⅱ　事　　例

（1）事例の概要

　クライエント：L，30代男性，会社員。

　主訴：気分が落ち込む。焦りが強い。ネットゲーム依存。

　経過：同胞3名，第3子，長男。両親は自営業で忙しく，父方祖母に世話されて育った。Lが小学生の頃，父親はギャンブルにはまり，両親の言い争いが絶えなかった。Lが中学を卒業後，母親は一時的に家を出て，父親と子だけで暮らしていた時期があった。その後，父親の自営業が好転したことで母親が家へ戻り，徐々に家庭環境は安定した。Lは大学卒業後，現在の製薬会社へ入社し，営業職として勤務する。5年前，会社の業績悪化に伴い人員削減が進む中，Lの所属していたトラブル・サポートを請け負う部署も，人員不足は慢性化し，時間外労働は多い時で月100時間を超えていた。常に最新の専門的知識や情報を入手しておかねばならず，連日の電話対応などで精神的ストレスも重なり，週明けになると頭痛や倦怠感などの体調不良が出現した。さらに数週間後，症状が悪化し出勤困難となった。Lは，別の医療機関を受診し「うつ病」と診断され休職した。その休職期間中にネットゲームにはまり，生活リズムが崩れた。薬物治療を続け，3カ月後に職場へ復帰するも1年後に症状が再燃，1年間の休職期間を経て，再復帰した。しかし，さらにその半年後，再燃し3度目の休職となった。その頃より次第に自室にこもってゲームばかりするようになり，心配した家族が転院を検討し，産業カウンセラーの紹介で当院を訪れた。初回診察時，Lは休職と復職を繰り返す現状への焦りと自責の念について主治医に語った。

（2）検査実施までの経緯

　初回診察後，主治医から心理検査と心理面接の依頼があった。主治医からの依頼に沿って，SCT，バウムテスト，ロールシャッハ・テストでバッテリーを組んだ。当院では，心理検査の時間枠は特に曜日や担当者によって固定されることはなく，各心理士の業務スケジュールから担当者が決定される。筆者はLの検査担当となった知らせを受け，カルテでLの家族歴や現病歴などに目を通した。その際，主治医が診療場面でSCTについて説明を行い，次回の診療までに取り組んでくるよう伝えたことも確認した。

（3）検査時の様子

　心理検査は，Lの現在の体調や受診状況をふまえ，検査時の負担が大きくなり過ぎないよう配慮し，SCTの聴き取りとバウムテスト，ロールシャッハ・テストの順に2度に分けて実施した。検査バッテリーは，一般的に，検査枠組みの自由度が低く，意識から前意識的なレベルをとらえるものから実施し，最も枠組みの自由度が高く，無意識的なレベルをみるロールシャッハ・テストを最後にすることが望ましいとされているが，検査当日の患者の身体状況や医師からの検査依頼の期限などによって臨機応変な判断が求められる。

　1回目，Lは予約時間に余裕をもって来院した。定刻になり，心理検査の部屋へ入室すると，すぐ取り組んできたSCTの用紙を筆者に手渡した。体調を尋ねると，午前中は常に倦怠感があること，午後になるにつれて楽になるので今は不調を感じないが，電車に乗って当院へ来る途中，会社の最寄駅が近づくにつれ緊張し，会社の人に会ってしまうのではないかと不安に感じたこと，会社を休んでいることへの罪悪感があることなどを丁寧な口調で話した。SCTの用紙に記入された検査年月日が検査当日であることに気づき，こちらから指摘すると，来院前自宅を出発する直前に慌てて取り組み，書き込むのに要した時間は10分程度だったと話された。次に，これまでの他の医療機関での心理検査の経験の有無を尋ねた。数年前の初診時に質問紙を実施した記憶があるが内容をあまりよく覚えておらず，その結果についてフィードバックを受けたかも不明であった。筆者は心理検査について，人はそれぞれ物事の見方や受け止め方，感じ方があり，そのどれが正解であるということはなく，その人の「こころのくせ」のようなものであること，またその「くせ」を把握するために心理検査を用いると説明した。

　まず，SCT について尋ねた。前回の診療終了時に手渡され，「すぐ書こう
と思った」が 50 項目あるので時間がかかると思い，改めて別の日に取り組
もうとして，「結局忘れてしまっていた」とのことだった。書いた感想は「書
きにくくはなかったが，慌てて書いたので字が汚いのが申し訳ない」と話さ
れた。内容は全ての項目について書き込まれており，ところどころ誤字をな
ぐり書きで消した痕があった。筆者は，短時間で済ませた大雑把さがある一
方，他者の目を気にして体裁を整えようとする L に，検査の取り組みに対し
て葛藤的な面があるように感じた。字については清書する必要はないもので
あると伝え，中身は後ほど時間をとってしっかりと読ませてもらう，と伝え
た。その後，バウムテストを実施することにした。絵を描くテストであると
告げると，「絵ですか……。昔は絵をよく描いていたんですよ」と笑顔をみ
せた。

　①バウムテスト：結果とその理解
　教示を聞くと，L はあまり躊躇なく初めに中央左側に実を描いた。多くの
被検査者は，木を描く際，幹のラインから描き始める。筆者は L の大胆な描
き順を内心驚きながら見守った。さらに続けて 2 つ実を描き，空間に浮いた
3 つの実に沿うようにそれぞれに枝を伸ばした。枝は全部で 5 本になり，扇
状に広げた。そのまま下へラインを伸ばし，幹，根までを一筆で描いた。そ
して全体的に雲状の樹冠で覆った。実はさらに 2 つ足したが，この時は実を
枝の下部にぶら下がるよう描写した。カーブのかかった地面を描き，最後に
樹冠の左下部の樹幹を追加し，終了した。所要時間は 1 分 43 秒，消しゴム
は一度も用いなかった（図 11-1）。
　PDI では，この木について以下のように語った。森にある「リンゴの木」。
木はあまり古くなく，背は普通。実は少ないがその分一つずつが美味しくなっ
ている。描きにくさはなかったが，「枝分かれを描くべきかなと思った」。
　木のサイズは大きく，タッチは力強い。全体像は用紙内に収まっている。
実と枝の描線が一部重なったところは計画性に欠ける。木全体の構成をみる
と，実から描いたことによるいびつさを，そのほかのパーツの配置によって
後からバランスよく収めたようにみえる。物事への取り組み方として，行き
当たりばったりに始めて，最後につじつまを合わせようとする努力とバラン
ス感覚がうかがえる。一様に広がった分枝のない枝からは思考様式の硬さが
うかがえる。未来・外向などを象徴するとされる右側に，短く歪んだ枝があ

図 11-1　バウムテスト

る。休職中である L が自己の将来への不確かさを抱いていることの表れであるかもしれない。対人場面では，柔軟さをもち，外側の状況に影響を受けやすい様子がうかがえる。水平よりやや偏った地面のラインが根より上にあり，根は地面に食い込んでいるようにもみえる。地面に食い込む根は完全には自分のものとなっていない環境で，自分自身を確立させようとする試みを表すとの指摘もある（Bolander, 1999）。さらに，L の場合，実を真っ先に描いたことから，成果や結果に目が向いていると考えられ，また実が「少ないが，その分美味しくなっている」との PDI の語りから，自らに高い達成水準を課しており，数は少なくとも美味しいものであるとの合理化がうかがえる。

　② SCT：結果とその理解

　50 項目全てに回答。慌てて書いたせいなのか，誤字や書き損じがいくつかある。しかし，急いだにもかかわらず，全項目に回答し，気づいた箇所の書き損じはきちんと正しているところは律義である。「もし私の父がギャンブルをやめさえすれば家族はしあわせになる」や「私と父は似ている」「私の最大の弱点は自制できないこと」「家族は私に失望と心配をしている」と自らが抱えているネットゲーム依存の問題を強く意識している。また家族のなかで父と似た過ちを繰り返している自分に自責の念を向けている。自分自身について「私の不満は自分で計画した行動を実行できないこと」とする一

方,「長所は粘り強い」と肯定的な自己評価があり,「私が偉いと思う人々は常に努力しつづけている人」と高い理想ものぞかせる。対人場面では「他人に指図する場合,私は気をつかう」「友だちづき合いは,私にとって楽しいがときどき疲れる」と情緒的交流に負担感が伴うことがうかがえる。どこか周囲に過剰適応気味に接しているようすもある。干渉的でなく,自分を「だまって支えてくれる」他者を求めているものの,実際に困難な問題に直面すると「抱えこんでしまう」「不安になると黙ってからにとじこもる」状態となる人であり,頼りたい局面では他者に自ら助けを求めることができず,葛藤を抱えやすい。しかしながら,「私の最大の希望は家族」であり,「優しく,たよりになる」家族の存在を支えとする兆しにいくらか明るい可能性がもてる。

(4) ロールシャッハ・テストでの様子

ロールシャッハ・テストは,前回から1週間後に施行した。前回同様,まず体調を尋ねると,昨夜は睡眠があまりとれていないと話しながら「でも,大丈夫です」と筆者に気を遣う様子がみられた。もし途中で気分がすぐれなくなったら,あまり無理しないようにと伝えた上で実施することにした。始める前に,ロールシャッハ・テストについて何か知っているかを尋ねた。すると,知識として名前はきいたことがあるが,どのようなテストかはよく知らないとのことだった。どんな経緯でその知識を得たのか尋ねると,「海外の映画で名前が出てきたので」と答えられた。そしてLから,テストに関する知識があると検査結果になにか影響はあるかと尋ねられたので,内容について知らなければ,特に気にしなくて良いと説明した。検査は約1時間で終了した。

検査終了を伝えると,Lは幾分ほっとした様子で「前回の検査(バウムテスト)より時間がかかりますね」と言った。感想として「どこまで思いついたことを言って良いのかわからず,迷っていた。はじめはちょっとしんどかったが,後半の説明はあまり感じなかった」と答え,自由反応段階での迷いによる負担が意識されていたことがわかった。そして,質疑段階では,テスターとのやりとりによりその負担感がいくらか軽減したようであった。さらに内容に関して,こちらから聞かずとも「人の顔に見えることが多かった」と振り返り,その傾向が人よりも強いのではないか,と不安そうに口にした。筆

者は，自由反応段階での自己の振る舞いが他者と違っているかを気にしながら検査に取り組んでいたＬの思いを想像し，〈人と違ったことを言う傾向が強くないか，気にされていたところもあったのですね。いろいろ考えていたら，お疲れになったでしょう〉とねぎらいながら，検査にはその人の見方や捉え方の特徴が出るが，人は誰でもくせをもっており，どれが悪いとか劣っているということではないのであまり心配しなくてもよいと伝えた。Ｌは「なんか自分でも最近，おかしいと思うことがあって」と自身の捉え方が以前とは違い，非常に他者の目を気にしているような変化があるのだと話した。

ロールシャッハ・テスト：結果とその理解

結果については，自由反応段階の内容の一覧とスコアリングを表11-1に記載する。

総反応数は35で平均的な数である。Ｌが当院を受診する前の診断は「うつ病」であった。一般的に抑うつを強く示す患者のプロトコールではしばしば反応数が少なく，内容の幅が狭く，イメージ・想像力が広がりにくい，また反応潜時が長いなどの特徴がみられる。しかし，これらと一致する特徴はみられなかった。プロトコールの特徴から疾患名が導き出せるわけでは当然ないが，臨床上「うつ病」の診断がつくＬの状態像と，ロールシャッハのプロトコールに示された特徴に重なりがみられるか検討することは，理解の幅を広げる上で役に立つ場合もあるように思われる。

次に，ⅠカードからⅩカードまで反応時間はいずれも1分前後である。初発反応時間は平均で3.6秒と短い。図版とじっくり向き合い，外界からの刺激を内界のイメージと照合し，選択決定し，反応産出する過程で「曖昧さ」に直面するとき，その「わからなさ」を猶予する姿勢に乏しい。曖昧さからくる不安への耐性が低いといえる。そして，dへの言及の多さが示すように，明白かつ了解しやすい部分を取り上げ，不安の解消を試みるようである。ただしd反応の形体水準はさほど高くない。空白反応も，実質部分の複雑さを回避する防衛として用いたと思われる。これらから，Ｌが物事とじっくり向き合い，注意深く観察することなく，表面的・皮相的な理解で対処をし，一時的な自我の安定には役立つ面もあるが，最終的に，現実適応のあまりよくない対処につながっていると推測される。

3つ目に，外的状況への束縛されやすさがある。Ⅰカードで「悪魔」の目が空白4つであるとし，受け身的なあり方がうかがえる。悪魔は空想上の対

表 11-1　ロールシャッハ・テスト（阪大法）

（自由反応段階）	
Ⅰカード	2″「こうもり」5″「カニ」9″「落ち葉」20″「悪魔」∧∨∧<∧　　　　″52
Ⅱカード	2″「男の人の顔」15″「塔みたいな建物」<∧∨∧ 42″「ろうそく」　　″54
Ⅲカード	3″「リボン」7″「人と人が向き合って話している」20″「壺」37″「レントゲン写真」51″「血痕」∧∨　　　　　　　　　　　　　　　′1″09
Ⅳカード	3″「キツネ」14″「虫。大きな虫」　∨ 36″「竜」　　　　　　　　″48
Ⅴカード	1″「ちょうちょ」∨∧ 28″「山」48″「カタツムリ」　　　　　　″54
Ⅵカード	6″「楓」23″「十字架」41″「ロケット」57″「案山子」　　　′1″04
Ⅶカード	2″「ウサギ」18″「電灯」50″|壺」　　　　　　　　　　　　″53
Ⅷカード	7″「ライオンが2匹」19″「魚の開き」28″「花」45″「サメ」　　″54
Ⅸカード	3″「噴水」13″「大きな花」33″「骨盤」　　　　　　　　　　″42
Ⅹカード	7″「小さな妖精」15「エッフェル塔」　∨∧ 53″「王様の顔」　′1″09

(Scoring Table)
R = 35　　TT = 9′ 19″　RT(Av.) = 16.0
R1T(Av.) = 3.6（R1T(Av. n. C.) = 2.8　R1T(Av. C. C.) = 4.4）
RC(Av.) = 0.5（RC(Av. n. C.) = 1.8　RC(Av. C. C.) = 1.6）
Location[W = 16(45.7％)D = 9(25.7％)d = 1(2.9％)Dd = 9(dr = 7, de = 2)　S = 6]
Determinent[M = 1 FM = 0 m = 1 F = 24(68.5％)FT = 1
FC' = 1　C 'F = 3　FC = 4　CF = 3　C/F = 1]
Form Level[F + = 16 (45.7％)〈Popular = 3 (8.6％)〉Fpm = 6　F − = 13 (37.1％)
(Ⅷ−Ⅹ) % = 28.6
AQ = 60 organization[h = 1, l = 0, d = 0, n = 1]
Content[A = 9　(A) = 1　H = 1　(H) = 3　Hd = 1　(Hd) = 1　(dH) = 1　Plt = 4
Obj = 4　Tower = 2　Arch = 1　Water = 1　Na = 1　Clothing = 1　Food = 1
Tr = 1　bonyAt = 1　Xray = 1　Bld = 1]
Sentence Type[CS = 0 (0％)　AS = 30 (85.7％)QS = 5 (14.2％))
Most Like Card = Ⅹ「色合いが華やか。楽しそう」
Most Dislike Card = Ⅱ「赤と黒が好きじゃない。血痕。暗いイメージ」
Selfimage Card = Ⅳ「気分的に明るい感じでない。翼を広げて頑張ろうとしている」

象であるため，目は４つあるとしても非合理的とまでいえないが，同形状の空白が４つあれば全て目とする点は，状況への批判性の働きにくさと考える。さらに，前述の部分決まりの特徴があるように，目を向けやすい特徴的な部分をとらえて，それが全体像として整合性がとれているかの検討をすることなく決定しやすい。これらをまとめると，内外の出来事を把握する際に，もっ

とも重要である正確性や客観性をまず押さえるという識別性が安定して確立
されていない人である。ただし、質疑段階では反応内容にみられる整合性の
不十分さに気づく面があり、他者との言語的やりとりを通じて、現実検討力
を回復させる可能性を有している。

　さらに、環境からの感情刺激に敏感な面がうかがえる。Ⅱカードで「塔。
黒いところが闇」や、Ⅵカードで「案山子。生命感のない感じ」と連想する。
外側の刺激に揺さぶられやすく、漠然とした不安を想起すると自己イメージ
の悪さへとつながっていくようである。一方、攻撃性や生々しい衝動に対し
ては、いったん回避し防衛が成立している。その際、一時的に現実検討が下
がるが、場面が変わると、適応的な対処も可能となり自我の回復はできる。
感情刺激がより複雑な場面では、一つの側面のみを扱い、具体的かつ現実的
な対応をとることができる。このように、過剰な不快さを想起させない感情
刺激であれば、自己感情体験もよく統制され、適応的対処が可能であるが、
不安感や衝動性に直面すると認知に混乱が生じやすく、自己感情の統制が難
しくなる傾向がみられる。

　最後に、対人場面での他者への敏感さがうかがえる。「顔」反応は3つと
多くはなかったが、感想時の語りからLには印象深かったようである。さら
にⅡカードの「男の人の顔」は「どうしても見えてしまう」と自我違和的に
捉えており、対人緊張が高いことも推測される。想起する人間像は「悪魔」
から「十字架（張り付けられた人）」や「案山子」「王様の顔」など現実感の
薄いものであり、現実の生活場面において、他者認知を歪めて主観的に捉え
る傾向が推測される。

　これらのことから、感情刺激の自己統制があまりよくなく、不安や悪い自
己イメージが想起される面がある。対処様式はあまり熟考せず、目についた
関わりやすい側面から手を付けるため、失敗につながってしまう可能性も大
きい。対人場面では、緊張があり、直接的で不快感を伴う感情に直面すると、
いったんその場を回避し、対象から遠ざかる防衛機制を用いる。一時的に状
況認知や他者認知が混乱すると、正確性や客観性を欠いた思考に陥ることも
あるが、他者とのやりとりが有効に働くと現実検討力を回復させる可能性が
あると考えられる。

（5）検査結果のまとめ

　意識的には，達成欲求が高く，周囲から期待される水準に適応しようと努力する人である。SCTにあるように，それを自身の「粘り強さ」であり長所としてとらえている。そして，努力した結果，Ⅼはこれまである程度成功体験を重ねてきたと推測される。しかし，現状は3度目となる休職に追い込まれ「自分で計画した行動を実行できなく」なり，努力が実を結ばないことが増え，自責の念が強まっている。ロールシャッハで示されたように，状況のある側面を捉えて，全体を把握したかのような捉えがあるⅬにとっては，「休職」中であるという事実のみが自己評価の大部分を占めているとすれば，なんとかその状況から脱しようと焦り，心理的に追い込まれやすくなっていることは想像に難くない。また，そのような問題に対処する方向性として，外的状況や自らの内面を，注意深く観察し，熟考するというよりは，場当たり的で表面的ともいえる解決に走りがちである。これは，一度はやらなくなったネットゲームを，受診直後に再開させてしまったという現病歴とも一致する。不安耐性の弱さ，自我の脆弱さが行動化を引き起こした結果と考えられる。そして，これらの行動はⅬの本来望む解決と反対の方向へ進むことにつながっており，悪循環に陥っている。対人交流も避けがちになり，現実を歪めて受け止めてしまう危険性も高まっている。さらに，他者の目に敏感で緊張しがちな傾向は，ロールシャッハ・テスト終了後の感想で述べた「人と違ったことを言う傾向が強いのではないか」という自己認知の歪みにもつながるものと思われた。ただ，それに関してⅬは「自分でも最近，おかしいと思う」と自我違和的に捉える力があることも確認できた。今後，診療や心理面接において，不安感をあまり刺激せず，安定した人間関係の中で，休職している状況に対する現実的な問題解決を検討する方向へ思考の幅を広げられるようサポートすることが必要と考えた。

（6）心理検査の活かし方
①フィードバックの実際

　検査実施から2週間後に，心理士による結果のフィードバックを行った。
　筆者はまずⅬの性格傾向について，努力を惜しまないタイプと伝え，SCTの内容を振り返りながら，〈これまではそれをご自分の長所として捉えてこられたけれど，今はそれがちょっと難しくなっているように思うのですが

……〉と続けた。Ｌは「ここ数年，病気になってから，休んで会社に迷惑を
かけてしまっているので，出社するとその度，これまで以上に仕事をしなく
てはと思ってしまっていた」と振り返られた。また，人の目が気になること
についても，会社で仕事ぶりをどのように評価されているのかが気になり，
抱えている仕事で手一杯の時でも，上司から頼まれると新たな仕事を引き受
けてしまっていたと話した。さらにSCTの記述を用いて，〈そのような時に，
自ら一人になる傾向があるようですね〉と伝えると，はっとした表情になり，
「昔から人に弱みを見せるのがすごく苦手で」，これまでに仕事が忙しくなる
と，仕事量の調整が必要ではないかと周囲から指摘されたこともあったが，
一度断ったら二度と仕事を回されないのではないかとの考えがあり，調節が
できなかったとのことだった。そこで〈不安や心配が大きくなると，物事の
見方や解決法が一つだけに絞られて，それ以外に目を向けることが難しくな
るという人もありますね〉と伝えた。すると，「僕の場合，やっぱり逃げちゃ
いけないっていつも思ってました。逃げちゃいけないのに，気づいたら（ネッ
トゲーム）やってて　　，自分で自分がよくわからないです」と混乱してい
た様子がうかがえた。〈そうですね。かえって違う方向に行ってしまったり
して，自分で何とかしようと思えば思うほど，対処が難しくなることもある
のだと思います〉と返した。Ｌは「そうですよね」と実感をこめてうなづい
た。そこで，〈Ｌさんの努力家なところは，本来はとてもいいところですけ
れど，どうやって元気に復帰していくかについて，努力の方向性がより建設
的な方へ修正できればもっといいように思うので，どうすればそこに向かう
のか，これから一緒に考えてみませんか？〉と提案した。すると「そうですね。
今まで誰にも相談することを避けていましたが，相談してより良くなるなら
やってみます」と前向きな返事であった。最後に，この心理検査のフィード
バックをうけてみた感想を尋ねた。すると「どんなことを言われるのか，自
分は異常なところはないかと心配だった」と，この場に対する構えがあった
と話した。そして，「ロールシャッハ・テストと聞いた時，映画ではある犯
罪者が受けていて，そんなテストをするのかと内心すごくびっくりしました」
とテスト当日は，ロールシャッハ・テストを受けることに強い戸惑いがあっ
たことを明かしてくれた。筆者は，そのようなＬの心の動揺に気づくことが
できなかったこと，Ｌからの質問に，もう少し丁寧に対応すべきであったと
反省した。しかし「弱みを見せるのが苦手」なＬが，今この場において，ご

　自身の気持ちをわずかでも率直に語られたのであれば，それは意味深いことのように感じられた。そして，その後の心理面接を担当する上で，今回のできごとを筆者の心に留めておくこととした。

　本人へのフィードバックについて，「必要なときに必要なことを必要なだけ」を原則とする（小山，2008）ことを大切にしている。Lの理解力や防衛の在り方，認知，感情体験の様式に応じて，それぞれのケースで検討する。今回のLに対するフィードバックでは，それぞれの検査での教示理解がスムーズであったこと，バウムテストのPDI，ロールシャッハ・テストの質疑段階での言語表現の豊かさなどから，知的理解力は高い方であると考えていた。しかし，他者評価を気にする面があり，不安を強く喚起される場面で客観的な見方が後退する可能性もあったことから，感情面の話題に触れる際には，本人の感情体験に焦点を当てすぎず，一般的な例として，不安感によってその人の行動面が制限されることもあるという間接的な表現にとどめた。また，検査中の過剰適応気味なふるまいがあったことから，もしフィードバックの内容にあまり納得できなかった場合，疑問点などを口にしにくいのではないかと予測した。このような場合，筆者はフィードバックの内容に時間を割きすぎず，その後のクライエントから感想を述べてもらう時間を長めにとることにしている。フィードバックがクライエントにどのように体験されたかを知り，その場で起きてくる感情に思いを巡らせ，共有できるとよいように思う。心理検査もフィードバックも心理面接の場の一種であるという前提もある。クライエントが自身の抱える現状の困り感と，結果をつなげる作業を進めていくうちに，自己理解が深まり，その上で今後の主治医との診察や，心理面接の場で自分らしい生き方やそれを阻む問題と向き合ってみようという前向きな思いを持てることが目標である。その過程を踏まえて，これまでの生育歴と現在の自分をつなげた新たな文脈がつくられ，その後の方向性が共有できると，次に続く心理面接への動機づけを高めることができるとも考えている。

　また，主治医への結果報告はカルテに挟む書面で行われる。可能な限り，直接話し合うよう心掛けるが，時間的な余裕がないこともしばしばある。不定期に行われるカンファレンスなどでも共有したい全てを扱うことは難しい。日頃から，合間の時間やたわいもない会話の延長から，医師や他の専門職との意見交換の機会をみつける工夫も必要であろう。所見では伝えきれな

い検査の手ごたえや違和感，直観的な「感触」についても共有するなかで
ケース理解が深まることもある。そのようなことが行える臨床の場を与えて
もらったことを大変貴重であると思うし，感謝している。

②その後の経過

　心理面接では，これまでの休職に至った要因を振り返り，L自身も時に高
すぎる達成水準に翻弄されてきたこと，「休職の事実＝汚点」と決めつけ，
それを取り返そうとしてなお高い達成目標をあげてしまっていたことなどを
整理していかれた。また休職中の生活面について，主治医から規則正しいリ
ズムで生活を送るよう指導を受けると，それまで午後近くまで寝ていた生活
から，一転して朝の出勤時間に合わせて起床しようとするなど，頑張りすぎ
てしまう傾向が依然としてみられた。しかし，復職に向かう焦りや不安につ
いて話し合い，対処を模索することが続いた。また，当初は語られなかった
家族についても，これまで一度も家族には弱音を吐いたことがなく，家族に
こそ「もっとも自分のことを話すのが難しいのかもしれない」と孤独感を表
した。生育歴のなかで「何でも自分一人でできなければならない」と高い要
求を自らに課すようになった経緯を振り返っていかれた。面接は復職後も続
き，実際に会社での人間関係をめぐる不安感やその対処について，徐々に自
信をつけ「仕事との距離は二歩下がってみられるようになった」と語られた。
就労が安定した状態が一年ほど継続したところで面接終了とした。

（7）心理検査を「役立てる」こと

　検査バッテリーから得られた種々の側面を統合し，クライエントの生活歴，
現病歴と照らし合わせながら，その方の心のありようを立体的に理解しよう
とすることは重要である。また，検査内容そのものだけではなくそれぞれの
結果の矛盾点や，本人へのフィードバックで出てきた疑問点が新たな宿題と
なって手元に残ることもしばしばある。そうであったとしても，心理面接の
際はそれらを「あえて脇に置いて」その場に臨むこともまた重要と感じる。
心理検査から得られる理解をクライエントに当てはめるのでなく，その後の
クライエントとの関わりの中で，持ち続けた問いへの気づきが，ふと立ち現
れる瞬間があって，それらをうまくクライエントに還元できるよう取り組む
ことが大切ではないかと感じる。

文　献

Bolander, K（1977）：*Assessing Personality through Tree Drawings.* New York; Basic Books.（高橋依子（訳）（1999）：樹木画によるパーソナリティの理解．ナカニシヤ出版，pp.218-219.）

厚生労働省（2012）：職場における心の健康づくり─労働者の心の健康の保持増進のための指針．https://www.mhlw.go.jp/content/000560416.pdf（2023.8.08 閲覧）

厚生労働省（2020）：労働安全衛生調査（実態調査）．https://www.mhlw.go.jp/toukei/list/dl/r02-46-50_gaikyo.pdf（2023.8.08 閲覧）

厚生労働省（2023a）令和 4 年中における自殺の状況．https://www.mhlw.go.jp/content/R4kakutei01.pdf（2023.8.08 閲覧）

厚生労働省（2023b）令和 4 年度「過労死等の労災補償状況」．https://www.mhlw.go.jp/stf/newpage_33879.html（2023.8.08 閲覧）

小山充道（2008）：心理アセスメントのフィードバック：心理テストを中心として．In：小山充道（編）：必携 臨床心理アセスメント．金剛出版 , pp.483-495.

第 12 章

高齢期

松田　修

I　はじめに

　高齢期の人に対する臨床心理アセスメントで最も重要な評価対象のひとつは，認知機能である。なぜなら，認知機能は加齢に伴って低下しやすく，また，高齢になるほど，軽度認知障害や認知症など，認知機能の障害を主訴とする精神障害の出現率が増し，そのために医療機関を受診する高齢者が増えるからである。

　認知症は，一度正常に発達した後に起こる認知機能が病的低下し，それにより，日常生活や社会生活の自立に支障を来たした状態を表す概念である。その中核的症状は認知機能の障害である。それゆえ，認知症が疑われる患者の診断や病態把握に際しては，認知機能に関する臨床心理検査バッテリーによる評価が必要となる。認知機能検査は，画像検査や血液検査と同様に，認知症診断における客観的根拠を得る上で，重要な役割を担っている。

　本章では，認知症を疑って医療機関を受診した 2 つの架空事例を取り上げ，これらの人々に対する認知機能の臨床心理検査バッテリーについて解説する。

II　代表的な認知症とその認知的特徴

　ここでは，代表的な 4 つの認知症の認知面の特徴を整理し，どのような臨床心理検査バッテリーが必要かについて解説する。

（1）アルツハイマー型認知症

　アルツハイマー型認知症は，アルツハイマー病を原因とする認知症で，潜在的に発症し，進行性の経過をたどる。アルツハイマー型認知症は，最も多い認知症のタイプで，認知症全体の 2/3 を占める（下濱，2020）。アルツハイマー型認知症では，記憶障害，実行機能障害（遂行機能障害），見当識障害，言語障害，注意障害，視空間認知障害などの多彩な認知機能の障害が起こる（APA ／日本精神神経学会，2014；下村・菊谷，2012）。特に，エピソード記憶の記銘力障害（近時記憶障害）が顕著である。

（2）血管性認知症

　血管性認知症は，脳血管機能障害を原因とする認知症である。患者の臨床症状は，原因となる脳血管障害の特徴としばしば関連する。したがって，認知機能障害の特徴も，脳血管障害の様相と関連する。

（3）前頭側頭型認知症

　前頭側頭型認知症は，前頭葉と側頭葉前部に限局した変性を来し，著明な人格変化や行動障害，言語障害を主徴とする変性性認知症を包括する疾患概念である（遊亀・橋本・池田，2010；品川，2018）。DSM-5 によると，このタイプの認知症の認知機能障害の特徴は，社会的認知（情動認知や心の理論を含む），実行機能，言語の障害である（APA ／日本精神神経学会，2014）。

（4）レビー小体型認知症

　レビー小体型認知症は，アルツハイマー病に次いで多い変性性認知症疾患である（石井・水上，2010）。アルツハイマー病と同様に，進行性の認知機能障害を特徴とするが，アルツハイマー型認知症のように早期から著明な記銘力障害を認めることはなく，注意，実行機能，視空間認知の障害が目立つことが多いといわれている（石井・水上，2010）。注意が覚醒レベルの変動を伴う動揺性の認知機能障害も特徴である（中島，2020）。その他，パーキンソン症状，幻視，レム睡眠行動障害，自律神経症状などが認められるのも特徴とされている（吉田・山田，2008）。

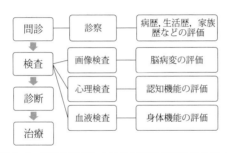

図 12-1　認知症診療における臨床心理検査の位置づけ

Ⅲ　認知機能の問題を主訴として受診する高齢者の アセスメントの流れ

　物忘れや物覚えの低下など，認知機能の低下を主訴として医療機関を受診した場合，臨床心理学の専門家は，医師からの依頼を受けて，主訴に関する客観的証拠を得るために心理検査を行う。

　一般に，認知症や認知機能障害が疑われる患者に対しては，その背景にあると仮定される病気の診断のために包括的なアセスメントが行われる。図12-1 は，認知機能の低下を主訴とする患者に対して行われる一般的な診療の流れを示している。

　図 12-1 に示すように，認知機能低下を主訴とする患者に対して行われる心理検査の主たる目的は，認知機能評価である。すなわち，認知機能障害の有無や程度，パターンの評価である。医療機関によっては，患者の主訴や状態に応じて，臨床心理学の専門家が，医師から，どのような検査バッテリーが望ましいかについて相談を受け，それに基づいて，医師が検査のオーダーを出すところもあれば，あらかじめ一次評価としてどのような検査バッテリーを行うのかを決めておき，その上で，追加が必要な検査を検討するという手続きをとっているところもある。

　いずれにしても，どのような臨床心理検査バッテリーが望ましいかを判断する際には，第 1 に，本人の主訴に応じた検査バッテリーを組むこと，第 2 に，本人の状態，例えば，難聴や麻痺など，感覚運動機能や，教示理解力の程度，あるいは，本人の検査に対するモティベーションや構えに応じた検査バッテリーを組むことが必要である。なぜなら，進行した認知症の人々に対して，複雑で時間のかかる検査では妥当な評価はできないし，また，初期な

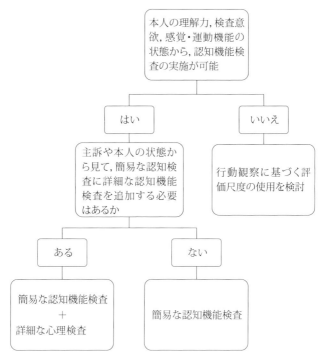

図 12-2　認知症が疑われる患者の認知機能に関する臨床心理検査バッテリーの選択チャート

いしは軽度の認知症が疑われる人々に対して，簡易スクリーニングだけでは
主訴の背景にある軽微な認知機能の低下を的確に評価することが困難なこと
があるからである。さらに言えば，認知症の中には，アルツハイマー型認
知症のように，記銘力障害が目立つタイプもあれば，レビー小体型認知症の
ように，早期は記銘力障害よりも，注意や視空間認知の障害の方が目立つタ
イプもある。主訴や経過などから仮定される認知症のタイプによっても，ど
のような検査によってバッテリーを組むかを考えることも重要な判断といえ
る。

Ⅳ　認知症の臨床心理検査バッテリーの基本方針

　図 12-2 は認知症が疑われる患者に対する検査バッテリーを検討する際の
基本的な流れを示している。認知症では，抑うつやアパシーなどの心理症状
が伴われることが少なくない。また，認知症が疑われる人々の多くは高齢者

である。それゆえ，認知症による認知機能の障害に加えて，老化による認知機能の低下が起こっている場合や，視覚や聴覚といった感覚機能の低下や，麻痺や振戦などの運動機能の低下が起こっている場合もある。これらは，検査の結果を大きく左右することから，その影響を最小限にとどめて，より純粋に認知機能の状態を評価するには，どのような検査が適しているかを慎重に吟味する必要がある。すなわち，本人の主訴はもちろん，心理症状，年齢，感覚機能や運動機能など，本人の状態に応じて，どのような検査バッテリーが最も効果的か判断する必要がある。

　どのような検査バッテリーが有効かを判断する第 1 のポイントは，検査のボリュームが患者にとって適切かどうかについてである。高齢者は，若い成人に比べて，長時間に及ぶ検査は不向きと言われている。その理由の一つは疲労や集中力の低下が起こりやすく，そのために，検査結果の信頼性や妥当性が損なわれやすいことがあげられる。認知機能検査は，画像検査や血液検査に比べて，検査者とのラポールや検査実施中の本人の意欲や態度が検査結果に大きな影響を与えることが少なくない。特に，検査者とのラポールは重要である。そのために，検査者には，たとえ簡便な検査であっても，被検査者である患者と短時間のうちに信頼関係（ラポール）を形成し，検査中はその維持に努めることが求められている。ところで，臨床実践では，問題数の少ない検査が好まれることがあるが，問題数の少ない検査は誤差の影響を受けやすく，信頼性の問題が生じる可能性がある。この点には慎重な配慮が必要である。また，簡易スクリーニング・テストだと，患者によっては問題が簡単すぎて，病初期の軽微な認知機能の低下を的確に検出することが困難となることもある。これらの点を総合的に考慮して，どのような検査バッテリーがふさわしいかを判断する必要がある。

　第 2 のポイントは，どのような認知領域を評価対象にすべきかに関する判断である。図 12-3 は，認知症の認知機能検査で評価すべき主要な認知機能を示している。かつては，認知症といえば，エピソード記憶の記銘力障害が最も特徴的な認知機能障害であると考えられていた。たしかに，認知症の主要なタイプであるアルツハイマー型認知症を最も特徴づける症状は，著明な記銘力の障害である。しかし，最近では，認知症の中には，記銘力障害よりも，他の認知機能の障害の方が目立つタイプが存在することが知られるようになってきた。その結果，記憶以外の領域を含む包括的な認知領域のアセス

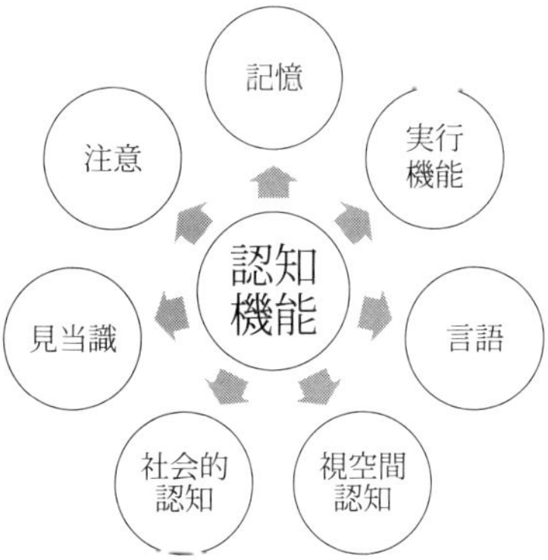

図 12-3 認知症のアセスメントにおいて評価すべき認知領域

メントが推奨されるようになった。とりわけ，実行機能の評価は重要である。実行機能とは，私たちが日常生活の中で自らの意思に基づいて効果的に行動するのに必要な機能である。具体的には，物事を自ら計画，開始，監視し，必要に応じて中止または修正することで，目標を達成する機能である。実行機能の低下は，献立を考える，旅行や予算の計画を立案する，金銭を管理するなど，手段的日常生活動作に大きな影響を与えると考えられる。アルツハイマー病では病初期から実行機能の低下を示唆する生活機能障害が，本人や家族から語られることが少なくない。加えて，レビー小体型認知症，血管性認知症，前頭側頭型認知症でも，実行機能の低下は報告されることが多く，認知症患者の生活機能に大きな影響を与えている。なお，DSM-5 で神経認知障害群の基準となる認知障害の領域として，学習と記憶，実行機能，複雑性注意，言語，知覚−運動，そして社会的認知の6領域が提案されている（APA／日本精神神経学会，2014）。

　臨床現場における検査選択の判断では，簡易な認知症スクリーニングテストのみでよいのか，特定の認知領域に特化した比較的実施しやすい検査を追加した方がよいのか，あるいは，項目数が多く，より広範囲の認知領域の測定が可能な包括的な検査バッテリーを実施した方がよいかは，常に，患者の主訴や状態から判断しなくてはならない。

V　事　例

事例1

①主訴

物忘れ，同じことを何度も聞いてくる，献立を考えるのが苦手になった。

②経過

Mは，70代半ばの女性である。現在，息子夫婦，2人の孫と5人暮らしをしている。息子夫婦は共働きのため，料理や洗濯などの家事のほとんどは，長年Mが担当してきた。

半年ほど前から，同じことを何度も聞くようになったり，家族から頼まれた買い物を忘れたり，友達との約束を忘れたりすることがあった。本人によると，最近元気がなく，家事をするのが億劫になってきたそうである。心配した家族の勧めで医療機関を受診することになった。

③診察時の様子

表面的には知的機能の低下は目立たず，合理的な会話ができた。礼節も保持され，社会性の問題も認められなかった。

「物忘れはどうですか」という医師の質問には，「もういい年ですから」と受け答えるが，「でもやっぱり，徐々に気になってきました」と語った。医師が家事について質問すると，本人は「きちんとやっています」と答えるも，同席した家族は苦笑いをした。家族によると，元々料理上手で，子どもや孫が来ると喜んで手作り料理を振るまっていた。しかし，このところ，子どもや孫が集まっても自分で料理を作ろうとはせず，外食や出前を取るようになった。この点について質問されると，本人は，「何を作るかを考えるのがだんだん面倒になってきて」と話した。また，普段の食事の用意についても，「本当は少し億劫になってきている」と話した。「家族が自分について心配していることは理解している」と話し，「心配なので今日はここに連れてきてもらいました」と話した。

④本事例に対する臨床心理検査バッテリーの考え方

エピソード記憶（近時記憶）と実行機能の低下が主訴として語られている。また，診察場面での会話からは，知的機能の低下は目立たず，合理的な会話ができ，また，礼容も保たれ，前頭側頭型認知症のような社会的行動障害や言語障害の兆候も認められない。認知障害の程度も，比較的軽度であると推

定される。

　以上の点から，本事例に対しては，一次評価としての簡易な検査を実施し，その後必要に応じてより複雑な検査を二次評価として実施するという流れが考えられる。

　簡易な認知機能検査としては，Mini-Mental State Examination（MMSE；Folsteinら，1974）または，改訂長谷川式簡易知能評価スケール（HDS-R；加藤ら，1991）のような認知症スクリーニングテスト，日本語版Neurobehavioral Cognitive Status Examination（COGNISTAT［コグニスタット］：松田・中谷，2004）が適していると思われる。MCIのスクリーニングならば，MoCA-J（鈴木・藤原，2010）やCognistat® Five（新井・髙山・高山，2019）が適用できる。これらの検査バッテリーから，認知機能の特徴を大まかに掴み，より詳しい検査が必要かどうかを判断する。

　ところで，本事例のように，認知機能障害の程度が比較的軽度であることが予想される患者では，MMSEやHDS-Rのようなスクリーニングテストの結果が陰性となることがしばしばある。すなわち，MMSEでは24点以上，HDS-Rでは21点以上の得点を示すことがある。しかし，簡易なスクリーニングテストの得点が一般的なカットオフを上回っていたとしても，それをもって直ちに異常なしと判断することはできない。その前に，失点した項目があれば，どの項目で失点したのかを丁寧に検討することが重要である。本事例のように，近時記憶と実行機能の低下が疑われる患者の場合には，MMSEやHDS-Rに含まれる遅延再生，日時の見当識，連続7減算，逆唱など，エピソード記憶や，実行機能の重要な構成要素であるワーキングメモリーを反映する項目で失点はなかったかに注目するとよい。満点の場合には，必要に応じて，後述する検査の実施を考えてもよい。

　もし，簡易な認知機能検査の結果からでは，本人の主訴を裏付け客観的証拠を十分に得ることができなかった場合には，必要に応じてより詳しい認知機能検査バッテリーの実施を検討してもよい。例えば，同年齢集団との相対比較による水準の判断が可能な知能検査である日本版Wechsler Intelligence Scale第4版（WAIS-Ⅳ；Wechsler・日本版WAIS-Ⅳ刊行委員会，2018）や，エピソード記憶の測定が可能な検査バッテリーである日本版Wechsler Memory Scale改訂版（WMS-R；杉下，2001）を利用できる。WAIS-Ⅳの適用年齢範囲は16〜90歳で，これらの年齢範囲内の人々を複数の年齢階

級に分け，各年齢階級内の集団における個人の知的機能の相対的な位置を推定することが可能である。検査では，結晶性知能，流動性推理，視覚処理，ワーキングメモリー，処理速度の測定が可能である。一方，WMS-R の適用年齢範囲は 16 〜 74 歳で，WAIS- Ⅳと同様に，複数の年齢階級ごとに，同年齢集団における個人の記憶や注意機能の相対的な位置の推定が可能である。検査では，言語性エピソード記憶，視覚性エピソード記憶，注意やワーキングメモリーなどの評価が可能である。WAIS- Ⅳの各合成得点（FSIQ, VCI, PRI, WMI, PSI）と，WMS-R の各合成得点（言語性記憶指数，視覚性記憶指数，一般的記憶指数，注意指数，遅延再生指数）を比較することで，患者のエピソード記憶や知的機能を含む包括的な認知機能の個人内差の分析が可能になり，より詳細な認知機能の特徴を掴むことができる。その他，展望記憶の測定が可能な日本版リバーミード記憶検査（綿森ら，2002）も有用である。実行機能をより詳しく評価したい場合には，BADS 遂行機能障害症候群行動評価日本版（鹿島，2003）を使用することが可能である。BADS は 6 つの下位検査（規則変換カード検査，行為計画検査，鍵探し検査，時間判断検査，動物園地図検査，修正 6 要素検査）から構成されており，実行機能を包括的に評価することのできる検査である。

　アルツハイマー病や，その前駆段階である軽度認知障害が疑われる場合には，上記の検査の他に，日本版 Alzheimer's Disease Assessment Scale-Cog（ADAS-J-cog；本間ら，1992）を実施してもよい。ADAS-J-cog は，アルツハイマー病の治療効果を評価する目的でしばしば使用される検査であるが，エピソード記憶に加えて，言語，視空間認知，観念運動，見当識など，アルツハイマー病でしばしば障害されることの多い認知領域が包括されている。エピソード記憶については，単語再生と単語再認の 2 種類の課題が用意されていることや，立方体の模写など，構成失行や視覚運動協応の問題を検出可能な項目が含まれている。進行性の経過をたどる変性症が認知機能障害の背後にあると考えられる場合には，治療経過の評価という意味においても，ADAS-J-cog は有用である。

　しかし，上述の検査バッテリーの実施には，熟練した検査技能が必要である。すなわち，標準的な実施法の遵守と対象者（患者）－検査者間のラポール形成と維持を両立し，かつ，標準的な時間内に検査を終える努力と技能が必要である。筆者は，こうした検査者の技能を検査者能と位置づけ，検査の

性能に関する検査能と同じく，妥当な検査結果を得るために不可欠な要素と考えている（松田，2022）。複雑な検査は，簡易な検査よりも詳細な情報を与えてくれるが，それはすべて妥当な結果が得られるための条件が整っている場合に限られていることを忘れてはならない。

事例2

①主訴

物忘れ，最近，ぼんやりしている，幻視がある。

②経過

Nは80代の女性で，50代の息子と2人暮らしである。最近，夜中に大声で誰かと話をしているといった出来事があった。認知機能も低下し，家事のし忘れやミスが気になり始めてきた。

③診察時の様子

医師から物忘れはどうかと質問されると，「あります。でも，年相応ですから」と答えた。今心配なことは何かと聞かれると，「今日，ここに来たのは自分でもおかしいなぁと思うのですが，最近，知らない人が家に来て，お腹が空いたというのです」と話し始めた。「息子からはそんなはずはないといわれるのだけれど」と話した。家事は何とかこなしているが，お風呂のスイッチを入れ忘れるなどの失敗は少しずつ起こってきていた。

④本事例に対する臨床心理検査バッテリーの考え方

医師は，レビー小体型認知症とアルツハイマー型認知症を疑い，心理士に検査を指示した。この場合，一次評価として物忘れを主訴にしていることから，一般的な認知症のスクリーニングテスト（例：MMSE，HDS-R）や簡易認知機能テスト(例：コグニスタット)を選択するのがよい。先述のように，レビー小体型認知症では，アルツハイマー病のように早期からの著明な記憶障害を認めることはなく，注意，実行機能，視空間認知の障害が目立つことが多い（石井・水上，2010）。したがって，一次評価では，遅滞再生のみならず，注意，実行機能，視空間認知を反映する項目，例えば，MMSEの連続7減算や図形模写，HDS-Rの逆唱，コグニスタットの注意，構成，計算，類似などの成績に注目するとよい。

もし，簡易テストで主訴を裏付ける客観的証拠となる所見が得られない場合には，より詳細な臨床心理検査バッテリーの実施を検討してもよい。その

場合には，注意，実行機能，視空間認知に焦点を当て検査バッテリーを選択することも検討してよい。注意に関するテストには，包括的な検査である標準注意検査法（日本高次脳機能障害学会，2006）がある。実行機能については，先述の BADS（鹿島ら，2003）や，Frontal Assessment Battery（Dubois, et al, 2000；小野，2001；Nakaaki, et al, 2007）がある。視空間認知に関しては，日本高次脳機能障害学会（1997）による標準高次視知覚検査がある。

VI　おわりに

　認知症は早期発見・早期対応が重要である。もちろん，現時点では多くの認知症は根治できない。よって，早期発見が早期絶望といわれる事態を招かぬための支援をより一層充実させる必要がある。近年国民の認知症への関心や理解は高まり，確実に従来よりも軽度な低下の時期に医療機関を受診する患者が増えている気がする。軽度認知障害レベルの患者は特に増えた。この流れが続けば，おそらく近いうちに，認知症を念頭においた従来の臨床心理検査バッテリーよりも，軽度認知障害を念頭においたバッテリーがより重要になる日がやってくると思う。

文　献

American Psychiatric Association (APA) (2013)：*Diagnostic and Statistical Manual of Mental Disorders, 5th Edition.* Arlington.（高橋三郎・大野裕・染矢俊幸・神庭重信・尾崎紀夫・三村將・村井俊哉（訳）(2014)：DSM-5 精神疾患の診断・統計マニュアル．医学書院．）

新井平伸（監修），高山敏樹・高山豊 (2019) 日本語版 Cognistat® Five 検査マニュアル．ワールドプランニング．

Dubois, B., Slachevsky, A., Litvan, I., & Pillon, B. (2000)：The FAB: A Frontal Assessment Battery at bedside. *Neurology*, 55; 1621-1626.

Folstein, M.F., Folstein, S.E., McHugh, P.R. (1975)："Mini-Mental State": A practical method for grading the cognitive state for the clinician. *J Psychiatry Res*, 12; 189-198.

石井映美・水上勝義 (2010)：代表的疾患 2. レビー小体型認知症．In：三村將（編）：新しい診断と治療の ABC66　認知症　精神 6．最新医学社，pp.72-79.

鹿島晴雄（監訳）(2003)：BADS 遂行機能障害症候群の行動評価 日本版．新興医学出版社．

加藤伸司・下垣光・小野寺敦志ほか (1991)：改訂長谷川式簡易知能評価スケール (HDS-R) の作成．老年精神医学雑誌, 2(11); 1339-1347.

本間昭・福沢一吉・塚田良雄ほか (1992)：Alzheimer's Disease Assessment Scale (ADAS) 日本版の作成．老年精神医学雑誌, 3; 647-655.

松田修 (2022)：認知機能の減退．In：松田修・滝沢龍（編）：現代の臨床心理学 2　臨床

心理アセスメント．東京大学出版会，pp.103-123.

松田修・中谷三保子（2004）：日本語版 Neurobehavioral Cognitive Status Examination（COGNISTAT）マニュアル．ワールドプランニング．

Nakaaki, S., Mimura, Y., Sato, J., et al.（2007）：Reliability and validity of the Japanese version of the Frontal Assessment Battery in patients with the frontal variant of frontotemporal dementia. *Psychiatry and Clinical Neurosciences*, 61; 78-83.

中島健二（2020）：レヴィ小体型認知症の臨床のポイント．In：中島健二・下濱俊・冨本秀和・三村將・新井哲明（編）：認知症ハンドブック　第 2 版．医学書院, p.574.

日本高次脳機能障害学会（旧日本失語症学会）（編）（2006）：標準注意検査法・標準意欲評価法．新興医学出版社.

日本高次脳機能障害学会（旧日本失語症学会）（編）（1997）：標準高次視知覚検査．新興医学出版社.

小野剛（2001）：簡単な前頭葉機能テスト．脳の科学, 23; 487-493.

下濱俊（2020）：アルツハイマー型認知症の臨床のポイント．In：中島健二・下濱俊・冨本秀和・三村將・新井哲明（編）：認知症ハンドブック　第 2 版．医学書院, pp.502-503.

下村辰雄・菊谷千映子（2012）：アルツハイマー病の認知機能検査. In：辻省次（総編集），河村満（専門編集）：アクチュアル脳・神経疾患の臨床：認知症神経心理学アプローチ．中山書店, pp.54-61.

品川俊一郎（2018）：前頭側頭型認知症．In：老年精神医学：診断と治療の ABC．最新医学社, 132; 109-114.

杉下守弘（2001）：日本版ウェクスラー記憶検査改訂版．日本文化科学社.

鈴木宏幸・藤原佳典（2010）：Montreal Cognitive Assessment（MoCA）の日本語版作成とその有効性について．老年精神医学雑誌, 21(2); 198-202.

吉田光宏・山田正仁（2008）：臨床症状と経過．In：日本認知症学会（編）：認知症テキストブック．中外医学社, pp.268-275.

遊亀誠二・橋本衛・池田学（2010）：代表的疾患 3. 前頭側頭葉変性症．In：三村將（編）：新しい診断と治療の ABC66　認知症　精神 6．新医学社, pp.81-91.

綿森淑子・原寛美・宮森孝史ほか（2002）：日本版 RBMT リバーミード記憶検査．千葉テストセンター.

Wechsler, D.，日本版 WAIS-Ⅳ刊行委員会（2018）：日本版 WAIS-Ⅳ成人知能検査．日本文化科学社.

第3部　臨床心理検査結果のフィードバック

第13章

検査結果のフィードバック に関する考え方

津川律子

I　フィードバックの前に

　検査結果のフィードバックは，簡単なようにみえて高等技術である。まずは，各臨床心理検査を，（1）きちんと実施できること，（2）行動観察等を含めて記録できること，（3）自分でデータを正しく処理できること，（4）複数の検査結果を統合して所見を書けること，それも（5）心理支援に役立つ所見を具体的に書けることが前提であり，これだけでも年余にわたる臨床実践と指導を受け続けることが必要になってくる。具体的には次のとおりである。

（1）きちんと実施できること

　問題を暗記しているといったこと以外に，対象者との関係性の中で臨床心理検査を適切に実施できることが必要であり，検査中はもちろんのこと，検査前と検査の終わり方などについて臨床指導やスーパーヴィジョンを受けながら基礎を培う。津川・篠竹（2010）などが参考になる。

（2）行動観察等を含めて記録できること

　ただ採点するだけでなく，行動観察を含めて記録する。とくに，質的なデータ（例えば誤答のあり方や回答のパターンなど）をよく押さえて記録しないと有益な所見がもたらされない。

（3）自分でデータを正しく処理できること

　処理ソフトが販売されているものであっても，自分で正しく手計算できるようにしておく。そうすることで，なぜその値が算出されるのかがわかり，意味ある所見へとつながる。また，その値がとる範囲等の特徴がわかっていれば，処理ソフトのバグや手処理における誤りを発見できることになり，誤情報を生み出さない予防となる。

　ちなみに，心理統計で用いるさまざまな値には，それぞれ特徴や意味がある。誰もが知っている「相関」ひとつ取っても，本当は何を示しているのかをわかっておくとよい。具体例として，「0.91 という強い正の相関が出た」と喜んでも本当は無相関であったり，「− 0.02 で無相関だった」と思ってガッカリしたが，実は 2 つの変数の間には強い関係が認められるという場合もある。0.91 や− 0.02 といった数値の表面だけを見るのではなく，なぜその数値が算出されているのかという背景がわかっていると，誤った数値解釈を避けられる。羽生・津川（2012）などが参考になる。

（4）複数の検査結果を統合して所見を書けること

　検査結果は，数値だけでなく質的なデータも含めて，妥当性の担保された結果を明瞭に書く。検査結果報告書の冒頭に検査状況や行動観察の要点などを書くことも多い。A という心理検査の結果を書き，次に B 心理検査の結果を書き，最後に C 心理検査の結果を書き，最後に 3 つの検査結果の要約をして終わりではない。ABC という複数の検査結果で共通する部分と，矛盾する部分が生じるはずで，矛盾しているようにみえる部分に，心理支援のための鍵があることが多い。各々，測定する水準や側面が違う臨床心理検査を実施する理由のひとつがここにある。

　たとえば，質問紙法のうつ尺度の結果は，薬物療法が必要なほどの抑うつ状態に位置するが，投映法に属する SCT の結果は，文字数，文章量，筆圧など，どれをとっても抑うつ的とはいえず，本人も SCT の中で体調不良や抑うつ気分を訴えていない，といったことが起こり得る。さらに，ロールシャッハ・テストでは抑うつ指標には該当しないが，感情（affect）に課題があり，どういう課題かというと，感じているものはたくさんあるのにその表出が極端に少ないという結果であった，といったように各検査結果の矛盾や齟齬に見える特徴を読み解くことで，対象者に関する統合的な所見につながってゆく。

（5）心理支援に役立つ所見を具体的に書けること

　所見は，検査を受けた対象者の心理学的特徴，潜在している能力，指摘できる課題などを，臨床情報や背景情報等も参考にしながら統合し，所見の最後に「まとめ」として盛り込む。そして，そこで終わらず，どのような心理支援が対象者の役に立つのかに関して具体的な示唆を書けるように努力する。心理支援を具体的に書く際に，次の「Ⅱ」で述べるような内容を検査開始前に把握しておくことが役に立つ。

　永田（2012）は，臨床経験の浅い者（大学院生）に検査報告書および家族用のフィードバック資料を作成させたところ，次のような特徴があったと報告している。①専門用語の多用，②一部のみの強調，③客観的に得られた数値の結果よりも自分が検査をしてみての印象が有意になりやすい，④事前に得た情報に結果が引きずられやすい，⑤結果から導かれる対応が一般論的，である。どれも課題であるが，最後の「⑤結果から導かれる対応が一般論的」はとくに実感する。そのため，「具体的に」と強調した。

　「本人を支持するような心理支援が必要」といった所見では当たり前すぎる。心理支援の目的が「自己実現すること」などでも具体性に乏しく，現実的な臨床実践に益しない。たとえば，「〜○○○の理由により，洞察志向的・内省的な心理療法よりも，生活支援を中心とした心理支援が適応であり，×××という特徴から，いきなり集団よりも個人面接を先に導入することが望ましい。個人面接に際しては，△△△という本人が意識している心理的課題を手がかりとして始めると展開がスムーズになることが予測される」「〜という特徴から×××といった技法よりも，○○○技法の方が対象者には適切」といった，具体的な所見が書けるように努力したい。

Ⅱ　検査実施前に対象者が心理検査で知りたいことを把握する

　臨床心理検査においては，自発的に検査を受けにきた場合であっても，そうでなくても，検査を受ける本人が，検査を通じて何を知りたいかを，検査に入る前に聴いておくことが基本である。いわゆる「ラポール」の中に含まれる。

　たとえば精神科病院でこれを尋ねると，「医師（主治医）から受けるように言われました」という回答になったりするが，これだけで終わってはいけない。主治医がどういう理由で心理検査の受検を勧めているのだと "本人が"

理解しているのかを知りたい。たとえば，主治医が鑑別診断の補助という目的で心理検査の実施を検査者に依頼していたとしても，そのことをどう対象者に伝えているかは個別性がある。また，主治医が思う検査目的を正確に対象者に伝えていたとしても，対象者の受け取り（認知や理解）にも個別性がある。加えて，主治医の検査目的と，対象者本人が知りたいと思っていることは同じでない可能性がある。

　主治医の検査目的とは別に，対象者にとって，そもそも自分がどういうことに困っていたり，悩んでいたり，知りたいと思っているのかに関して，できるだけ心理検査実施前に具体的なニードを把握しておくことは，実りあるフィードバックの前提となる。これを Finn（2007）は「アセスメント・クエスチョン」と呼んでいる。

　たとえば，学生相談の場面で「自分のことを知りたいんです」という答えであれば，自分の何を知りたいと希望しているのかを把握する。「自分に自信がないんです」であれば，「自信がない」のはどういう時にそれを感じ，いつから自信がなく，どれくらい自信をつけたいのか，どうなりたいと思っているのか，といったように，できるだけ明細化されたニードを把握するよう努めたい。このことが，有益なフィードバックを生む下地となる。もちろん，具体的なアセスメント・クエスチョンを出せない対象者もいる。それはそれで，そういった事実が心理アセスメントの情報のひとつとなる。

Ⅲ　検査が終わったあとの時間とフィードバックの時間は別のものである

　心理検査が終了したあとに，検査を受けた感想を聞き，対象者をねぎらうといったフォローの時間を設けることが通常である。この時間帯に，心理検査の結果を尋ねられることも少なくない。しかし，心理検査結果は正確にいえば，まだ出ていない。詳しい数値の計算が出ていないというだけでなく，検査者が各検査を読み込んで，前述のように総合的な所見を出せていない状態である。つまり，この時間は，検査結果のフィードバックの時間ではない。そのことを対象者に説明する。

　むしろ，この時間は対象者の不安や不全感を最小限にし，検査を受けたという体験が充実感をもって終われるようにするために相互交流することが目的であって，検査結果のフィードバックのための時間とこの時間を混同しな

いようにすることが大切である。多くの対象者が，①いつ結果がわかるのか，②どのような形で結果が伝わるのかに関して質問をするので，①②に関しては，各臨床現場における正確な情報を伝えておく。

Ⅳ　フィードバックの5つの基本

　フィードバックのコツを5点にまとめる。（1）あれもこれも山のようにフィードバックしない，（2）対象者の状態に合わせて，相手が内的に受けとれる内容を，順番を考えて，理解できる表現で説明すること，（3）協働作業であること，（4）健康的な側面も伝えること，（5）心理支援の一環であることを意識して返すこと，である。以下，順に述べる。

（1）あれもこれも山のようにフィードバックしない

　小山（2008）は，臨床心理査定のフィードバックに際しては「必要なときに必要なことを必要なだけ」を原則とするように提言している。これは第11章でもふれられている。あれもこれも山のようにフィードバックするのは，こちらは満足するかもしれないが，相手の理解が拡散することが多い。沼（2009）も「解釈ではいろいろわかることがあっても，伝えるのに一番重要なことを1，2点と，検査者が疑問に思ったこと1点ぐらいに絞った方がいい。今，一番重要だと思われることを中心に話を深め，クライエントと問題を共有できるほうが，情報だけをたくさん伝達するよりもはるかに意味がある」と述べている。

（2）対象者の状態に合わせて，相手が内的に受けとれる内容を，順番を考えて，理解できる表現で説明すること

　要点を絞り，対象者の状態に合わせて，相手が受けとれる内容をフィードバックする。「相手が内的に受けとれる内容」の例として，古井（2013）は"早すぎる解釈"の危険性について自験例を通じて率直に報告している。筆者流にいえば，本人の苦痛が頭痛（心因の関与が疑われている）であったとして，いきなり母子関係をフィードバックしても益に乏しいだけでなく，本人は受け入れられないであろう。頭痛という体調に関与する要因はいくつもあるので，本人が受けとれる内容をフィードバックする。

　その際，フィードバックの"順番"も大切であり，中村・中村（1999）は，

「どういった順序でフィードバックするか」に関する論考において，「あなたが，とくに自分自身について知りたい点は何でしょうか？」という質問を行うという臨床上の工夫を披露している。

　加えて，できるだけ専門用語を避けて平易な日常用語で説明する。専門用語を使う場合は，その専門用語の解説を加える。

（3）協働作業であること

　どの場面においても，一方的にフィードバックするのではなく，相手の理解を確かめたり，相手のコメントや反論を聞きながら，話し合う形で行う。半構造化面接のような形になるのが臨床場面におけるフィードバックの実際に近い。第11章と第15章などにおいて実際のやりとりが披露されているので，参考になるだろう。

　フィードバックの前に，自分の理解と違っていたら，いつでも反論や質問をしていいことを伝えておくのがよい。岩野・横山（2013）は心理検査結果のフィードバックについて論考するなかで「大切なことは心理検査の結果を返した後に，それについて患者がどのようにそれを感じ，受け止め，あるいは受け止められなかったのかを一緒に吟味する，いわば『共同作業』の感覚が必要」と指摘しているとおりである。これを言い換えれば，協働（collaboration）作業ともいえるだろう。

（4）健康的な側面も伝えること

　健康的な側面も忘れずにフィードバックする。検査報告書を「サンドイッチ方式」（津川，2020）で書いておけば，フィードバックの際も楽である。以下に引用する。

　　筆者は「クライエントのパーソナリティの描写は，『よい→悪い→よい』というサンドイッチの順番で書いて，最後に，今後，どうしていったらよいかという援助指針を書いて下さい」と病院の研修生（大学院生）に伝えている。具体的には，まずプラス（パーソナリティの一つひとつのよい側面）を書く。次に，マイナス（課題となる点）を書くのだが，ここは最大でも5個以内，できれば3個くらいとしている。そんなにあれもこれも課題だと言われても，相手は受け止めきれないからである。3番目のプラスは，全体のゲシュタルトからよい面を挙げて，その結果から導き出される援助指針を書くという流れである。勝手にサンドイッチ方式とあだ名で呼んでいる。（前掲書，p.105）

　検査報告書がサンドイッチ方式で書いてあり，フィードバックもそれに従って「よい→悪い→よい」という順番で行うのを基本としても，あえて“悪い”からフィードバックに入った方がいい場合もある。たとえば，私設心理相談などで，困っている心理的な課題が両者（対象者と支援者）にとって明確になっており，“悪い”から入って，いま最も関心の高い心理的課題についてじっくりと話し合うなかで，よい側面も伝えるといった順番の方が適している場合などである。それでも，よい側面を抜かさないことが肝要である。そのとき対象者が「いや〜，私にはそんな（よい）ところはありませんよ」と否定したとしても，後で効いてくることが多い。

　前述している「よい」とは，健康的な側面や資質上プラスの側面のことを指しているが，実際のフィードバックにおいては，何が「よい」のかは絶対的なものではない。同じ検査結果が，いまの対象者にとって「よい」側面であったり，そうでなかったりする。たとえば，「自分は人を信じられない」のだと，かたくなに主張しているクライエントにとって，心理検査で他人に助けを求める能力が充分にあるという結果が出た場合，本人の主張とは一見矛盾する結果であるが「よい」側面となる。逆に，「人に頼りすぎている自分が大嫌い」だと，かたくなに主張するクライエントにとっては同じ検査結果（他人に助けを求める能力が充分にあるという結果）が「悪い」側面としてうつることになる。このように，心理検査上の特徴は，本人の自己理解や置かれている状況等の文脈において，よくもなり，悪くもなるので，フィードバックにおいては「これが貴方の短所だ」といったように，断定的にフィードバックしない方がよい。第 14 章も参照されたい。

　また，Finn（2007）は，治療的なアセスメント（therapeutic assessment）において，心理アセスメントの結果を表 13-1 のような 3 つのレベルに整理している。「フィードバック・セッションを自己確認の情報から始め，次第にそれ以外の情報に移っていくようにすると，クライエントは自分や世の中についての考えのなかに，新しい情報を受け入れるための最善の準備態勢を創り上げることができる」（Finn, 2007）。しかし，Finn（2007）のやり方は，「治療的なアセスメント」という特別な枠の中でのことである。通常の単発のフィードバックでは，表 13-1 のレベル 3 にあるような「かなり不安をかき立てる」内容で終わっては，その後のフォローができない。しかし，レベル 1 の「クライエントが普段もっている自分についての考え」，つまり，ク

表 13-1　クライエントに提示する心理アセスメントの結果の整理（Finn, 2007）

レベル 1 の結果
クライエントが普段もっている自分についての考えが正しいことを証明し，フィードバック・セッションで簡単に受け入れてもらえるアセスメント結果である。この情報を伝えられたときには，クライエントは「たしかに私のことですね」と答えることが多い。

レベル 2 の結果
クライエントが普段もっている自分についての考えを修正したり広げたりするものの，セルフ・エスティームや自己知覚を脅かさないアセスメント結果である。この種の情報を伝えられたときには，クライエントは次のように言うだろう。「自分のことをこんなふうに考えたことはなかったですね。でも，あなたのおっしゃることはぴったりきます」

レベル 3 の結果
クライエントが普段もっている自分についての考えからはかけ離れていたり，食い違っていたりするアセスメント結果であり，フィードバック・セッションでは受け入れられないことが多い。通常，レベル 3 の結果はかなり不安をかき立てるものであり，性格防衛のメカニズムを働かせることになる。

ライエントが受け入れやすいフィードバックからスタートするという考え方は，前述の「相手が内的に受けとれる内容を」とも相通じ，参考になる。たとえば，「クライエントが受け入れやすい特徴→少し違ったフレームワークをもたらす内容と課題→よい側面」というフィードバックの流れなどが考えられる。

（5）心理支援の一貫であることを意識して返すこと

　そもそも，フィードバックの内容や順番は，対象者のためにオーダーメイドに組み立てるものなので，さまざまなバリエーションがあり得るだろう。肝要なことは，なぜその対象者にその内容をその順番でフィードバックするのかという根拠（臨床家としての判断／これこそアセスメント）がなければ，ただの無手勝流になってしまい，対象者を傷つけてしまうことになりかねないということである。治療や心理支援の一貫としての臨床心理検査であることを常に意識しておかなければならない。

　馬場（1997）も「配慮すべき焦点とは，患者本人に対しては，その伝達が自己理解や疾患への理解を促進し，治療意欲を高めることに役立つようにすること，少なくとも外傷体験にならぬようにすることであって，これは心理療法における治療的配慮と軌を一にするものである。言い換えれば，検査所見を伝達することがすでに治療的行為だということができる」と指摘して

表 13-2　フィードバック過程で考慮すること（森田，2012）

内容 （クライエントに 役立つ情報とは 何か）	自己理解・自身の問題理解や治療意欲を高めるために何を伝えるか。 あれもこれもではなく，重要なことにしぼる。 その時期に必要なことを伝える。 クライエントや関係者の知りたいことは何か。 臨床家が伝えたいことは何か。 日常の行動や問題との関連づけから内容を検討する。
伝え方 （関係性の視点）	わかりやすい言葉で，率直に，真摯に伝える。 クライエントの受け止めを把握しながら伝える。 クライエントからの質問や感想，意見を聞きながら進める。 知らせることよりも考えてもらうことに力点をおく。 話し合う中で必要に応じて修正し，共通理解を深める。 フィードバック後の影響を予測しておく。

いる。

V　場面や対象に応じたフィードバック

　検査目的に合わせてフィードバックするのが原則であるが，臨床場面によってフィードバックの仕方は違ってくる。たとえば，私設心理相談室で成人に対して自己理解のために心理検査を実施してフィードバックする場合と，精神科病院の入院病棟で統合失調症をもつ成人が受けた心理検査のフィードバックでは，同じようにならない。何が違うかと言うと，前者の場合は，基本的に検査を受けた本人が理解すればよいが，後者では本人に加えて，その患者のチーム医療を構成する主たるメンバーが理解することが重要だからである。

　前者（本人にフィードバックする場合）について，すでにそのポイントを解説してきたが，森田（2012）は「具体的な内容や伝え方は，その臨床場面やクライエントの特性に応じた工夫が必要であるが，そこに共通した姿勢や留意事項について」表 13-2 にまとめている。「フィードバック後の影響を予測しておく」など，大切な点が網羅されている。

　次に，後者（チームへのフィードバック）について述べると，とくに注意すべきは，チームの方針に真っ向から挑戦するような一方的な内容や順番のフィードバックは，それが検査上の所見として事実であったとしても，チームによる心理支援の足を引っ張ってしまうために，結果として無効ないしマイナスの影響を与えてしまうということである。フィードバックはそれ自体

がコミュニケーションなので，心理検査上の事実を，メディカルスタッフが受け入れやすいように返すことに尽きるのだが，チームの力動というものがあるので，容易ではない。また，メディカルスタッフの全員が心理検査に詳しい訳ではないので，スタッフによって理解に温度差が生じてしまうことも少なくない。患者の気持ちが一番ストレートに伝わりやすいのは，描画である。たとえば，普段，病棟でルールに従わず，いわゆる困難患者とされている対象者が描いた，寂しく空虚な描画を見ただけで，スタッフにその患者が語らない内面が伝わってくる。チームにおける症例検討会などの折に，描画を回覧するだけでも意味がある。

　本人へのフィードバック，チームへのフィードバックに加えて，家族や周囲の理解者等へのフィードバックも未成年に限らず，成人でも希望者が増加の傾向にある。この場合，本人の主訴と，家族等が困っていることが違っていることが多いので，本人と家族等の両方に満足してもらえるよう，フィードバックの順番を並び替えるなどの工夫が必要である。また，対象者に何は家族に伝えてよく，何は家族に伝えてほしくないのか，といった守秘に関する事項を事前に確認しておくことも大切である。

VI　再検査

　再検査の重要性はいくら主張しても，しきれないくらいであるのに，実際には実行されていない臨床現場が多いのは残念なことである。正確な調査データを持たないが，一番実行されているのは私設心理相談ではないかと思われる。心理的な課題の何かをターゲットに相談契約を結び，アセスメント面接の段階で心理検査を実施して（1回目の検査），途中で心理的な課題がどこまでどう整理されたのかを再検査で確かめ，再びターゲットを話し合って取り組み，最後にまた再検査をする（この場合は計3回）。再検査がどれだけ対象者にとって有益なことで，対象者が喜び，勇気づけられるかは，普段，再検査を怠らない臨床家には自明のことであろう。

　つまり，実際の臨床では，再検査が行われる可能性を念頭において検査結果のフィードバックをすることになる。とくに，投映法の結果をフィードバックする場合，この点を忘れないようにしてほしい。

文　献

馬場禮子（1997）：心理療法と心理検査．日本評論社，p.81.

Finn, S. E.（2007）：*In Our Client's Shoes: Theory and Techniques of Therapeutic Assessment.* Lawrence Erlbaum Associates.（野田昌道・中村紀子（訳）（2014）：治療的アセスメントの理論と実践—クライエントの靴を履いて．金剛出版．）

古井由美子（2013）：ロールシャッハ法におけるフィードバック面接の伝え方．In：松本真理子・森田美弥子・小川俊樹（編）：児童・青年期臨床に活きるロールシャッハ法．金子書房，pp.141-142.

羽生和紀・津川律子（2012）：心理統計処理のコツ．In：津川律子（編）：投映法研究の基礎講座．遠見書房，pp.155-191.

岩野香織・横山恭子（2013）：心理検査の結果をフィードバックすることの意義：インフォームド・コンセントの観点から．上智大学心理学年報，**37**；25-35.

小山充道（編）（2008）：必携　臨床心理アセスメント．金剛出版，pp.488-489.

森田美弥子（2012）：臨床心理アセスメントにおけるフィードバックをめぐって．名古屋大学心理発達相談室紀要，**27**；27-30.

永田雅子（2012）：初心者のフィードバックの特徴と課題．In：森田美弥子（研究代表）：臨床心理学的援助におけるアセスメント・スキルに関する研究．平成21～23年度科学研究費補助金（基礎研究C）（課題番号21530724）研究成果報告書，pp.10-12.

中村紀子・中村伸一（1999）：ロールシャッハ・フィードバック・セッション（Rorschach Feedback Session：RFBS）の方法と効用．精神療法，**23**(1)；31-38.

沼初枝（2009）：臨床心理アセスメントの基礎．ナカニシヤ出版，p.21.

津川律子（2020）：改訂増補　精神科臨床における心理アセスメント入門．金剛出版，p.105.

津川律子・篠竹利和（2010）：シナリオで学ぶ医療現場の臨床心理検査．誠信書房．

第14章

医療場面における検査結果の
フィードバック

糸井岳史

I　はじめに：フィードバックとは何か？

　心理検査は，精神科領域の医療機関において，日常的に利用されている道具の一つである。心理検査業務は，クライエントに施行し，結果を解釈し，レポートにまとめ，フィードバックをする，というプロセスで進められる。我々心理士は，これらのプロセスの中でも「解釈」に最も大きなエネルギーを注ぐ。当然である。解釈がクライエントの現実とずれていたら，その後の診断も治療もうまくいかなくなる恐れがあるからだ。本章のテーマであるフィードバックも，正確な解釈が前提となるだろう。そのために心理士の多くは，解釈のための学習には余念がない。

　一方，フィードバックはどうだろう。フィードバックとは，心理検査の結果や解釈を，わかりやすくクライエントに説明することである。大変残念なことに，一部の医療機関では心理士がフィードバック業務を担わず，代わって医師が行うこともあるらしい。心理士は，フィードバックに携わることもできないことがあるというのだ。このような現状を招いている責任は，我々心理士にもあるだろう。心理士の中での，フィードバックの位置付けはまだまだ軽い。「心理検査の解釈」が，心理士会主催研修会のテーマになることはあっても，フィードバックの研修が行われたという話は聞いたことがない。出版物を見ても，フィードバックが単独で独立した章を構成している書籍は稀である（本書は稀少である）注1）。未だに，フィードバックとは「心理検

査結果を，簡単に説明することだ」と，高を括っている心理士は少なからずいるに違いない。

　心理検査業務におけるフィードバックの重みは，そもそも心理検査は誰の何のために行われるものなのかという，心理検査の意味づけによっても異なるだろう。心理検査を「鑑別診断の道具」，あるいは「セラピストがクライエントを理解するための道具」として意味づけるのであれば，その結果や解釈は，主にセラピスト側に提供するための情報となる。この場合，フィードバックはクライエントへの付加的なサービスにすぎないことになる。一方，心理検査を「クライエントの自己理解を支援する道具」と意味づけたらどうか。この場合には，結果や解釈をクライエントに理解しやすいようにていねいに説明することは，「付加的なサービス」ではなく，心理検査の主要な目的となるはずである。

　もちろん心理検査には，セラピストに情報を提供し，セラピストのクライエント理解に資するという側面と，クライエントに情報を提供し，自己理解に資するという側面の，双方の機能があることは言うまでもない。ただし，後者の「自己理解に資する」という側面は，これまで軽視されてきたように思う。

　筆者自身も，心理検査を使いはじめた当初，フィードバックは付加的なサービスであり，悪い言い方をすれば「ついで」のように考えていた。また，フィードバックを「医師任せ」にすることにも，大きな疑問を抱いてなかった。しかし，心理検査のフィードバックが，良くも悪くもクライエントに強い影響を及ぼすことを目の当たりにしてきたことにより，この考えは誤りであることに気づかされた。今では，心理検査を施行して，フィードバックをしないのであれば，心理検査をする意味がないとまで考えるようになった。

　心理検査とフィードバックを「クライエントの自己理解を支援する方法」として，意識的に活用するようになってから，フィードバックは，心理検査の一プロセスとしての意味を持つだけではなく，心理療法の始まりでもあると考えるようになった。クライエントは，フィードバックを受けることで，自分の問題や精神疾患のメカニズムを知り，治療や問題解決への見通しを持

注1）2015年の本書初版の出版を前後して，「フィードバック」への関心は高まり，心理検査のフィードバックをテーマとした書籍の出版が相次いだ。そのため2023年現在では，フィードバックについての記載は，「稀」ではなくなっている。

ち，実行可能な対処スキルを習得する。その結果，自己を肯定的に受け容れられるようになり，自己効力感が増し，未来に希望を持つことができるようになる。これらが達成されることにより，治療への動機づけが高まることは言うまでもない。フィードバックには，これだけの影響力がある。あるいは，このような治療的な変化が導き出されるように，フィードバックはていねいになされる必要がある。

　以上の問題意識を背景に，本稿では，フィードバックを「心理検査を用いて自己理解を支援し，治療的変化を導き出す心理療法」と意味づける。その上で，どのようにフィードバックを行えば，治療的に意味のある変化を導き出すことが可能になるのかという視点から，フィードバックの留意点を整理する。

Ⅱ　フィードバックの実際と留意点

　フィードバックは，心理療法の始まりとしての意味を持つと書いた。心理療法としての意味を持つということは，他のあらゆる心理療法と同じように，下手なやり方をすれば，大きなダメージを与えることにもなるということだ。実際，フィードバックは両刃の剣であり，クライエントに否定的な影響を与えることも稀ではない。ここでは，クライエントに肯定的な影響を及ぼすフィードバックと，否定的な影響を及ぼすフィードバックとの違いを整理し，治療的な変化を導き出すフィードバックに必要な要素を抽出したい。

　はじめに，フィードバックの実際を，事例を通して見てみよう。事例は，クライエントもフィードバックを行う心理士のいずれも，筆者の臨床経験やスーパーバイザー経験に基づいて構成した架空の事例であることをお断りしておく。また他の心理面接と同じように，フィードバックでは，クライエントの時々の状態に瞬時に反応しながら柔軟に情報提供の内容や表現方法を修正するのであり，「望ましい内容と方法」があらかじめ決まっているわけではない。したがって，「肯定的な影響を及ぼすフィードバックの例」が，クライエントによっては否定的な影響を及ぼしうるし，その反対も起こり得る。ここで呈示したフィードバック例を表面的に模倣するような，良識を欠いた心理士はいないことを信じて具体例を記載する。

（1）フィードバックの実際

　はじめに，臨床経験 3 年目の初心者レベルの心理士にご登場いただく。

　この架空の心理士は，仕事に意欲を持ち，大学院終了後に基礎的な研修を積み重ねてきた平均的な心理士である。もちろん，能力的にもパーソナリティ的にも，著しい問題を持たないという設定である。このごく平均的な心理士が，普通に行いがちなフィードバックの実例を紹介し，その問題点を後に整理する。読者には，自分がクライエントや家族の立場で，フィードバックを受ける場面をイメージしながら，お読みいただきたい。

　施行した心理検査，心理検査の対象，フィードバックの対象は以下である。

　クライエント：中学 2 年生，女子。

　フィードバックの対象：クライエントの両親。

　主訴：学校に行けない。

　施行した心理検査：WISC- Ⅳほか[注2]。

　WISC- Ⅳの結果：全検査 IQ（FSIQ）89，言語理解（VCI）101，知覚推理
　　（PRI）85，ワーキングメモリー（WMI）82，処理速度（PSI）94

①臨床経験 3 年目の心理士のフィードバックの内容

「先日行われた，お子さんの心理検査（知能検査）の結果についてお伝えします。

　まず IQ 値ですが，この検査全体の結果を現わす FSIQ は 89 でした。これは『平均の下』のレベルにあると考えられる結果でした…（中略）…。

　次に 4 つの指標の得点ですが，『言語理解』が 101 と強さがありました。この結果より，言葉の理解力や表現力は得意であると考えられました。しかし，『ワーキングメモリー』は 82 で弱さがありました。『ワーキングメモリー』というのは，耳から聞いた数字や言葉を一時的に記憶する聴覚的短期記憶の能力です。長い文章で話しかけたり，一度に複数の指示を出すと理解が難しくなり，混乱することがあるかもしれません。短い文章で，簡潔に話しかけてあげる方がよいでしょう。また，何か指示を出す時には，一つずつ指示を

注2）心理アセスメントにおいて，通常は複数の心理検査バッテリーを組むが，本稿では
　　WISC- Ⅳのフィードバック場面のみを取り上げる。

出してあげる方がよいでしょう。

…（中略）…。

以上が，先日の検査の結果でした。

お子さんの知能検査のプロフィールには，バラつきがありました。もしかしたら何らかの発達上の偏りがあり，それが不登校の原因になっているのかもしれません。

何かご質問はありますか？」

いかがだろうか？　フィードバックをしている心理士が，クライエントの両親に説明した内容は，マニュアル的ではあるが解釈に決定的な間違いはない。しかし，もしクライエントとして，あるいは家族として，このフィードバックを受けたとしたら，納得できるだろうか？　納得がいかないとすると，何が問題なのだろう。

これらの点を明らかにすることを目的に，次に，臨床経験 10 年目の中堅レベルの心理士のフィードバック例を見てみよう。対象のクライエントは同じ事例である。

②臨床経験 10 年目の心理士のフィードバックの内容

「先日行われた，お子さんの心理検査（知能検査）の結果についてお伝えします。

まず IQ 値ですが，この検査全体の結果を現わす FSIQ は 89 でした。知的能力としては，正常範囲にありましたので，知的レベルが不登校の原因になっていることはないようです。

また，4 つの指標得点の中では『言語理解』という指標が他の指標より高く，学習への影響はないようですね。実際お子さんからは，心理検査の時に『学校の成績は良くもないけど悪くもない』レベルだと伺っています。勉強についていけないことが不登校の理由になることもあるのですが，お子さんの場合には勉強面は原因ではないようです。

『ワーキングメモリー』指標の得点は 82 で少し低下しています。『ワーキングメモリー』は，耳から聞いた数字や言葉を一時的に記憶する能力を反映するのですが，お子さんの場合には記憶が苦手というよりも，耳から入る刺激に注意を向け続けることが困難で，この数値がやや低めに出たようです。

ご本人にも確認しましたが，この能力の弱さが生活場面に支障をきたしていることはないと思います。この部分も，不登校とは関連がないでしょう。…（中略）…。

　心理検査に一生懸命に取り組む姿勢も印象的でした。ただ，集中して取り組んでいたので，少しお疲れになったかもしれませんね。検査の後，帰宅してからのご様子はいかがでしたか？　検査の時に見られた特徴が，他の生活場面でも見られることはよくあることなのですが，学校に行くと疲れてしまうことはありませんでしたか？（質問に対する両親の反応を確認する）

　検査の後で疲れてしまったとすると，この心理検査の時に見られたように，登校できていた時にも，学校で集中してがんばって，後から疲れてしまうことがあったかもしれませんね。専門的には『過剰適応』と呼ぶのですが，学校での過剰な適応への努力により，お子さん本人も気づかないうちに疲労が蓄積し，学校に行くことがつらくなってしまうことがあります。これが，お子さんの不登校の原因の全てではないとしても，主な理由の一つになっていたかもしれません。

　もし，このような特徴があるとすると，学校に行ったときに，リラックスできる場所で過ごせるといいかもしれませんね。例えば，休み時間に保健室に行って，ゆったりできるといいかもしれません。学校も，はじめから毎日行こうとするのではなく，最初は一日おきくらいがちょうどよいかもしれません。しばらくは一進一退が続くかもしれませんが，焦らずにじっくり取り組めば，半年ぐらいで以前のように普通に通学できるようになると思いますよ。

　がんばりすぎて不登校になってしまうお子さんは，その『がんばる力』を上手に使うことで，不登校を乗り越えていくことができるのです。これまでは力加減が上手にできなかっただけなのかもしれませんね。がんばり方のコツを覚えると，不登校を克服するだけではなく，その後の人生も上手に生きて行くことができるようになると思いますよ。

　何かご質問はありますか？」

　今度はいかがだろうか。先の臨床経験 3 年目の心理士の例と，どのように異なるのだろうか？　両者の違いのポイントを整理する。

（2）フィードバックの留意点

　主な留意点は，以下の 11 点である。

　　①心理検査結果を主要な問題と関連づけて解釈しフィードバックする。
　　②生活への影響力が弱い特徴については簡潔に説明する。
　　③問題の要因となっているクライエントの特徴は具体的・限定的に把握し指摘する。
　　④クライエントの否定的な特徴は臨床的に意味がある場合のみ伝える。
　　⑤問題を克服する資源となるクライエントの特徴を把握し指摘する。
　　⑥クライエントにとって価値のある特徴を把握し指摘する。
　　⑦クライエントの特徴を「長所」と「短所」に分けない。
　　⑧具体的な問題解決の方法と見通しを示す。
　　⑨自己肯定感が増し希望が持てるようにフィードバックする。
　　⑩解釈は押しつけない。
　　⑪心理検査中のリアリティのある体験をベースにフィードバックする。

　以下に，上記の 11 点について説明を加える。

①心理検査結果を主要な問題と関連づけて解釈しフィードバックする

　クライエントにとって心理検査は，治療や問題解決の手段であって目的ではない。この事例では，当面の解決したい課題は不登校である。特に，両親の最大の関心事は，なぜ我が子は不登校になったのか，どうすれば学校に行けるようになるのか，の2点である。クライエントと家族は，この疑問に対する手がかりを得るために心理検査の受検を承諾しているはずであり，フィードバックはこの2つの疑問に答えるものでなければならない。

　臨床経験 10 年目の心理士（以下，中堅・心理士と呼ぶ）のフィードバックでは，最初から最後まで，「不登校の原因と対処」の視点が貫かれており，心理検査から得た情報を不登校と関連づけて，クライエントの疑問に答えようとしている。

　反対に，臨床経験3年目の心理士（以下，初心・心理士と呼ぶ）によるフィードバックでは，残念ながら不登校についての言及が少ない。あたかも，心理検査結果を説明すること自体が目的であるかのようなフィードバックになってしまっている。

②生活への影響力が弱い特徴については簡潔に説明する

　心理検査（特に，ウェクスラー系知能検査，ロールシャッハ・テスト）を施行すると，たくさんのデータが産出される。これらの数値の意味を，全て

説明することは現実的ではない。フィードバックで求められることは，多くのデータの中から臨床的に優先順位の高い特徴に焦点を当てることである。臨床的な優先順位は，生活への影響力の強さによって判断できる。生活への影響力が弱い特徴については，細かいフィードバックは必要ない。

　初心・心理士のフィードバックでは，心理検査結果に重み付けがされておらず，それほど重要ではない特徴（例えば「聴覚的短期記憶力の弱さ」）を取り上げている。また解釈とも関連するが，その指摘はマニュアル的で，クライエントの生活実態に即していない。生活との関連性が低い抽象的な特徴を伝えても意味がない。

　途中を省略して記載したので，問題点が見えにくかったかもしれないが，初心・心理士が検査結果の細部まで同じようにフィードバックを続けてしまうと，クライエントは何が大事な情報なのかわからなくなり，本当に重要な情報を聞き逃してしまう。

　③問題の要因となっているクライエントの特徴は具体的・限定的に把握し指摘する

　不登校などの問題を抱えたクライエントや家族は，自信が失われた状態で医療機関を訪れ，医師に勧められるがまま心理検査を受ける。自信を失ったクライエントや家族は，うまくいかない原因を，自分たちの「能力」や「パーソナリティ」などの，全体的で抽象的な特徴に帰属させがちである。

　例えば，不登校の子どもの両親は「自分たちの子育てに原因があったのではないか？」と考えがちである。子ども自身も「自分がダメな人間だから，学校にも行けないのだ」と考えることがある。自信を失ったクライエントや家族が，自己否定的な考えに陥るのは無理もないことである。しかし，残念ながら抽象的な原因帰属は問題解決の役に立たない。問題を解決するためには，問題を具体的に把握する必要がある（山上，2007）。それゆえに，フィードバックでは，クライエントの抽象的で漠然とした原因帰属を，具体的で限定的な問題把握に置き換えていけるように情報提供する。

　初心・心理士が，不登校の原因を「発達の偏り」として説明しているが，この説明は問題を軽減させることにつながらない。不登校の原因帰属が抽象的すぎるので，両親の不安を増幅させ，対処不能に陥らせてしまう可能性がある。あるいは，心理検査によって発見された「発達の偏り」に対する支援が必要ということになり，「療育が必要」「特別支援教育が必要」などと的外

れな対処に陥ることは，近年稀なことではない[注3]。

一方，中堅・心理士は，不登校の要因を「がんばりすぎ」（過剰適応）に限定してフィードバックしている。このように，取り組むべきテーマの絞り込みができて，はじめて現実的な対処方法の検討が可能になり解決の見通しが生じる。否定的な特徴の指摘であっても，能力やパーソナリティ全体を否定するものではないので，クライエント自身や家族にも受け容れられやすい。問題の原因が理解できて，かえって「スッキリした」「安心した」と感想を漏らすクライエントもいる。

④クライエントの否定的な特徴は臨床的に意味がある場合のみ伝える

平均値から外れた数値や，否定的な意味を持つ結果のフィードバックは慎重になされるべきである。

この事例では，IQ値の伝え方は検討に値する。中堅・心理士は，「正常範囲にある」ことだけを伝えた。一方，初心・心理士はマニュアルの記載通りに，「平均の下」という統計的な位置づけを伝えた。この事例の主訴は不登校で，しかも学業成績には問題がなく，その他の点においても知的レベルの高低が不登校に関与していないのだから，あえて「平均の下」と伝える意味はないだろう。さらに述べるならば，「平均の下」と伝えられて，あまりよい気持ちがしないであろうことも容易に想像できる。中堅・心理士のように「正常範囲にある」ことだけを伝えれば十分である。

否定的な情報は，クライエントへの影響も考慮して，伝える価値があるか否かを，フィードバックをする前に吟味すべきである。伝える必要があると判断されたのであれば，クライエントを傷つけないように，配慮した伝え方を工夫する必要がある。

⑤問題を克服する資源となるクライエントの特徴を把握し指摘する

問題を乗り越えていくのに必要な資源を，クライエントの特徴の中に見出してフィードバックできると，「自分には問題を克服する力がある」と感じられるようになる。中堅・心理士は，不登校を乗り越える力を心理検査の中に見出して両親にフィードバックしており，両親が子どもの力を再発見し，親子ともども自尊心を回復できるように語りかけている。

注3）もちろん不登校の背景に発達の偏り（発達障害）があり，発達支援が必要で有効な事例が存在することを否定するものではない。ただし，その場合においても，発達の偏りと不登校との関連性を具体的に把握する必要があるだろう。

　一方，初心・心理士は，「言語理解が得意」という「長所」を指摘しているが，その「長所」の指摘は，不登校とは切り離された指摘であった。両親にとっては，この子どもの「長所」が，何に活かせるのか理解できなかったに違いない。これでは「長所」を褒められても喜べないし，両親も子どもも自分たちが持っている問題解決能力に対して自信を回復することはできない。

⑥クライエントにとって価値のある特徴を把握し指摘する

　クライエントの自己肯定感を高めるために，心理検査結果の中に「長所」を発見し，フィードバックすることは行われがちである。ただし，そのやり方はあまりにも安易で稚拙なことがある。心理検査結果の中の「良好な数値」を取り上げて，それを「長所」と読み換えて，フィードバックすればいいと勘違いをしているセラピストがいる。良好な数値＝長所とは限らないし，その指摘がクライエントの自己肯定感を高める保障はない。

　「長所」の指摘が自己肯定感を高めることがあるとすると，その「長所」がクライエントの価値に適っている場合である。例えば，学校に行きたい子どもにとっては「学校に行く力」に価値がある。就職したい青年にとっては「就職する力」に価値がある。中堅・心理士が，心理検査結果の中に子どもの「学校に行く力」を見つけ出してフィードバックしているのは，子どもと家族が「学校に行けるようになりたい」と考えており，そこに価値を置いているからである。同じ不登校でも，「学校に行ける」ことに価値を置いていないクライエントであれば，異なる特徴を「長所」として指摘した方がよい。

⑦クライエントの特徴を安易に「長所」と「短所」に分けない

　クライエントの特徴を，「長所」と「短所」，「強さ」と「弱さ」，「得意」と「不得意」に分類するという発想自体に限界がある。

　その理由の1つは，クライエントの特徴を「長所」と「短所」に分類することは，現実には不可能だからである。人の特徴は，置かれる状況によって「長所」にも「短所」にもなりうる。例えば，教室では「落ち着きがない」と否定的に評価されていたかつての多動児が，社会人になってから「活動的」と肯定的に評価される例は枚挙にいとまがない。「長所」「短所」と区別するよりも，ある特徴がどのような状況において能力として発揮されやすく，反対に，どのような状況においては障害となるのかを明らかにする方が，現実に即した特徴把握となる。障害となる場面については困り感が軽くなるように，フィードバックの中でクライエントがすぐにできる対処方法を提案できると

よい。

　2つ目の理由は，クライエントのある特徴を「短所」としてしまうと，その特徴は「価値がない」「克服すべき」特徴であるかのような誤解をクライエントに与えてしまうことである。心理検査が測定の対象としているのは，能力やパーソナリティなどの短期間では容易に変化しない安定的な特徴がほとんどである。変化しにくい特徴を克服すべき対象であるかのように伝えることは弊害が大きい。実際，クライエントの特徴を「短所」としてフィードバックすると，「どうやったら治せますか？」という質問が出されるようになる。下手をすれば「短所を治す」という不毛な努力にクライエントを導いてしまう。

　3つ目の理由は，神田橋（2012）が「資質を生かす」という発想の中で指摘しているように，「短所」や「問題」とされる特徴の中には，クライエントの優れた資質が隠れていることがあるからである。「短所」に見える特徴は克服の対象ではなく，むしろ大切な内的リソースである可能性がある。中堅・心理士は，問題を生み出している特徴の中に，その問題を克服する能力を見出そうとしている。この発想は，多くのクライエントに適応可能な普遍的な方法であり，「自然治癒力」を引き出す方法である（神田橋，前掲）。

　以上の理由から，フィードバックにおいてクライエントの特徴を指摘する時には，「長所」と「短所」に安易に分類しない方がよい。「長所」や「短所」を指摘するのであれば，状況とセットで「～のような状況では，この特徴は短所（長所）となる」と伝えるとよいだろう。

　⑧具体的な問題解決の方法と見通しを示す

　フィードバックでは，問題解決の方法と見通しを示す。中堅・心理士は，不登校のメカニズムを説明した上で，具体的な対処方法を提案し，治療期間の見通しも伝えている。治療期間の具体的な見通しは，クライエントの状態像によっては，必ずしも伝えられるとは限らないが，自信を持って治療（対処）方法を提案し，その治療による変化の可能性を伝えることは，全てのクライエントに対してできることである。問題解決に必要な方法と見通しが提案されると，クライエントは治療に希望を持てるようになる。

　⑨自己肯定感が増し希望が持てるようにフィードバックする

　フィードバックを受ける前に比べて，フィードバック終了後は気持ちが楽になり，自己肯定感や自己効力感が増し，希望が持てるようになる必要がある。逆に言えば，どんなに優れた解釈がなされていても，クライエントの

希望を破壊するようであれば，そのフィードバックは失敗である。Miller ら（2002）は，治療的変化を導く心理療法の要素として，クライエントが希望を持てることの重要性を指摘しているが，フィードバックにおいても同様のことが言えるだろう。

　クライエントは，進学，就労，結婚などへの希望を抱きつつも，自己否定的な認知から，未来の可能性に強い不安と疑問を抱いていることがある。その不安から進路選択前の心理検査では，結果によって人生の方向性を占おうとしていることがある。あるクライエントは，フィードバック後の感想で「実は，今日先生から「○○病です」と言われたら，死のうと思っていたのです」と語った。心理検査に生死を賭けてのぞむ者は多くはないとしても，心理検査結果を進学や就労などの判断材料にするクライエントは稀ではない。クライエントの人生目標を肯定し，心理検査結果の中に，目標の実現を可能にする特徴を見出してフィードバックできると，希望が持てるようになる。

　中堅・心理士が，不登校克服の見通しを伝えたことは，クライエントの両親に大きな希望を与えたに違いない。もちろん，この事例のように主訴となる問題の解決や，目標達成の見通しを示すことができるクライエントばかりではない。中には，簡単に見通しを示すことができないクライエントもいるだろう。しかし，短期間での問題解決や目標達成が難しい場合でも，将来を希望的に見通すことは可能である。例えば，中学校に登校できなくなった子どもに高校入学の可能性を示すこと，あるいは普通の社会人になる見通しを示すことは難しいことではない。「中学に行けなくても高校がある」，そう考えられたことで学習意欲を回復し，後ろ向きの不登校状態から，前向きの不登校状態に変われた子どもはたくさんいる。そのような状態に転じることができた子どもの高校入学後の転帰は良好である。

　⑩解釈は押しつけない

　中堅・心理士は，自分の解釈をクライエントに押しつけていない。ところどころでクライエントの意見を聞きながら，自分の解釈を呈示している。やりとりの様子は省略したが，実際のフィードバックの中では，クライエントの意見を聞きながら解釈を修正することもある。セラピスト側の仮説にこだわることなく，クライエントが受け容れられる内容を提案する。あるいは，受け容れられる内容に修正しながら提案する。心理士の解釈は，心理検査から得た仮説にすぎない。仮に心理士の解釈が「正しい」としても，クライエ

ントが受け容れられない解釈の押しつけは治療的ではない。フィードバックでは，セラピストの柔軟性や，クライエントとの相互作用を通じた修正が不可欠である。

⑪心理検査中のリアリティのある体験をベースにフィードバックする

フィードバックの内容が，クライエントに受け容れられるためにはリアリティが必要である。「正しい」指摘をしても，受け容れられない理由の一つには，クライエントの実感の伴わなさがある。心理検査を使う利点は，そこに疑似的な体験と，体験を通したリアリティのある感覚が生まれることである。心理検査中の実感を伴う体験を利用することで，説得力のあるフィードバックが可能になるのである。

中堅・心理士は，「心理検査後の疲れ」というクライエントのリアリティのある感覚を，学校生活における「疲れ」の理解につなげようとしてフィードバックしている。このように生活上の体験と類似する心理検査上の体験を抽出して，生活場面の自己理解につながるようにフィードバックする。生活場面だけでは気づけないクライエントでも，心理検査上の体験を媒介させることで気づけるようになることがある。

Ⅲ　その他のフィードバックの留意点

①心理検査結果は開示する

心理検査結果は，原則として数量的な特徴も含めてクライエントに開示した方がよい。しかし，結果を見せることをためらうセラピストがいる。特に，結果の数値が標準から外れている場合に，クライエントの失望を恐れるためか，数値を隠してしまうセラピストが現れる。相談機関の中には，心理検査結果の非開示を規則として定めているところさえある。しかし，結果を開示するつもりがない相談機関が心理検査を行うのは，いろいろな意味で迷惑である。心理検査は一度行うと，しばらくの間は再検査ができないので，「結果を教えてくれないなら，別の機関で取り直し」ということもできないからだ。そもそも数時間かけて心理検査を行って，結果も伝えないというのは，クライエントの労力に見合ったサービスを提供しているとは言えない。結果を隠せば「見せられないほど，悪い結果なのか？」と，不安になるクライエントも現れるだろう。

心理検査結果を非開示にしたくなってしまうのは，アセスメントに弱さが

あり，心理検査の中にクライエントの肯定的な特徴を，セラピストが見出せ
ていないためかもしれない。あるいは，ネガティブな結果を伝えざるをえな
い時に求められる，セラピストの対人スキルや抱える力の弱さによるものか
もしれない。いずれにしても，セラピスト側のスキルの弱さとして考え直し
てみる必要がある。

②心理検査結果の意味を理解できるように説明する

心理検査結果は呈示するものの，意味を説明しないセラピストもいる。極
端な例では，説明もなしに包括システムの「構造一覧表」だけを手渡された
クライエントもいた。ここまでひどい話は稀だが，ていねいな説明を受けて
いないクライエントは多い。

心理検査は何を測定しているのか，平均値や標準偏差はどこにあるのか，
心理検査で用いられている専門用語や記号の意味など，結果の意味をクライ
エントが理解できるように説明する義務がある。

③解釈レポートを心理検査結果とともにわたす

フィードバックは，一度聞いただけでは忘れてしまうクライエントもいる。
忘れてしまうだけではなく，不確かな記憶からフィードバックの意味を歪め
てしまうことも起こり得る。フィードバックの内容を持ちかえり，何回でも
読み返すことができるように，解釈レポートを作成して，クライエントに手
渡すことが望ましい。クライエントが他の相談機関を訪れる際にも，レポー
トが残されている方が，有益な情報提供にもなり親切である。記憶による混
乱が生じることは望ましくないので，解釈レポートとともに，心理検査結果
の数量的データはクライエントに手渡すことが望ましい。

④十分な質問時間を用意する

フィードバックでは，質問の時間は必ず設ける。質問を受ける時間の長さは，
フィードバックのために使うことができる時間の長さによっても変化する。仮
に，心理面接時間1セッション50分とすると，50分のうち，セラピストの
方から心理検査の説明をする時間は，長くても半分程度で，残りの20〜30
分は，クライエントの質問に答える時間として使う。時間の割合は，複数の心
理検査が施行された場合も同様である。クライエントの質問には，心理検査結
果に限らず，それ以外のことについても可能な限り答えるようにする。

<h1 style="text-align:center">Ⅳ　おわりに</h1>

　成人の精神科医療においては，近年の発達障害に対する加速度的な関心の高まりとともに，従来からの精神疾患との鑑別診断が日常的な診療業務から要請される必須課題となった。そのような臨床的な必要性から，心理検査に対しても関心が集まるようになった。しかし，このことを背景に，心理検査の使われ方は目を覆うばかりの酷い状況に陥っている。医療機関における心理検査は，安易な「鑑別診断の道具」と化してしまいがちである。結果はマニュアル的に解釈され，クライエントの実態とかけ離れた解釈レポートが大量に横行している。あげくの果てに，心理検査について不見識で，フィードバックの影響力に無頓着な一部の者によって「フィードバック」が行われている実態は，クライエントに破壊的なダメージを与えるという意味で深刻であると考えている。例えば，ある精神科医師は，診察で知能検査結果のネガティブな数値を次々と指摘したあげく，悲しみと怒りで抗議するクライエントに対して「本当のことを言って何が悪い」と居直った。

　レントゲンや血液検査などの医学的検査は，検査技師や看護師から結果を伝えることはなく，全ての検査結果は診察の中で医師によって説明される。心理検査結果を医師から伝える場合があるのは，この医療モデルに倣ったものであり，医療機関における業務の流れを想定すると不自然ではない。しかし，心理検査結果は，その結果の解釈や伝え方いかんによっては，クライエントが「死にたくなる」ほどの影響を及ぼすことは述べてきた通りである。心理検査とフィードバックは，強い影響力を持つことから，他の医学的検査と同等に扱うのではなく，心理療法の中に位置づけて，心理検査の特徴に熟知した心理士によって行われるべき，というのが筆者の見解である。

　本稿で最も強調したかったことは，フィードバックはクライエントの自己理解に資するようにていねいに行われるべきであり，心理検査業務の中で，より重視されるべきである，ということだった。心理検査，ならびにその結果と解釈が，ていねいにフィードバックされ，クライエントの幸福な人生に貢献する道具となることを，心から願うものである。

　文　献

神田橋條治（2012）：精神科講義. 創元社.

Miller, W. & Rollnick, S.（2002）：*Motivational Interviewing, Second Edition.* The Guilford Press.（松島義博・後藤恵（訳）（2007）：動機づけ面接法．星和書店.）

山上敏子（2007）：方法としての行動療法．金剛出版.

第 15 章

私設心理相談場面における検査結果のフィードバック

宮木ゆり子

I　はじめに

　民間のカウンセリングルームは，病院や公共の相談室などとは違い，責任のすべてを自分一人で取らなければならない。もしクライエントの行動化を予測できなければ帰り道での“自殺”も起き得るし，カウンセリング中に一人では対応しきれないような混乱もあるかもしれない。そうなった時に病院のように近くに医師がいるわけではないので，責任を持って引き受けることができるかどうかの見極めは，クライエントにとってもセラピストにとっても重要になる。さらに引き受けることができないケースには料金の負担を減らすためにできるだけ早い時期に見極めたいと考えている。

　そのため筆者は初回で一通り話を聞かせてもらった後に風景構成法を描いてもらう。なぜならカウンセリングではつらい話が多いなか風景構成法で発せられる言葉は全く違う次元からの言葉であるため，お互いに和み気持ちも伝わりやすくなる。そして描かれていく風景画を眺めることでクライエントのイメージが膨らむ。しかし中にはイメージが捉えにくい風景画もある。そのような時は他の検査，筆者は主にロールシャッハ・テストをしている。シャハテル（Schachtel, 1975）が「ロールシャッハ・テストは検査者との関係性の中で知覚から始まり，言語への変換までの過程をどのように体験したかを知ろうとするものである」と述べているように，ロールシャッハ・テストには対象者の体験の形が投影されるため，人格の骨格的な理解が得られる。

その骨格的な理解と風景構成法を重ねることにより風景構成法に表現されながら読み取ることができなかったサインに気づかされたり，ばらばらだったサインが 1 つのまとまりを持って見えてきたりするため，現実のその人がよりイメージされる。さらに危機的なサインは行動や言語より早い時期に検査に表れるため行動化の可能性も予測しやすくなるからである。

　しかしロールシャッハ・テストは誰にでも適応できる検査ではない。ロールシャッハ・テストの図版にはある程度の構造性はあるもののその規定度が低いため無意識が引き出される危険性があるからだ。そのため筆者はロールシャッハ・テストが適応できるかどうかの判断を風景構成法からしている。なぜなら風景構成法は，中井（1969）が河合隼雄の箱庭療法にヒントを得て創案したもので，箱庭療法で砂に触れるということは，ロールシャッハ・テストと同じく自我境界が曖昧な人には無意識が引き出される危険性が内包されているため，統合失調症の病者に箱庭療法を導入できるかどうかを見極める 1 つの予備テストとしてスタートしたものであるからだ。

II　検査からの情報をどのようにフィードバックしてきたのか

　フィードバックは初期段階でする場合と長期のケースの中で何回かする場合とがあるが，今回は初期段階でのフィードバックについて 2 つの事例を挙げて述べる。ページ数の関係で筆者の説明が中心になっている。

（1）引き受けることができなかった事例O（宮木，2006）
①初回と風景構成法
　Oは 27 歳の男性で，主訴は「何をしたいかわからない」である。やや緊張気味に友達ができにくいことや弁護士になりたかったことなどを話し始める。大学卒業後，友人への羨望から留学を希望するが，親から経済的援助が受けられなかったためアルバイトを始める。しかし続けることができず絶望的になる。同じ時期にエイズに感染したのではという不安から荒れるようになり，やがて両親への暴力になる。25 歳の頃には自殺への願望が頻発したため精神科を受診。服薬が始まる。27 歳になりカウンセリングを希望したため主治医より紹介され来室した。

　風景構成法（図 15-1）は「Oさんのイメージを知りたいので」と描いてもらう。楽しげに描き始めるが自分の世界に入り込んでいくような印象。枠

図 15-1　Ｏの風景構成法

への接触がないため川の両端があく。しかし彩色の際に少しだけ枠からはみ
だしてしまう。山は雲よりも高く，茶色に塗られた大きな田は山に寄りかか
るように立ち上がっている。道は山を取り巻くように描かれ麓へは通じてい
ない。

　川の手前に人間よりも大きいライオンが一頭いる。頭以外は線描きで彩色
はたてがみと頭のみである。形態のはっきりしない花からは感情の疎通性の
悪さが窺え，高い山やライオンからは自己像の高さ，外界への脅威感，自己
愛，男性性の問題などが内包されているように感じられた。窓もドアもない
家は安定できる場がないようであり，田からはＯにとっては仕事や勉強が大
きく占めているものの方向性は定まっていないと感じられた。アイテムは位
置的にはおかしくないがそれぞれに関係性はなかった。

　②ロールシャッハ・テストと医師への報告

　風景構成法で地平線が閉じられていないことや彩色の段階で川のはみ出
しがあったことから自我境界が曖昧であることが窺えた。そのためロール
シャッハ・テスト（表 15-1）で混乱が起きる可能性はあったがその時は中
止するつもりで始める。図版を開く寸前にトイレに行きたいと中座し，戻る
とペットボトルのお茶を勢いよく音をたてて飲む（周りが気にならないよ
う）。

　ロールシャッハ・テストで気になった点を述べると，Ⅸ図では，第 1 反応

表 15-1　ロールシャッハ・テスト（クロッパー法）：Summary Scoring Table

R = 53	Rej = 0	TT = 25′ 47″	RT (Av.) = 29.2″
R1T (Av. N. C) = 8.2″	R1T (Av. C. C) = 10.8″	Most Delayed Card & Time = Ⅱ（20″）	
W：D = 24：19	W%= 45%	Dd%= 11%	D%= 36%
d%= 6%	S%= 2%	F%= 62%	F+%= 97%
(FK+F+Fc)/R = 64%	FK+Fc：F = 1：33	W：M = 24：7	FM+m：Fc+c+C′ = 9：0
(Ⅷ+Ⅸ+Ⅹ)/R = 29.6%	FC：CF+C = 2+1：1+3	FC+CF+C：Fc+c+C′ = 3+4：0+4	
M：FM = 7+2：5	M：FM+m = 7+2：9+6	A%= 32%	P = 6（Ⅲ 4, Ⅴ 1, Ⅷ 1）
CR = 11+2	H+A：Hd+Ad = 17：6	M：SumC = 7：2	

Ⅰ∧13″ ①悪い羽のはえた怪物が女の人を捕まえぶら下げている　∧②骨盤　∧③狐の顔

Ⅱ∧20″ ①飛行機　∨②骨盤　∧③マスクをした人が座って手と膝を合わせ膝から血が流れている。服にも血が付いている

Ⅲ∧7″ ①キャイーンのポーズ，勃起している（P）　∧②人魂が浮いている　∧③蝶ネクタイ（P）　∧④虫　∧⑤手をあぶっている人（P）　∧⑥鳥が逆さま落ちていっている　∧⑦蝶々が落ちていっている（P）　∧⑧骨盤

Ⅳ∧9″ ①タヌキのばけもの，タヌキが知能を持っている　∧②蛾　∧③骨盤　∧④ブーツ2つ　∧⑤カマ　∧⑥蛙が座っている。

Ⅴ∧5″ ①小林幸子（－0.5）　∧②蛾（P）　∧③妖精　∧④なめくじ　∧⑤狼の口　⑥山

Ⅵ∧6″ ①楽器　∧②未来の戦闘機　∧③ダニ　∧④2つ船がある　∧⑤船が水に写っている　∧⑥こども

Ⅶ∧8″ ①骨盤　∧②女の人が2人向き合っている　∧③豚のばけもの　∧④ゴリラ　∧⑤魚　∧⑥悪者の顔

Ⅷ　∧9″ ①カメレオン（P.－0.5）　∧②骨盤　∧③ばけもの　∧①′恐竜がカメレオンをつかんでいる　∧④岩山　∧⑤女の人のあそこ

Ⅸ　∧6″ ①ラッパを吹いている魔法使い，中身はばけもの　∧②赤いところは鎧　∧③①′真中は剣。剣からオーラみたいなものが出ている。これは魔法使いがはらんでいる卵　∧③緑のところ骨盤はその上に魔法使いが座っている，剣を魔法使いが崇めている（－1.0）

Ⅹ∧12″ ①たつのおとしご　∧②きわどいバランスで支え合っている　∧③化け物　∧④剣　∧①′たつのおとしごが扇いでいる　∧⑤蛙と魚がたつのおとしごを支えている　∧⑥青虫でできた鋏（－2.0）　∧⑦卵巣　∧⑧岩

と第3反応は1つの反応で作話＋作話結合反応になっている。「魔法使い」「剣」「卵」「骨盤」はいずれもD領域で，知覚的には納得できるが，その繋ぎ方の不合理さにOは気づいていない。これは図版に触発されて生じた着想をOに見えたものと照合したり，不一致な部分を除去したりして，反応として仕上げているのではなく，図版と同じように外在しているかのように捉えているため，図形の示すまま見えたままをつないだ反応になっているからと考えられる。これは外界の認知はかなり正確であるにもかかわらず自我境界のあいまいさが窺える。同じような反応はⅣ図にもあり，第1反応では「タ

ヌキのばけもの，知能を持っている」と反応。質疑段階では「貴族が着るビロビロとした服を着，ブーツもはいている」と第4反応が入り込んでいる。しかしOは「それ（第1反応）とブーツは別」と説明。ここでも部分的な知覚は正しいが，自分の責任において反応として仕上げることができていない。このように反応の独立性が保たれていないことからも自我境界のあいまいさが疑えたのである。

もう1つは，Ⅳ図はOのセルフカードで「自分で自分が優れていると思う。それを支えてきた自分の中の象徴」と説明。Oの確信が感じられた。氏原（1986）はFMやmは投影されやすい内的な動き（衝動）を表すと述べているが，OにはFMが5，mが4＋6と多く，それらのcontentは被害感，依存性，攻撃性を伴っている。そこを刺激されると自我境界が確立されていないために内界と外界が混乱し，それが外在化されて（投影），確信となっていると考えられた。このように内側と外側の区別があいまいなことは，内外の刺激に混乱させられる可能性を高め，それが"Oの荒れ"をもたらしていると考えられた。

Ⅹ図では「青虫でできた鋏」と混淆反応が疑われた。そのほか7つの図版に「骨盤」が繰り返されことは固執反応と考えられた。固執反応になるのは現実の変化に合わせ対応する主体的な営みができていないからである。また「骨盤」はクロッパー法ではsexでⅢ図とⅧ図で性器反応をしていることを考え合わせると性をめぐる葛藤が強く，性的な刺激を受けるとその着想が保持され，それに作話的な結合が起きるとエイズの感染がほとんど考えられないような状況でも「感染したのでは」となり，不安が持続されることが納得できたのである。

以上からOの内的状況は精神病レベルと考えられた。しかしビザールな反応や拡散がないこと，P反応ではそれなりに良い反応ができていたことなどから精神病とは断定できなかった。部分的な認知が良いので限られた状況であれば病的なところは露呈せずにすむため，現在のところ表層的には自己愛性人格障害が一番近いと考えられた。しかし自分なりの見方に確信があるうえに自分の判断や認知のズレを検討するだけの自我の強さはないためズレの修正が難しく，そのため妄想的観念の生じる可能性が考えられた。自己愛のレベルは意識レベルにとどまらず，顕示性，挫折感，怒りなどと結びついているため，安定するには相当の期間を要し治療費もかさむと思われた。荒れ

るきっかけは経済的な理由であったため治療費が"荒れ"を誘発しないとも言えない。さらにOは性的なものも含め行動化の可能性が高く、自分の世界に入り込み周りが見えなくなることも考えられたため、女性である筆者が安定した気持ちで会うことは難しいと考え、以上のことを主治医に報告した。

　③Oへのフィードバック

　Oには「これからお話しすることは良いとか悪いとかではありません。物事には必ず両面があるのでそう思ってお聞きください。まずOさんは感じる力は豊かでご自分なりの見方にはそれなりの自信が窺えました。これはOさんの良さですが、こうした良さがマイナスに働くと思い込みの強さになり修正しにくいところでもあります。（頷く）それから学んだことなど知識の積み重ねはあり、勉強をきちんとされたことが窺えました。（頑張ってきたと話す）そうでしょうね。Oさんの理想は高いので、そこを目指し頑張ってきたのがわかりました。けれどなかなか思うようにならずつらい思いをされたようですね。（何回も頷く）

　物事のとらえ方についてお話すると部分的にはきちんと捉えられています。全体を捉える時には、その部分と部分をつないで全体を捉えるのですが、そのつなぎ方がOさん独特なので、周りの人には解ってもらえないことが多かったと想像されました。（O：そう、解ってもらえなかった）はい、多くの人は外から刺激を受けるとその情報がどういうものかと考えます。そしてその情報がその人にとって必要であれば取り入れ、必要でなければ捨てるという検閲的な作業をします。Oさんにはその検閲的作業はなく、あくまでも外側での出来事として見えたままにそれはそれといった感じでした。そのためそれまでの情報との繋がりがなかったりずれたりしていても、その情報を捨てずにそのままで全体を構成しますので、周りの人はなかなか理解できなかったと思われます。Oさんとしては部分に、あるいは細部に実感を持っているので、そのおかしさに気づかずご自分の思いを持ち続けるため、周りとずれが生じたと考えられました。（O：うん……そうか）

　例えばお友達から刺激を受け、弁護士になりたくなったり留学したくなったりしましたね。（O：そう）その一つひとつのお話やお気持ちは私にも理解できましたが、弁護士になることと留学することは全く別なことなので、周りの人にはどうして急に留学なのか理解しにくかったと思われます。誰でも幾つもの思いを持ちますが、全部は無理なので目標を絞るために取捨選択

しそこに向かって具体的に考えます。Ｏさんも幾つもの思いがありますが，その幾つもの思いがそれぞれに関係なくＯさんの中に存在していて，取捨選択をすることがない訳です。周りの人にはそうしたＯさんを理解できなかったと考えらえました。エイズのことも一つひとつのことは理解できますし，不安になったこともわかりました。しかしそれらの情報を全部合わせると感染はないと私には考えられましたが，Ｏさんには感染だけがクローズアップされているように思われました。

　そんな時にもしどなたかにその"ずれ"を指摘されるようなことがあれば，プライドが傷つき，その結果Ｏさんのなかにあった脅威感や不安感が引き出され混乱します。そこに感情的な刺激や甘えたい気持ちを触発されるようなことが重なると混乱はさらに大きくなります。例えば親御さんと話している時は誰でも感情的になりやすいし，甘えたい気持ちも触発されやすいものです。Ｏさんも親御さんと話すとそうした刺激を受けるため混乱し脅威感や不安感が大きくなります。そしてその脅威感が生じたのは親のせいと思い，親に暴力的になったと考えられました。（Ｏ：そうか，そうかもしれない……。でもどうしてそうなったのだろうか）そうなるのは心の育ち方が関係していると思われます。多分Ｏさんは小さい時から親を困らせることは少なく勉強もできたのでしょう。お友達はできにくかったと言われますが，多分外から見たら問題はなかったでしょう。（Ｏ：そう。先生に何か言われたことはなかった）そうでしょう。そのため自分と他人との区別をつける時期にそこがあいまいなままきてしまい，そのことに親御さんや先生方も気づかれなかったと考えられます。自分と人との境界がしっかりつかないと自分は自分であるということが確立できません。その境界がはっきりしないまま高い理想を持ち，弱点を知識などでカバーしながら頑張ってこられたと考えられました。けれど年を重ねるうちにどう頑張ってもカバーしきれなくなり，問題が表面化したと思われました。

　今Ｏさんが困っていのは"何をしたいのかわからない"でした。それは自分の心がわからないってことでもあります。まだ無意識ですがそのことに気づき始めたのでしょう。だからカウンセリングを希望されたのだと思いました。（Ｏ：ああ，そうかもしれない……悪いことではない？）はい，悪いことではなくチャンスでもありますので，自分と他人の境界をつけていくことが大切と思います。（Ｏ：でもどうやって？）そのためにはまず考えたこと

と感じていることが1つになることが大切です。今はそこがばらばらなので何かしっくりしないのだと思います。頭と心の疎通性がよくなると自分のことがはっきり感じられるようになり、やがて自分は自分と思うことができるようになります。自分と他人との境界線がはっきりすると混乱されることはぐっと減り、暴力的なことや死にたいと思うこともなくなると思います。そのためにはカウンセリングは適していると思われますが、ただ数カ月というわけにはいかないのでどこで受けるかが重要になります。（O：ここではだめ？）そうですね。カウンセリングを開始すれば今までのつらいことを見つめ直すことも出てくるかもしれません。そうした場合に今まで何とか収めてきたものが溢れ出てくる可能性があります。Oさんの心的エネルギーは豊かで内側からいろいろなものが突き上げてきています。心的エネルギーが豊かであることは良いことですが、まだ自我のコントロール下にはありません。ですから自我の関与がなく溢れ出てしまえば、病的な反応になることも考えられます。医師が近くにいらっしゃればいろいろな意味で安心してカウンセリングを受けられますし、ゆっくり進めるのがいいと思われるので、料金的にも病院でのカウンセリングをお勧めします」と話す。Oは納得し、主治医からは「psychotic level と考えられるので当院で薬物療法とカウンセリングを並行します」と返事が届いたのである。

（2）事例Q
①初回と風景構成法

Qは高校時代に過呼吸で心療内科を受診したことがある20代前半の女性である。大学3年生の時に再び過呼吸が起き受診。パニック障害と診断される。4年生の春に大手商社に内定するが研修会に徐々に行きにくくなる。その後医学的所見はなかったが、倒れたり記憶がなくなったりしたため内定を辞退。しかし卒業後も症状に変化はなく、やがて友達との食事がとれなくなり家でも食べる量が極端に減ったため主治医の紹介で来室した。

Qはにこやかに経緯を話すものの自分がどんなつらい思いをしたかなど語ることはなかった。風景構成法（図15-2）は楽しそうに描く。空は画面の上に2～3cm幅で塗り、地平線までは彩色しなかった。太陽は低く道は山の麓で切れている。山は雲よりも高く、田は川と垂直に交わっている。家には窓もドアもない。花は至るところに咲き一見すると楽しそうだが川の手前

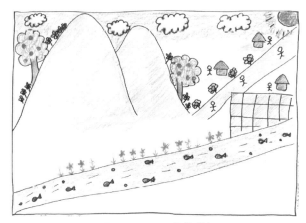

図 15-2　Q の風景構成法

は何も描かれなかった。今の Q には外界を見る余裕がないことが窺え，低い太陽からは乖離が考えられ，その程度が気になりロールシャッハ・テストを行うことにした。

②ロールシャッハ・テストと医師への報告

ロールシャッハ・テスト（表 15-2）では P 反応もしくは P 的な反応（クロッパー法では P 反応にならないが，特定の領域に多くの人が同じように与える反応）が多く，それらは外輪郭形態が保たれていた。しかし全彩色図版では現実吟味能力の低下が窺え，Ⅲ図と X 図には形態水準の急な落ち込みがあった。馬場（1983）は「形態水準の落差が大きいのは境界例であることが多い」と述べているが，Q には境界例に見られる独特な関係性や強い自己主張はなかった。さらに一般妥当性に触れるような反応やビザールな反応もなく，color shock や立ち直りが見られることから自我のレベルは神経症レベルと考えられた。

Ⅰ図と V 図以外の図版ではすべて見た瞬間に回転している。これは現実と向き合えず葛藤状態に耐えられなかったことが想像される。Ⅰ図，V 図には回転がないのはどちらも P 反応と P 的なものが見えやすい図版であるためと考えられた。Ⅱ図では color shock のせいか P 反応はなかったが揺れながらも何とか P 的な反応をしている。Ⅲ図では立ち直り一番高い形体水準（2.5）の P 反応を出したにもかかわらず，第２反応では同じ領域に「キリン」とマイナス反応になる。Ⅲ図は協調的な図版であることや sexual なことが関係

表 15-2　ロールシャッハ・テスト（クロッパー法）：Summary Scoring Table

R = 23	Rej = 0	TT = 12′	RT (Av.) = 31.5″
R1T (Av. N. C) = 24.4″	R1T (Av. C. C) = 15.4″	Most Delayed Card & Time = VI（59″）	
W : D = 16 : 5	W%= 70%	Dd% (dr) = 7%	D%= 22%
d%= 0%	S%= 0%	F%= 43%	F+%= 80%
(FK+F+Fc)/R = 43%	FK+Fc : F = 0 : 10	W : M = 16 : 2	M : FM = 2 : 4
M : FM+m = 2 : 4	（VIII＋IX＋X）/R = 30%	FC : CF+C = 1 : 1	
FC+CF+C : Fc+c+c′ = 2 : 5+4		A%= 57%	P=5+1（I 2, V 2, III 1, VIII+1）
CR = 10		H+A : Hd+Ad = 10 : 5	M : SumC = 2 : 1.5

I ∧ 8"①こうもり（P）　②魔女　③ハロインのかぼちゃのお面　④蛾（P）
II ∧∨ 18"①蛾　＞∧＞②クマ
III ∧ 7"①人（P）　∨∧＜∨＞∧②キリン（− 1.0）
IV ∧＜∨＞∧ 28"①しみ　＜∧＞∨②竜　＞∧
V ∧∨ 5"①こうもり（P）　∧②からす（P）　＞∧③わに
VI ∧∨＞＜∧＜∨＜∨∧ 59"①楽器？　∧∨
VII ∧∨ 12"①門　∧②（くわがた）はさみ
VIII ∧∨ 6"①かぶとがに　＜∧∨　②さなぎ　＜③いたちみたい（→P）　∨
IX ∧∨∧ 31"①絵具のパレットの上（0.5）　∨＞∧＜∨②ゴリラの顔（− 1.0）
X ∧∨ 15"①笑っている顔　∧◉◑∨＜②愛媛県の形　∧

している可能性が考えられた。そしてIV図で立ち直ることはできずに「しみ」と反応。これは図版に対し額面通りに受け止めればインクのしみで間違いではないが，"何に見えるか"という問いに「○○のように見える」という何かになぞって見ることができず見たままをそのままを答えている。これは自我が機能できずに図版との距離をなくしたためと考えられる。しかし第2反応は「竜」で，質疑段階では「上から見た感じ。羽がばさばさとしていて大きく広げている。飛んでいる感じ」と，ここで立ち直りが見られた。

　VI図は sexual な図版のせいか何回も回転させ一番遅い初発反応時間（59秒）で「楽器？」と疑問形の反応をする。疑問形の反応は不全感を検査者（筆者）側にあると感じているため確認することで不全感を軽減しようとしたと考えられる。しかしうまくいかず，VII図で生き生きとした女性を見ることができなかった。全彩色図版はいずれも揺れており，VIII図のP反応も第3反応でやっと出すことができたが，IX図では「絵具，パレットの上」と，ほとんど「しみ」に近い反応である。sexual な図版ではないためか現実吟味能力の低下が窺えるもののIV図より揺れは少なかったと考えられる。

　以上からQが揺れるのは，sexual な刺激，社会的場面での感情的な刺激，甘えを触発されるような刺激と，それらの刺激が重なった場合とであった。

さらにⅢ図での落ち込みやⅦカードで女性を見られなかったことを考え合わせると，人間関係の中で女性として自信をなくしている可能性が考えられた。それは全反応数が 23 のうち無彩色と色彩反応の比率が 7：2 で，外傷体験が疑われる 2：1 の比率よりさらに高いことや，C′も 5 個あり，これだけの抑うつ感は Q が自分を丸ごと失ったように感じていることが想像されたからである。辻（2003）が「喪失感を体で体験すると過呼吸をもたらし，心の領域で自覚を伴わないで体験するとパニック的な症状になる」と述べていることにも重なった。これだけ多い抑うつ感がありながら立ち直りが良いことや症状が内定以前から起きていることを考え合わせると心因反応が一番近く，何らかのことがあって乖離のようなことが起きている可能性が高いと考えられたのである。以上のことを主治医に報告し，家族にも上記のことと引き続き筆者が担当することを伝えた。そして少なくとも 1 年はかかることと何か思い出すことがあるかもしれないので，その時の対応についても説明をした。

　③Qへのフィードバック

　Qには「Qさんは勉強をしっかりし，学んだことをちゃんと積み重ねてきた人で，お友達といる時には自分が思っていることや自分の体調よりも雰囲気を壊さないように気遣っていることが窺えました。（Q：ああそうです。そんな感じかもしれません。いつも周りが気になりました。自分がどう思っているかなど考えたことなかったです）ごく自然に周りに合わせていたのですね。（Q：はい）症状さえなければ何も問題はなかった？（Q：はい。そうです。どうしてこうなったかもわかりません）思い当たることはないですか？（Q：はい。母にも言われ考えましたが，何も変わったことはありませんし，一番楽しいはずなのに。母も思いつかないと言います。就活もそこまで大変ではなかったです。内定はうれしかったですし，同期とはとても仲がよく研修も楽しかったです）そうでしたか。

　倒れるとか忘れるとかが起きるのは，その人にとってネガティブなことが起きた時に，無意識にそのことがなかったようにする働きで，それがもし記憶のところで起きれば記憶から追い出そうとするので忘れることが起き，意識のところであれば意識を失くすため倒れるという症状になると考えられています。その出来事がその人にとって受け入れられない間は体がそうやってその人を守るわけです。もしかしたら Q さんにとって何か受け入れがたいこ

とがあったのかもしれません。そう思ったのは，今とても自信をなくされて
いますがその理由が見当たりません。（Q：はい）それと先日の検査からは
深く傷ついているというサインがあったからです。（Q：何かあったのかし
ら？）あったかもしれませんが，今はまだ心がそのことを引き受ける準備が
できていないので思い当たることは「ない」になると思います。食べられな
いのは，今はたぶん体も心もいっぱいなのでしょう。心配なさらずに食べら
れるものを食べられる時に食べてください。

　それとこうした状況の中でも内定をもらえたことは，Qさんの良さの1つ
で，これは就職試験のような初めての場面や不慣れな所でも良さを発揮でき
るということです。その後研修に行きにくくなったのは，初めは良さを発揮
できてもやがてそこに人間関係が生じてきます。人間関係が生じれば感情的
な刺激もあるし，甘えたい気持ちが触発されることもあります。今のQさん
は協調的な関係の中で感情的な刺激や甘えたい気持ちを触発されるようなこ
とがあると混乱されているので，研修会で体調を崩した理由はここにあると
思いました。本来のQさんはここまで不安定になる人ではないようなので，
きっと何かが引っかかっているのではと考えられた訳です。

　もう1つは，Qさんはずっと人に合わせてきましたね。人に合わせること
は良いことですが，自分にとってはなかなか大変なことです。（Q：はい，
このごろそう思います）きっと社会に出るとなると今までのやり方では対応
しきれなくなるってことを心のどこかで感じていて，少し不安を感じていた
のかもしれません。（Q：そうかもしれません。……でもどうして人に合わ
せるようになってしまったのかしら）そうですね。何か思い当たることはあ
りますか？（Q：ありません）人に合わせることが優先されれば自分らしさ
が育ちにくくなります。例えばご両親の仲が良くないと子どもはいろいろ感
じながらもそれを表に出さないで，親が望む良い子であろうとしがちです。
親も子が自分の気持ちを言わないので子の気持ちに気づかずに正しいことや
すべきことばかりを言うような育て方になりやすいので，子どもは甘えずに
ますます良い子であろうとします。（Q：そう，私もそうです。父はほとん
ど家にいませんし，いれば母と喧嘩でした。弟は気にしませんでしたが，私
はいつも気をはっていました［とQの思いが初めて語られる］）

　今回のことはつらいですが，Qさんらしさを取り戻すチャンスになるかも
しれませんね。（Q：ああ，ほんと。そうかもしれません）今はご自分の良

さがわからなくなっているので，カウンセリングを始めてもすぐに症状は消えずにしばらくは残ると思います。でも症状はバロメーターなので心配せずに，症状がある間は無理しないでください。日々の生活では，何かする時も何かあった時も，私は今どう思っているのか，どうしたいのかを確かめてください。答えは簡単には出ませんが今はそう思うだけでいいです。もし嫌と思ったらその気持ちを大事に。もしかしたら何か思い出すかもしれません。その時はびっくりするかもしれませんが，思い出しても大丈夫な時が来たと喜んでください」と伝える。

　その後Qは少しずつ自分の思いに気づき始め，1カ月が過ぎる頃には倒れることや記憶がなくなることは消失した。友人との間では食べられない状態は続くが断わることもできるようになる。そして1年を迎えようとする頃に予約を早め来室した。そしてある出来事を思い出したと涙ながらに語った。それはQがどうにも耐えられずにしたことについてであり，「そんな自分が受け入れられなかったのだと思う」と話した。

　筆者は「思い出すことができて良かった」「しばらくは不安になることもあるでしょうけど，無理をせずに今まで通りに自分の気持ちを大切にしていたら大丈夫。以前の検査で"さなぎからもうちょっとできれいな蝶になれそう"と言ったのを覚えていますか？（Q：何となく）あれはもうあの時期にQさんの心の深いところではもう少しで脱皮してきれいな蝶になることを感じていたってことなの。だから大丈夫と思っていました」と伝えると，Qは「はい，不安もあるけど大丈夫そう。何かあれば飛んできます」と終了となった。それから半年を過ぎた頃に「元気です。今は教師になる勉強を始めています」と葉書が届いたのである。

Ⅲ　おわりに

　筆者は，フィードバックする際にいずれのケースにも気をつけていることがある。それはクライエントや家族にとって「治る」とはどういう状態をイメージしているのか，そして元気になるまでにかかる期間をどう考えているかを具体的に聞かせてもらうことである。その上で治っていく過程と筆者ができることとできないことを説明している。特にクライエントにはクライエントが聞きたいことを，クライエントにプラスになるよう心がけている。そして一方的にならないようにクライエントが思い出したことや連想したこと

を聞きながら，今困っていることに関連させて話してきた。

　こうしたやりとりはクライエントから「何か安心した」と言われることが多く，筆者にとっても心の状況や方向性がイメージしやすくなりモチベーションが上がった。そして何よりも安心して会うことができたため，初期段階で良い関係を築くことができたと感じている。このようにバッテリーを組むことによって得られた情報は，2 つの視点からクライエントを理解しようとするもので，土地の測量と同じでより正確な情報が得られる。もしこうした情報がなければクライエントの表面に表れるものに振り回されたり内側の世界に入り込みすぎたりする危険を冒していたかもしれない。責任の多くを一人で取らなければならない私設心理相談場面でクライエントを守るには，検査はなくてはならないものであり，フィードバックの仕方がその後の関係性に大きく影響するため慎重にと思っている。

注：表 15-1（237 頁）と表 15-2（243 頁）の主反応の後の＋している数字は，付加反応を 1/2 に数えたものではなく，付加反応の数にしている。

文　献

馬場禮子（1983）：境界例―ロールシャッハ・テストと精神療法．岩崎学術出版社．

宮木ゆり子（2003）：絵画療法―課題画（風景構成法）とその事例．In：山中康裕（編）：表現療法．ミネルヴァ書房．

宮木ゆり子（2006）：ロールシャッハ法と風景構成法から個人面接を断念した事例．In：氏原寛ほか（編）：心理査定実践ハンドブック．創元社，pp.23-26.

Schachtel, E. G.（1966）：*Experiential Foundations of Rorschach's Test.* Basic Books.（空井健三・上芝功博（訳）（1975）：ロールシャッハ・テストの体験的基礎．みすず書房.）

辻悟（1997）：ロールシャッハ検査法．金子書房．

辻悟（2003）：こころへの途―精神・心理臨床とロールシャッハ学．金子書房．

氏原寛（1986）：心理診断の実際．誠信書房．

山中康裕（1984）：意識と無意識の反転を示す sign についての若干の考察―意識の階層構造に関する総合的分析．京都大学教育学部．

山中康裕（編）（1984）：H. NAKAI 風景構成法―シンポジウム．岩崎学術出版社．

索　引

著者一覧（執筆順）

高橋　依子（たかはし・よりこ）右頁参照

津川　律子（つがわ・りつこ）右頁参照

大島　　剛（おおしま・つよし）神戸親和大学大学院文学研究科心理臨床学専攻

明翫　光宜（みょうがん・みつのり）中京大学心理学部心理学科

石田　喜子（いしだ・よしこ）大阪市民病院機構地方独立行政法人　大阪市立総合医療センター

久野　節子（くの・せつこ）大阪公立大学カウンセリングルーム

田中　千代（たなか・ちよ）心理相談室「空」

前田志壽代（まえだ・しずよ）医療法人博友会　藤谷クリニック

小山　充道（こやま・みつと）北海道千歳リハビリテーション大学

神谷　栄治（かみや・えいじ）中京大学心理学部

寺沢英理子（てらさわ・えりこ）田園調布学園大学人間科学部心理学科・大学院人間学研究科

篠竹　利和（しのたけ・としかず）横浜市立大学附属市民総合医療センター

渡邉　　悟（わたなべ・さとる）徳島文理大学人間生活学部心理学科

藤本　千春（ふじもと・ちはる）一般社団法人おおさかメンタルヘルスケア研究所

松田　　修（まつだ・おさむ）上智大学総合人間科学部心理学科

糸井　岳史（いとい・たけし）路地裏発達支援オフィス

宮木ゆり子（みやき・ゆりこ）カウンセリングルームさいのみや

編者略歴

高橋依子（たかはし・よりこ）
専攻：臨床心理学
現在：大阪樟蔭女子大学名誉教授，京都大学博士（文学），臨床心理士，公認心理師，心
　　　理アセスメント関係の学会では，一般社団法人日本心理臨床学会代議員，日本描画テス
　　　ト・描画療法学会常任理事
主著書：心理アセスメント関係では，『描画テスト』（北大路書房，2011／単著），『ロー
　　　ルシャッハ・テストによるパーソナリティの理解』（金剛出版，2009／単著），『ス
　　　クールカウンセリングに活かす描画法』（金子書房，2009／監修），『人物画テスト』
　　　（文教書院・北大路書房，1991／共著），『樹木画テスト』（文教書院・北大路書房，
　　　1986／共著），『ロールシャッハ診断法Ⅰ・Ⅱ』（サイエンス社，1981／共著）など。

津川律子（つがわ・りつこ）
専攻：臨床心理学，精神保健学
現在：日本大学大学院文学研究科心理学専攻臨床心理学コース教授・専攻主任，日本大学
　　　文理学部心理臨床センター長，公認心理師，臨床心理士，精神保健福祉士，心理アセ
　　　スメント関係の学会では，包括システムによる日本ロールシャッハ学会副会長，一般
　　　社団法人日本心理臨床学会常任理事
主著書：心理アセスメント関係では，『これからの現場で役立つ臨床心理検査』【解説編】【事
　　　例編】（金子書房，2023／共編著），『心理療法におけるケース・フォーミュレーショ
　　　ン』（福村出版，2021／共監訳），『改訂増補　精神科臨床における心理アセスメント
　　　入門』（金剛出版，2020／単著），『心理的アセスメント　公認心理師の基礎と実践⑭』
　　　（遠見書房，2019／共編著）など。

臨床心理検査バッテリーの実際（りんしょうしんりけんさ）　改訂版

2015 年 6 月 15 日　第 1 版　第 1 刷
2023 年 9 月 15 日　第 2 版　第 1 刷

編著者　高橋依子・津川律子（たかはしよりこ・つがわりつこ）
発行人　山内俊介
発行所　遠見書房

tomi
shobo
遠見書房

〒 181-0001　東京都三鷹市井の頭 2-28-16
TEL 0422-26-6711　FAX 050-3488-3894
tomi@tomishobo.com　http://tomishobo.com
遠見書房の書店　http://tomishobo.stores.jp

印刷・製本　モリモト印刷

ISBN978-4-86616-177-8　C3011
©Takahashi Yoriko & Tsugawa Ritsuko 2023
Printed in Japan